QUATRE ANNÉES D'OPPOSITION

DISCOURS POLITIQUES

DE

M. A. RIBOT

(1901-1905)

TOME PREMIER

MINISTÈRE WALDECK-ROUSSEAU

PARIS

LIBRAIRIE PLON

PLON-NOURRIT ET Cie, IMPRIMEURS-ÉDITEURS

8, RUE GARANCIÈRE — 6e

1905

QUATRE ANNÉES D'OPPOSITION

ISCOURS POLITIQUES

(1901-1905)

Ce volume a été déposé au ministère de l'intérieur (section de la librairie) en mai 1905.

PARIS. TYP. PLON-NOURRIT ET Cie, 8, RUE GARANCIÈRE. — 6965.

QUATRE ANNÉES D'OPPOSITION

DISCOURS POLITIQUES

DE

M. A. RIBOT

(1901-1905)

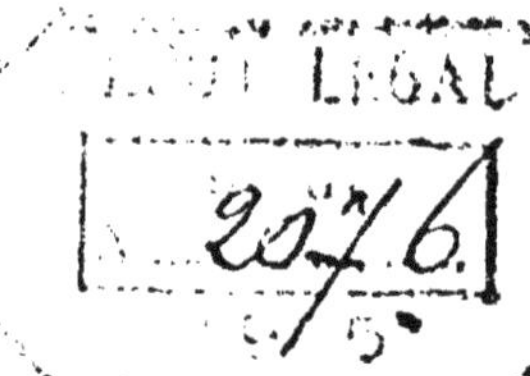

TOME PREMIER

MINISTÈRE WALDECK-ROUSSEAU

PARIS

LIBRAIRIE PLON

PLON-NOURRIT ET Cie, IMPRIMEURS-ÉDITEURS

8, RUE GARANCIÈRE — 6e

1905

On m'a demandé de réunir les discours politiques que j'ai prononcés de 1901 à 1905, pendant quatre années que j'ai passées dans l'opposition, et où j'ai eu à m'expliquer sur les questions les plus graves et notamment sur la manière dont il faut entendre et pratiquer la liberté d'enseignement.

J'ai cédé, non sans hésitation, aux instances de mes amis.

C'est, en général, le sort des discours politiques de ne pas survivre aux circonstances où ils ont été improvisés. Ils ont rempli leur destinée, quand ils ont traduit à un moment donné les idées, les sentiments et les passions d'un parti.

Je ne me flatte pas d'échapper à cette règle commune. Mais peut-être la publication de l'ensemble des mes discours, se rapportant à une période aussi critique, aura-t-elle du moins l'utilité de montrer à quelle inspiration nous avons obéi en essayant de maintenir dans une voie libérale la direction de la politique contemporaine.

Je n'ai pas cru devoir remonter au delà de 1901

et de la grande discussion sur les associations qui nous a séparés de M. Waldeck-Rousseau et jetés, malgré nous, dans l'opposition, tandis que le ministère était, de son côté, obligé d'incliner de plus en plus à gauche et de s'appuyer sur les socialistes.

Nous avons trop souffert, les uns et les autres, de cette division du parti républicain, pour avoir le moindre désir d'élever des récriminations.

M. Waldeck-Rousseau a été parfaitement sincère lorsqu'il a cru, en prenant le pouvoir, que la République était menacée et qu'il devait appeler à sa défense tous les républicains. Il avait, depuis son entrée au Sénat, consacré l'effort de son grand talent à combattre la politique radicale et à grouper, de concert avec M. Méline, les éléments de ce qu'il appelait le parti conservateur républicain. Personne n'a défini avec plus d'éloquence le rôle que ce parti devait jouer dans la République et les conditions de sa formation, dont la plus essentielle était de mettre fin aux querelles religieuses et de réconcilier les catholiques avec la République.

Comment ces visées si hautes ont-elles fait place tout à coup à l'unique préoccupation de défendre la République?

J'ai assisté aux premières réunions où a été préparé le ministère de défense républicaine; j'ai même été chargé, avec M. Henri Brisson, de prendre les mesures qui pouvaient devenir nécessaires, en cas de péril imminent pour nos institutions. Le danger ne m'est jamais apparu assez menaçant pour justifier les inquiétudes de quelques-uns de mes amis qui se figuraient que nous étions à la veille d'un coup de main militaire. On a bien vu, depuis, qu'il n'y avait dans l'armée ni complots, ni pensées de révolte, mais seulement une irritation profonde et assurément légitime, à la suite des attaques systématiques que les socialistes dirigeaient contre nos institutions militaires, en se servant habilement de l'affaire Dreyfus et en rejetant sur l'armée tout entière les fautes de quelques-uns de ses chefs.

Un peu de fermeté eût suffi à conjurer tous les dangers et empêcher le retour d'incidents déplorables comme celui des courses d'Auteuil ou de folles équipées comme celle de M. Déroulède. Quelle nécessité y avait-il de donner un si violent coup de barre à gauche et de convier les socialistes à prendre leur part du gouvernement?

Il était trop aisé, en tous cas, de prévoir que le ministère ainsi constitué serait obligé de se dissoudre au bout de quelques mois, comme son chef l'avait laissé entendre, ou de chercher un terrain de bataille pour y concentrer ses troupes, en écartant les questions sur lesquelles il était divisé.

La question des congrégations religieuses apparut comme tout à fait propre à grouper les éléments assez disparates de ce qu'on a appelé le « bloc républicain ». Quelques mois plus tôt, la Chambre des députés avait semblé peu disposée à s'engager dans une nouvelle campagne contre les congrégations enseignantes. Celle de 1880 n'avait pas laissé de bons souvenirs même à ses promoteurs les plus convaincus. Lorsque M. Rabier proposa à la Chambre des députés d'interdire l'enseignement aux congrégations religieuses, il suffit au président du conseil, M. Ch. Dupuy, de se prononcer contre ce projet, pour que la Chambre refusât d'en déclarer l'urgence. Il n'est pas jusqu'à M. Millerand qui, au nom des socialistes, n'ait tenu à honneur, à ce moment, de répudier ce qu'il considérait comme une politique d'agitation stérile et de vaines apparences.

La commission qui fut nommée pour étudier le projet de M. Rabier me fit l'honneur de me confier la direction de ses travaux. Elle était, en majorité, résolument opposée à toute entreprise, ouverte ou détournée, contre la liberté d'enseignement. Elle obtint de la Chambre des députés l'autorisation de procéder à une enquête sur l'enseignement secondaire. Partisans et adversaires de la proposition de M. Rabier se mirent d'accord pour donner à cette enquête le caractère le plus large.

Les représentants de l'enseignement libre furent entendus, aussi bien que ceux de l'Université. Ce ne fut pas un spectacle banal de voir des évêques, des prêtres, des religieux portant le costume de leur ordre se rendre devant la commission d'enquête, sans que personne songeât à s'étonner qu'ils fussent invités à présenter leurs vues sur les projets de réforme des programmes et des méthodes de l'enseignement secondaire.

Il y avait une sorte d'apaisement et comme un parti pris d'écarter le souvenir des anciennes querelles. M. Léon Bourgeois était d'accord avec

M. Poincaré pour déclarer que ce serait une faute de toucher à la liberté d'enseignement et qu'il ne fallait pas ruser avec elle. M. Jaurès regardait comme impossible de porter la main sur le droit des pères de famille, sans avoir fait d'abord une révolution.

M. Combes, qui présidait au Sénat une commission chargée d'étudier un projet de réforme du baccalauréat dont il était l'auteur, n'écrivait-il pas au président de la commission de la Chambre des députés « qu'en dehors de cette réforme il n'entrevoyait rien qui ne fût inutile sinon dangereux »?

L'impression qui se dégagea des dépositions recueillies au cours de l'enquête fut qu'à de rares exceptions près, ni l'Université ni le pays, consulté dans les conseils généraux et dans les chambres de commerce, ne désiraient qu'on soulevât de nouveau la question irritante de l'enseignement congréganiste, et qu'il suffisait d'obliger tous les professeurs à justifier des grades exigés dans l'enseignement public et à se soumettre à une inspection de l'État plus sévèrement organisée.

Mais le discours prononcé à Toulouse, au mois d'octobre 1900, par le président du conseil, fut comme le coup de clairon qui réveille au cœur des combattants endormis les vieilles ardeurs et les vieux ressentiments. La loi de 1850 sur la liberté de l'enseignement n'a pas, il faut l'avouer, produit tous les résultats bienfaisants que ses auteurs pouvaient en attendre au point de vue de l'apaisement des esprits. Elle a ruiné plutôt qu'encouragé le développement des associations libres et des initiatives individuelles; elle n'a guère abouti, en somme, qu'à limiter le monopole de l'État en lui opposant un autre monopole : celui de l'enseignement donné au nom de l'Église catholique.

Ce n'est pas, à coup sûr, une raison pour des esprits vraiment libéraux de se détourner de la liberté. On ne peut rendre celle-ci responsable des divisions de notre société. C'est de la liberté elle-même, pratiquée de bonne foi avec un large esprit de tolérance réciproque, qu'on peut faire sortir, à la longue, les moyens d'atténuer nos divisions, de les rendre, en tous cas, moins dangereuses. Il faut avoir assez confiance dans la force des idées qu'on défend pour n'attendre leur triomphe que de la lutte à armes égales; les seules victoires définitives sont celles qui sont la conséquence des progrès de l'opinion.

Mais, quand on parle à notre pays de rétablir l'unité morale par l'éducation, on réveille chez lui une sorte d'atavisme qui est le résultat de toute une longue histoire de luttes implacables. Y a-t-il une nation qui ait été plus déchirée que la nôtre, au nom de cette idée que l'unité des croyances est nécessaire à la force d'un État et qu'il appartient à l'État d'empêcher qu'il n'y ait deux jeunesses et deux Frances opposées l'une à l'autre? Notre histoire ne nous a pas appris la tolérance, ni la liberté, et les Jacobins d'aujourd'hui qui oppriment les catholiques ne sont que les continuateurs des catholiques qui persécutaient autrefois les protestants. C'est, au fond, le même esprit d'intolérance et la même ignorance des conditions de la liberté.

Nous avons été lancés en pleine bataille sans avoir eu le temps de nous reconnaître.

Je n'ai eu aucun effort à faire sur moi-même pour demeurer fidèle en 1901 à l'attitude que j'avais déjà prise en 1879. On verra, en comparant les discours que j'ai prononcés à ces deux époques pour répondre à M. Waldeck-Rousseau et à M. Jules Ferry, que le fond de mes idées n'a pas changé. Je ne crois pas qu'il soit équitable de refuser à l'Église catholique, aujourd'hui dépossédée du contrôle qu'elle a longtemps exercé sur l'enseignement public, le droit de se servir de la liberté commune pour créer des associations et ouvrir des écoles. C'est la thèse qu'ont soutenue en 1886 et en 1895 des radicaux comme M. Goblet et à laquelle tout le monde avait paru un moment se rallier.

En reprenant cette doctrine devant la Chambre des députés, nous pouvions donc nous réclamer, autant que nos adversaires, des traditions du parti républicain. Nous admettions d'ailleurs que, tant que l'Église ne serait pas complètement séparée de l'État, celui-ci gardât un certain contrôle sur l'existence des congrégations religieuses, qu'il pût même les dissoudre si elles devenaient une cause de trouble ou se mettaient en rébellion ouverte contre l'autorité des évêques.

On ne peut certes pas nous reprocher d'avoir été des intransigeants. Nous avons simplement été clairvoyants, en prédisant à M. Waldeck-Rousseau qu'il serait entraîné au delà du but qu'il s'était proposé. Si on n'avait voulu, en effet, que rappeler à l'ordre certaines congrégations qui ont fait plus de mal à l'Église par leurs imprudences qu'elles n'ont suscité d'embarras au gouvernement, on n'avait qu'à se servir des moyens que la loi plaçait à la disposition du ministère. Il n'était pas nécessaire de remettre en question l'existence de toutes les congrégations qu'une longue tolérance avait, du consentement tacite des partis, laissé s'établir en France, et que le temps, non moins que les services rendus, semblait devoir protéger contre de brusques retours de la puissance publique.

Si cette revision de toutes les situations de fait qui s'étaient créées, à l'abri de cette tolérance, avait été confiée au gouvernement, c'est-à-dire au ministre des cultes et au Conseil d'État, la besogne à accomplir n'eût pas été sans présenter de grandes difficultés. Un ministère prévoyant aurait eu à cœur de s'épargner à lui-même l'embarras de frapper les uns, de ménager les autres sans motifs apparents, et finalement d'exciter des colères, sans arriver à aucun de ces grands résultats qui valent la peine qu'on se donne pour les obtenir.

Mais la commission de la Chambre des députés qui fut chargée d'examiner le projet du gouvernement décida que les congrégations ne pourraient être autorisées que par une loi. C'était frapper de mort toutes les congrégations d'hommes et aussi toutes les congrégations de femmes qui ne s'étaient pas mises en règle. Personne ne pouvait, en effet, se persuader que les Chambres républicaines consentiraient à reconnaître législativement des congrégations qui n'avaient pu se faire autoriser par les Chambres de la Restauration.

M. Waldeck-Rousseau eut-il, à cet égard, quelques illusions?

Un léger effort, de sa part, eût assuré le vote du projet primitif du gouvernement. Mais il ne voulut pas rompre avec la majorité de la commission. Il apparut, dès ce moment, que le principal auteur de la loi de 1901 ne serait pas maître d'en diriger l'application et de la rendre aussi bienveillante qu'il s'était promis de le faire.

On vit bientôt se dérouler les conséquences de la faute qui avait été commise, lorsque M. Combes, désigné par M. Waldeck-Rousseau lui-même comme son successeur, se mit à l'œuvre pour faire sortir de la loi de 1901 la destruction de tous les établissements d'instruction qui avaient été ouverts depuis un demi-siècle par les congrégations et dont la plupart avaient été placés sous la sauvegarde de la loi de 1886 sur l'enseignement primaire. Il ne s'agissait plus d'examiner avec bienveillance des situations acquises et d'adapter la loi à des cas particuliers. C'est en bloc que l'on fermait les écoles qui n'avaient pas été individuellement autorisées, avant 1901, et c'est aussi en bloc qu'on demandait à la Chambre des députés, en dépit du texte de la loi, des principes d'équité les plus élémentaires et de la protestation de M. Waldeck-Rousseau, de rejeter toutes les demandes d'autorisation formées par les congrégations.

Il n'était plus possible de s'arrêter sur la pente où on s'était engagé. On devait la descendre jusqu'au bout. Nous n'avons pas cru qu'il dépendît de nous, ni de M. Waldeck-Rousseau, d'empêcher ces violences de s'accomplir au nom de la loi de 1901. Si nous avons lutté jusqu'à la fin, c'est par un sentiment d'honneur et non dans l'espérance de provoquer dans la Chambre des députés ni même dans le pays un mouvement immédiat de réaction. Nous avons été entraînés, avec les auteurs mêmes de la loi de 1901, dans une défaite momentanée des idées de liberté et de tolérance.

Il faut se résigner, sans trop d'amertume, à ces éclipses passagères dont notre histoire contient malheureusement trop d'exemples. Si nous avons été vaincus, qui peut d'ailleurs se flatter d'avoir obtenu des avantages définitifs?

Les congrégations enseignantes ont disparu ou sont en train de s'effacer. Mais leur enseignement a-t-il disparu en même temps que leur organisation apparente? Les écoles, fermées hier, ne sont-elles pas déjà rouvertes? On peut briser des cadres; on ne détruit pas du même coup l'esprit qui en faisait la puissance. Les forces morales ne se laissent pas dompter comme les forces matérielles, surtout quand on a déclaré, par avance, qu'on ne voulait s'attaquer qu'à certaines manifestations de la liberté d'enseignement et non au principe même de cette liberté. L'avenir montrera si les résultats acquis valent tout ce qu'on a déployé d'efforts et de violences pour les obtenir, si les inspirateurs de cette campagne n'ont pas été dupes de leur propre illusion, si l'unité morale du pays, qui était le but et l'excuse de leur politique, a fait, grâce à cette politique, plus de progrès réels et définitifs que sous le régime de la tolérance et de la complète liberté.

Quoi qu'on pense de la lutte engagée contre les congrégations, le ministère qui a succédé à celui de M. Waldeck-Rousseau aura, dans l'histoire, un triste renom qu'il devra moins encore à la violence de sa politique qu'aux procédés dont il s'est servi pour garder le pouvoir. Jamais on n'a tant abusé des moyens que notre régime de centralisation à outrance, de faveurs administratives, de largesses budgétaires met à la disposition d'un ministère sans scrupules pour corrompre et fausser le régime représentatif. Nous avons été témoins des marchandages les plus éhontés, tels qu'aucun gouvernement n'avait osé les pratiquer.

La délation a été érigée en système, et, sous le coup des révélations portées à la tribune, on a vu un ministre de la guerre désavouer d'abord les collaborateurs qui n'avaient agi que par ses ordres, puis essayer de tenir tête à l'orage, annoncer qu'il ne se retirerait que devant un vote de blâme et finalement donner sa démission après avoir été violemment frappé en pleine Chambre des députés, sans que le président du conseil ait rien fait pour le retenir et lui faire comprendre de quel triste exemple pouvait être ce départ précipité.

La dégradation de nos mœurs publiques est assurément, à l'heure présente, l'un des plus grands dangers qui menacent la République. C'est de ce côté que nous devons tourner nos préoccupations les plus vives. Le ministère que nous avons subi pendant trop longtemps nous aura peut-être rendu ce service de faire apparaître à tous les yeux l'impossibilité de concilier d'une manière permanente la sincérité du gouvernement représentatif avec l'existence d'un régime administratif qui n'a été façonné que pour livrer la vie du pays tout entier à l'arbitraire du pouvoir absolu et condamner tous les intérêts à se faire les humbles solliciteurs et les éternels obligés du gouvernement.

De toutes les réformes à accomplir, aucune n'est plus urgente et plus nécessaire que celle qui affranchira les députés et les ministres de cette mutuelle dépendance, de ce trafic continu où les uns aliènent leur liberté et les autres en arrivent à sacrifier toutes les garanties du bon recrutement des fonctionnaires à l'intérêt subalterne de la réélection de tel ou tel député.

C'est là qu'il faut porter la hache.

Le parti républicain modéré se fera honneur en prenant résolument la tête de cette réforme capitale. Il doit, moins que jamais, s'enfermer dans la défense pure et simple d'un ensemble de lois qui n'ont pas été faites pour une démocratie et dans l'espérance chimérique qu'il lui suffirait de reprendre le pouvoir pour rendre au système toute son efficacité bienfaisante. La vraie manière d'être un conservateur, ce n'est pas de fermer les yeux à l'évidence, mais de se rendre compte des conditions de l'ordre et de la liberté dans un gouvernement républicain et de travailler sans relâche à les réaliser.

Rendre le gouvernement plus indépendant, en l'obligeant à ne s'occuper que des questions qui intéressent véritablement l'État tout entier, en lui retirant, dans la mesure du possible, tous les moyens de corruption par lesquels il croit pouvoir s'attacher les députés ou les sénateurs et qui font de lui le jouet de telle ou telle faction; assurer, en même temps que l'indépendance morale du gouvernement, celle des représentants du peuple chargés de le contrôler, et, contre le despotisme des uns et des autres, garantir solidement les libertés publiques et les droits des individus, tel doit être désormais le but de nos efforts, l'objectif que nous ne devons pas perdre de vue.

Toutes les réformes qui sont dans la direction d'idées qu'implique ce programme, nous pouvons, nous devons les accepter, en nous réservant de les accomplir avec la prudence et les mesures de transition nécessaires. C'est à ce titre que, partisan convaincu de la liberté d'enseignement la plus large, de la liberté d'association, étendue même aux congrégations, j'ai indiqué dans plusieurs de mes discours que je considérais la séparation de l'Église et de l'État comme un moyen d'affranchir à la fois l'État et l'Église, et de mettre fin à une situation fausse qui n'est digne ni de l'un ni de l'autre.

Certes, je ne me suis dissimulé ni les difficultés ni les dangers d'une réforme qui, entreprise sans les ménagements nécessaires ou dans un esprit d'hostilité contre l'Église catholique, peut devenir funeste au gouvernement et à la République. Le voyage à Rome de M. le président de la République a malheureusement précipité la crise, en poussant le Saint-Siège à adresser au gouvernement français une protestation que celui-ci très évidemment ne pouvait pas accepter. Comme je l'ai fait remarquer, on eût sans doute évité la nécessité de rappeler notre ambassadeur si, au début de ce grave incident, notre diplomatie avait tenu le langage qu'elle devait tenir. Le ministre des affaires étrangères a paru n'attacher d'abord à la protestation du Saint-Siège qu'une importance secondaire. C'est seulement après qu'un journal en eut divulgué les termes que le gouvernement français crut devoir ordonner à notre ambassadeur de revenir en France.

On pouvait espérer que les choses n'iraient pas jusqu'à une complète rupture. Il eût fallu, de part et d'autre, une extrême prudence. Malheureusement, le gouvernement français était décidé à saisir la première occasion de trancher dans le vif. Le Saint-Siège la lui fournit en appelant à Rome, pour se justifier, deux évêques français, contrairement à l'esprit du Concordat et aux traditions de l'ancienne église gallicane.

Je n'ai pu toutefois me résoudre à rejeter sur le Saint-Siège toute la responsabilité de la rupture. On a voulu, de parti pris, acculer le Pape à agir de sa seule autorité, en lui refusant le concours qu'il a maintes fois sollicité du gouvernement français pour mettre fin, dans les diocèses de Dijon et de Laval, à une situation intolérable. Puis on l'a laissé s'engager à fond dans une procédure qui devait aboutir à la rupture, sans l'avoir suffisamment prévenu des suites de son action et sans lui donner le temps ni les moyens de faire une retraite honorable.

C'est une mauvaise préface pour une mesure

aussi grave que la séparation de l'Église et de l'État. Un gouvernement soucieux de ses responsabilités aurait tenu à s'entendre avec le Saint-Siège pour ménager la transition du régime actuel au régime nouveau. Il aurait tout fait pour enlever à ce changement radical dans nos habitudes séculaires l'apparence de représailles et pour lui donner au contraire le caractère d'un grand acte de pacification.

Si les questions qui touchent aux rapports de l'Église et de l'État et à la liberté de l'enseignement tiennent une place considérable dans ce recueil de discours, on pourra constater que je ne suis resté étranger, pendant ces quatre années, à aucun des grands débats qui ont occupé la Chambre des députés.

C'est ainsi qu'à diverses reprises, j'ai examiné à fond l'état de nos finances, signalé les périls qui les menacent et indiqué les remèdes.

J'ai traité la question des retraites ouvrières, celle de l'impôt sur le revenu et celle du monopole de la fabrication et de la vente de l'alcool.

Comme président et rapporteur général de la commission de l'enseignement, j'ai expliqué les réformes que cette commission a pris l'initiative de recommander dans l'enseignement secondaire.

Je suis intervenu pour combattre les tendances dangereuses qui se sont fait jour récemment et qui aboutiraient, sous le prétexte généreux d'une réconciliation universelle, à désarmer notre pays et à ébranler l'alliance avec la Russie qui a été, depuis 1891, le point d'appui de notre politique étrangère.

Cette période de quatre années, remplie par tant de luttes, est une de celles qui, dans le cours d'une carrière politique déjà longue, m'ont laissé les souvenirs les plus réconfortants. J'ai eu l'honneur, pendant ces années si critiques, d'avoir été, dans l'opposition, l'interprète des sentiments d'une grande partie du pays, d'avoir défendu les idées de liberté et de tolérance, les fières traditions de probité et de patriotisme des anciennes assemblées. Jamais, dans ma vie politique, je n'ai été plus sûr de mes convictions, plus libre dans mon langage, plus soutenu par les témoignages de sympathie qui me sont venus de toutes parts.

Je n'ai eu d'autre ambition que de dire toute ma pensée et d'être complètement sincère avec moi-même.

J'espère que cette sincérité sera pour mes discours un titre à l'indulgence des hommes de bonne foi de tous les partis.

3 mars 1903.

DISCOURS POLITIQUES

DISCOURS SUR LES ASSOCIATIONS

22 janvier 1901

Les associations de plus de vingt personnes, n'ayant pas un but lucratif, ne pouvaient se former, en France, sans l'autorisation, toujours révocable, du gouvernement. En fait, un grand nombre d'associations vivaient sans autorisation, tolérées par le gouvernement qui usait rarement du droit de les poursuivre devant les tribunaux.

On n'avait cessé, depuis 1871, de réclamer une loi qui consacrât la liberté d'association. Trente-deux projets ou propositions de loi avaient été déposés; mais aucun n'avait été discuté.

La difficulté était de placer sous un régime uniforme les associations proprement dites et les congrégations religieuses ou, si l'on reconnaissait qu'il fallait faire à ces dernières une condition spéciale, de leur donner les garanties nécessaires sans désarmer la puissance civile.

Le projet déposé par M. Waldeck-Rousseau soumettait toutes les associations à l'obligation d'une déclaration préalable. Il leur concédait le droit d'ester en justice et de posséder les immeubles nécessaires à leurs réunions ainsi que le produit des cotisations de leurs membres.

Les associations composées de Français et d'étrangers ne pouvaient se former sans une autorisation préalable.

Quant aux congrégations religieuses, le projet de loi ne les visait pas expressément; leur nom n'était même pas prononcé. Mais il les considérait, en principe, comme illicites sous prétexte que les engagements par lesquels on aliène sa liberté sont réputés contraires à l'ordre public et inexistants au regard de la loi civile.

Toutefois, les congrégations pouvaient être autorisées par un décret rendu en Conseil d'Etat.

Cette confusion entre le droit civil et le droit public fut relevée par les orateurs de l'opposition. Ceux-ci montrèrent, en outre, que si les congrégations étaient réellement contraires à l'ordre public, elles devaient être interdites et qu'un décret ne pouvait leur accorder une existence légale.

La discussion remplit vingt-sept séances de la Chambre des députés. M. Ribot prit la parole, le 22 janvier, pour répondre, dans la discussion générale, au discours que M. Waldeck-Rousseau, président du conseil, avait prononcé la veille en succédant lui-même à M. Albert de Mun. Il ne réclama pas, pour les congrégations religieuses, la liberté absolue, ni même l'application pure et simple du droit commun. Se fondant sur ce que le régime concordataire ne permet pas à l'Etat d'ignorer complètement les congrégations religieuses, qui font partie en fait, sinon officiellement au regard de la loi française, de l'Eglise catholique, il proposa, comme l'avaient fait naguère M. Floquet au nom du gouvernement et M. Goblet au nom d'une commission de la Chambre des députés, de laisser les congrégations se former sans autorisation, mais sous réserve du droit du gouvernement de les dissoudre dans le cas où elles constitueraient un danger ou une cause de trouble.

Il montra que l'Eglise catholique, dépossédée de ses anciens privilèges et de toute participation à l'enseignement public et à l'assistance donnée sur les fonds de l'Etat, des départements et des communes, ne pouvait être exclue de l'exercice des libertés qui sont devenues le patrimoine commun de tous les Français. C'est en lui accordant sa part de ces libertés qu'on doit s'acheminer peu à peu vers le régime de

l'indépendance réciproque de l'Eglise et de l'Etat.
Voici le discours de M. Ribot :

MESSIEURS,

J'ai tenu, quoique souffrant, à faire effort sur moi-même. (*Applaudissements au centre et à droite.*) Après le langage qu'a tenu hier M. le président du conseil, mon silence eût pu être considéré comme une faiblesse. (*Très bien! très bien! sur les mêmes bancs.*) Quand on essaye de résister aux entraînements de son parti et de lui montrer la voie dangereuse où on l'engage et où il ne trouvera que des déceptions, on s'expose au reproche de manquer au devoir et peut-être de trahir la République. (*Très bien! très bien! sur les mêmes bancs.*)

Cela ne m'émeut pas; j'ai traversé ces épreuves. Il y a plus de vingt ans, lorsque j'ai débuté dans la vie publique, j'ai osé combattre une politique qu'on reprend aujourd'hui avec plus de violence et moins d'excuses. (*Applaudissements sur les mêmes bancs.*)

Les reproches qui m'ont été adressés à cette époque n'ont pas empêché les événements de me donner raison. Je souhaite de me tromper aujourd'hui; mais je crois défendre la République à laquelle je suis aussi attaché que personne. (*Applaudissements au centre.*)

M. le président du conseil a dit hier, en commençant son discours, que le projet de loi sur les associations était le point de rencontre entre la doctrine de la suprématie du pouvoir civil et celle de la prééminence de l'Eglise catholique. Cela voulait dire apparemment que ceux qui ne consentent pas à voter le projet suivant la formule étroite et violente qu'on nous propose ne sont pas attachés à l'idée de la suprématie du pouvoir civil, qu'ils sont inféodés aux doctrines et aux influences de l'Eglise...

A l'extrême gauche. — Parfaitement!

M. COUTANT. — Il faut opter entre les deux!

M. RIBOT. — ... Qu'ils sont des cléricaux.

Eh bien! messieurs, ce reproche ne peut pas s'adresser à nous. Nous avons apporté tout récemment encore l'affirmation assez énergique, je suppose, de la prééminence du pouvoir public. J'ai autant que M. le président du conseil l'indépendance de ma pensée et de mes convictions. (*Applaudissements au centre et à droite.*)

Au centre. — Et de vos actes!

M. RIBOT. — J'ai été plus souvent attaqué que lui et plus injustement; mais l'injustice ne m'empêche pas d'être équitable et d'être libéral. (*Applaudissements sur les mêmes bancs.*)

Au surplus, ce reproche ne s'adresserait pas seulement aux républicains indépendants qui, refusant de suivre le ministère dans une campagne dont ils voient les dangers et le terme, ne s'associeront pas au vote du projet de loi. Il viserait beaucoup plus haut, et il atteindrait, dans le parti républicain, d'autres hommes dont vous ne pouvez pas, je pense, suspecter l'attachement aux idées de la Révolution française; il s'adresserait à Floquet, à Goblet qui ont pensé que les congrégations religieuses, quand elles se conformaient à la loi, quand elles n'étaient pas une cause de trouble dans le pays, devaient jouir d'une grande liberté, qui étaient disposés à leur donner même le droit commun, sauf quelques restrictions; il s'adresserait à la commission de 1895, où étaient représentés tous les partis, et qui avait décidé de proposer la suppression de la nécessité de cette autorisation préalable que vous considérez aujourd'hui comme le symbole de la foi politique républicaine, comme un principe intangible qu'on ne peut abandonner sans s'exposer au reproche de trahir les intérêts de la République. (*Très bien! très bien! au centre.*)

Que disait cette commission? Elle disait qu'il ne faut plus aujourd'hui mettre à la fondation des associations religieuses, en particulier des congrégations, aucun obstacle légal, qu'il faut seulement réserver à leur égard, pour des cas graves et précis, le droit de dissolution. Et cette opinion de la commission de 1895, savez-vous par qui elle a été reprise dans cette législature? Par les socialistes qui siègent de ce côté de la Chambre (*l'extrême gauche*), par M. Viviani, dont vous avez entendu l'autre jour l'éloquent et vigoureux discours, par tous ses amis qui ont signé avec lui cette proposition et qui ont repris le texte même du rapport de mon honorable ami M. Goblet, que nous regrettons de ne plus voir parmi nous. Voici ce que je lis dans ce rapport, voici la formule, précise assurément, au bas de laquelle M. Viviani a cru devoir mettre sa signature :

« Nous ne proposons ni de supprimer les congrégations, comme l'a fait la Révolution, ni même, en tant qu'elles ne réclameraient pas la personnalité civile, de les assujettir à la nécessité d'une autorisation préalable, comme le faisait déjà l'ancien régime et comme l'ont fait après lui l'empire et les lois de la Restauration encore en vigueur. »

Voilà le langage que nous tenait, il y a moins de deux ans, M. Viviani au nom de ses amis.

J'ai eu la curiosité de lire les procès-verbaux de cette commission de 1895, et j'ai vu que cette idée si libérale déposée dans le rapport de M. Goblet avait été acceptée en quelque sorte à l'unanimité par la commission. J'ai vu que, dans cette commission, c'étaient les socialistes qui se faisaient les défenseurs d'idées, que pour ma part, je trouve excessives, qui ne voulaient pas que l'on établît une distinction, quelle qu'elle fût, entre la congrégation et l'association ordinaire.

C'était M. Jules Guesde, c'était M. Groussier, qui siège encore sur les bancs de cette Chambre, qui disaient : « Pas de distinction entre l'association et la congrégation; la liberté comme en Belgique. »

(*Applaudissements ironiques au centre et à droite.*)

Et si un libéral comme M. Renault-Morlière hasardait timidement quelques objections et demandait qu'on prît au moins quelques précautions contre les congrégations, on lui répondait de votre côté, messieurs (*l'extrême gauche*), qu'il se trompait, qu'il ne comprenait rien à l'évolution des idées modernes et qu'il avait la prétention de s'ingérer dans le domaine des choses de la conscience. (*Applaudissements et rires sur les mêmes bancs.*)

Voilà, messieurs, ce que pensaient et ce que disaient, il y a quelques mois, les socialistes qui sont aujourd'hui les soutiens les plus ardents du ministère. Peut-être, à cette époque, pensaient-ils qu'ils étaient moins assurés qu'aujourd'hui de ne pas être traités à leur tour comme des congréganistes. (*Applaudissements et rires au centre et à droite.*) Peut-être pensaient-ils qu'il leur fallait s'assurer à eux-mêmes dans la liberté commune, étendue même aux congrégations, un refuge et un abri. Ils sont rassurés aujourd'hui; ils ne veulent plus de la liberté, ils veulent la proscription totale! Non seulement ils séparent les congrégations des associations, mais ils veulent les supprimer, les extirper du sol de ce pays. (*Très bien! très bien! au centre et à droite.*)

Si les hommes qui ne voteront pas ce projet de loi, qui est un projet violent, qui n'est pas une loi destinée à devenir, comme vous le prétendiez un jour au Sénat, monsieur le président du conseil, la charte du droit d'association de ce pays, (*Rires ironiques au centre et à droite.*) qui ne sera qu'une loi de circonstance qui tombera d'elle-même quand la colère et les passions seront tombées, (*Applaudissements au centre.*) si ces hommes doivent être accusés de cléricalisme, si M. le président du conseil a la prétention de les excommunier, en pontife infaillible de la doctrine républicaine, (*Rires au centre et à droite.*) ils seront en bonne compagnie, ils seront avec Floquet, avec Goblet, avec les socialistes. (*Nouveaux applaudissements au centre.*)

A l'extrême gauche. — Vous êtes avec les ultramontains, avec la droite! — Vous êtes avec M. de Mun! (*Bruit.*)

M. Ribot. — Nous serons même excommuniés, je puis le dire, avec une autorité plus haute encore dans le parti républicain. Gambetta, à la veille même du 16 mai, dans ces mêlées ardentes qui précédaient la crise, au cours de cette interpellation sur les menées qui tendaient à la restauration du pouvoir temporel du pape, s'est expliqué sur les congrégations dans un passage qui m'a singulièrement frappé. Gambetta se plaignait avec violence de la multiplication des congrégations, il les montrait, comme M. Waldeck-Rousseau, étendant les mailles de leur réseau sur le territoire entier de la France, et il ajoutait ces paroles que je vous prie de méditer :

« Si ce mal se rattachait à l'exercice du droit commun, s'il était vrai qu'il y eût là une liberté d'association consentie par le législateur, donnée d'une façon égale pour tous, que chacun pût entrer en lutte avec une égale part d'ombre et de soleil, je ne m'élèverais pas contre ce développement et cette multiplication des ordres, non seulement non autorisés, mais des ordres prohibés par la loi. (*Applaudissements au centre et à droite.*)

« Mais, ajoutait Gambetta, il n'en est rien. Tandis que les uns ignorent le droit d'association, ignorent presque le droit de réunion, les autres ont à leur disposition tous les privilèges. »

Que ressort-il de ces paroles? C'est que Gambetta lui-même, à une époque ardente de lutte, envisageait comme possible une loi commune pour toutes les associations, la liberté s'étendant à tout le monde, couvrant tout le monde, faisant à chacun, comme il le disait, sa part égale à l'ombre et au soleil. (*Applaudissements au centre et à droite.*)

Je ne vais pas, pour ma part, aussi loin. Je veux réserver, tout au moins par voie de dissolution, le droit supérieur de l'Etat. Ce droit, je ne le rattache pas aux considérations que M. le président du conseil a fait valoir. Il a dit, il a écrit — c'est la pensée qu'il aime le mieux à développer — que les associations religieuses étaient quelque chose d'illicite, de contraire à l'ordre public par la nature même des vœux que prononcent les congréganistes. (*Très bien! très bien! à l'extrême gauche.*)

Je laisse à la Chambre le soin de découvrir la contradiction manifeste qui existe entre une pareille idée, un pareil principe, et la thèse pratique de M. le président du conseil; car, s'il était vrai que les vœux contractés par un membre d'une congrégation fussent, par leur essence même, contraires à l'ordre public, de quel droit maintiendriez-vous des congrégations autorisées par l'Etat? (*Applaudissements au centre et à droite. — Interruptions à l'extrême gauche.*)

Vous disiez hier, dans une formule que j'ai retenue, et qui peut être dangereuse dans la bouche d'un président du conseil, qu'il n'y a pas de liberté contre l'ordre public.

M. Lasies. — C'est la doctrine du coup d'Etat!

M. Ribot. — Qu'est-ce donc que la liberté de ces ordres que vous maintenez, que vous autorisez par décret? Il y a donc des décrets et des lois contre l'ordre public? (*Applaudissements au centre et à droite.*) Eh bien, non! monsieur le président du conseil, on vous l'a déjà dit, vous confondez ici, comme vous avez confondu dans presque tous les articles de votre loi, le droit civil, qui peut ne pas sanctionner des engagements contraires à la liberté individuelle, et le droit pénal, et le droit public de ce pays. Il ne s'agit pas de savoir si les engagements pris dans le for intérieur lient devant les tribunaux civils ceux qui les ont pris; il s'agit de savoir si nous avons le droit d'envoyer en prison ceux qui, ayant pris ces engagements devant Dieu, veulent vivre en commun, et refusent de se soumettre. (*Applaudissements répétés au centre et à droite.*)

M. Gayraud. — La question est très nettement posée.

M. Ribot. — Et, permettez-moi de vous le dire, il y a quelque chose d'étroit et peut-être de blessant pour la conscience d'une partie de nos concitoyens, dans cette vue que vous émettez, vous, chef du gouvernement, sur la nature d'engagements que vous ne devez pas sanctionner, mais que vous devez respecter (*très bien! très bien! au centre et à droite*), et il n'y a pas un pays en Europe où un pareil langage aurait pu être tenu. (*Applaudissements sur les mêmes bancs.*) J'en prends à témoin ce qui s'est passé en Allemagne il y a quelques années.

M. de Bismarck avait entrepris la lutte avec le Saint-Siège; il ne faisait pas la guerre en sectaire ou en philosophe, il ne voulait pas faire triompher une doctrine contre une autre; il était un homme politique, et il disait lui-même en 1875, avant l'avènement de Léon XIII : « Le jour où il y aura au Vatican un pape disposé à la conciliation, je ne ferai plus la guerre, je traiterai avec lui. »

Il a traité, en effet, et immédiatement il a laissé rentrer les ordres religieux en Prusse; et comme ceux qui l'avaient suivi dans cette guerre lui reprochaient de tolérer sur le sol de l'Allemagne des hommes qui avaient abdiqué leur personnalité — c'est le même langage qu'on tient ici; il est le même partout! — il leur répondait : « Comment pouvez-vous entrer ainsi dans la conscience des catholiques? Cela ne vous regarde pas! Si les catholiques, nos compatriotes, pensent que l'existence des ordres religieux est nécessaire à la paix de ce pays, je n'ai pas le droit, moi, de mettre mes préférences et mes vues personnelles au-dessus des convictions de mes compatriotes. » (*Applaudissements au centre et à droite.*)

Et comme on lui disait que ces religieux avaient abdiqué toute personnalité et presque toute intelligence, il répondait dans une de ces boutades qui lui étaient familières : « Mais regardez donc certains partis, vous y trouverez peut-être un *sacrificium intellectûs* encore plus complet. » (*Applaudissements et rires au centre et à droite.*)

Ce n'est donc pas aux considérations qu'a développées M. le président du conseil que je rattache le droit que je veux maintenir, le droit supérieur pour l'Etat de garder un contrôle sur les congrégations religieuses; non, messieurs, c'est à une idée toute différente, plus politique et plus haute, c'est à l'existence même du Concordat.

Nous avons un Concordat avec l'Eglise catholique; nous voulons le maintenir; je suis de ceux qui tiennent à ce qu'il soit préservé, et les débats auxquels nous assistons ne font que fortifier ma conviction. (*Très bien! très bien! au centre.*) Nous ne pouvons pas rompre ce contrat, parce que l'Eglise a été trop longtemps attachée à la puissance civile dans ce pays, elle a trop le souvenir de la situation qu'elle a occupée pour que nous puissions, sans quelque danger, lui donner une liberté totale.

Mais il y a dans les Chambres et dans le pays des ennemis du Concordat qui empêcheront longtemps et peut-être toujours de le dénoncer; ce sont ceux qui, en montrant l'âpreté de leur haine contre le catholicisme, font voir combien ce contrat est nécessaire à la paix religieuse du pays. (*Applaudissements au centre et à droite.*)

La dénonciation du Concordat ne doit pas être, elle ne peut pas être le commencement d'une guerre religieuse; elle ne pourrait être qu'un traité de paix, et le sentiment dans lequel je vois un trop grand nombre de mes concitoyens fait un devoir à tout homme prévoyant de s'attacher à ce contrat et, malgré les difficultés que présente quelquefois son exécution, de le maintenir comme le meilleur gage parmi nous de la paix des consciences. (*Nouveaux applaudissements sur les mêmes bancs.*)

Ce concordat n'a reconnu, il est vrai, que le clergé séculier; mais les congrégations qui se sont établies à côté de ce clergé font partie de l'Eglise, comme l'a dit la lettre du Saint-Père qui a été publiée ces jours derniers; elles ne se sont pas fondées par la volonté seule des membres qui les composent, elles tirent leur origine des constitutions canoniques et, à ce titre, je ne pense pas que nous puissions nous désintéresser complètement de leur action; d'autant plus que — des exemples récents l'ont montré — elles peuvent exercer leur action sur une partie du clergé séculier et l'entraîner quelquefois dans des désordres que nous ne saurions tolérer. (*Très bien! très bien! au centre.*)

En même temps que je réserve le droit de l'Etat, je dois reconnaître, avec tous les esprits équitables et libéraux, que nous ne pouvons plus traiter les congrégations comme elles étaient traitées il y a cent ans, au moment où le Concordat a été signé.

Oui! cela est vrai, le Concordat n'avait rien stipulé quant aux congrégations, l'Eglise catholique n'avait pas demandé leur rétablissement; mais, depuis cent ans, il s'est produit dans ce pays des changements considérables; il s'est produit d'abord ce fait que la liberté a été répandue à flots et est devenue le patrimoine de tous, (*Très bien! très bien! au centre et à droite.*) et il s'est produit un autre fait, d'une portée plus grande encore.

M. le président du conseil lui-même le constatait hier dans son discours, l'Eglise a été dépossédée, par un travail lent de sécularisation de l'Etat, de l'office même qu'elle avait rempli dans tout le cours de son existence : elle a été retranchée de toute participation à l'enseignement officiel et même à la bienfaisance publique, à la charité, à ce qui avait été son domaine propre, son œuvre, à laquelle elle tient et qu'elle ne peut abandonner. Eh bien! ne comprenez-vous pas, messieurs, quelles que soient vos doctrines et quelles que puissent être vos passions, qu'à mesure que l'action officielle de l'Eglise diminue, sa liberté doit augmenter, (*Applaudissements au centre.*) que nous ne pouvons pas lui disputer équitablement la part qu'elle veut prendre de nos libertés communes?

L'Eglise n'est plus aujourd'hui ce qu'elle était autrefois dans l'ancien régime. Elle sait qu'elle ne peut plus s'appuyer sur les gouvernements qui lui sont tantôt indifférents et tantôt hostiles, qu'elle ne doit compter que sur elle-même pour garder dans le monde la direction morale qu'elle veut conserver, et pour cela ii faut qu'elle prenne sa part des libertés, il faut qu'elle se serve de ces armes nouvelles qui sont mises à la disposition de tous, de l'association, qui est la grande force de notre temps. (*Applaudissements au centre et à droite.*)

M. GAYRAUD. — C'est parfaitement dit.

M. RIBOT. — L'Eglise ne veut pas, ne peut pas y renoncer. Si nous sommes des hommes équitables, des hommes libéraux, attachés à leurs doctrines, mais respectant les doctrines et les convictions d'autrui, nous sommes bien obligés d'accorder à l'Eglise sa part de ces libertés communes.

Voilà la grande évolution qui s'est faite et voilà comment, si vous voulez interpréter strictement le Concordat en vous plaçant à l'époque où il a été fait, sans tenir compte de ce mouvement, sans tenir compte de toutes ces évolutions, vous serez malgré vous étroits, vous serez malgré vous violents, et ce sera peut-être pour vous une manière de dénoncer le Concordat, car l'Eglise aimerait mieux, je pense, recouvrer sa liberté totale que de renoncer ainsi à accomplir une œuvre sociale qu'elle considère comme sa mission essentielle. (*Applaudissements au centre et à droite.*)

M. WALTER. — Qu'elle rende l'argent!

M. JACQUES PIOU. — C'est vous qui le prenez!

M. RIBOT. — Ce qu'il faudrait envers les congrégations, c'est une politique qui, tout en ne désertant pas les droits de l'Etat, saurait ne les exercer que dans les cas où l'opinion publique soutient le Gouvernement, c'est-à-dire toutes les fois qu'il y a un abus évident, soit qu'une congrégation se mette en opposition avec un évêque, soit qu'elle se lance dans la politique et que, contrairement aux directions mêmes du saint-siège, elle fasse ce qui est interdit au clergé et qu'elle essaye d'entraîner avec elle une partie même de ce clergé. Cela, je le dis, est intolérable et doit être réprimé. (*Applaudissements au centre.*)

M. HENRI BRISSON. — Je demande la parole.

M. RIBOT. — Mais ce qu'il faut, c'est une politique. Nous n'en avons pas eu depuis vingt ans en ce qui concerne les congrégations. Nous avons eu pour toute politique des violences intermittentes (*Très bien! très bien! sur divers bancs.*) et, dans l'intervalle, un laisser aller absolu, aucune vigilance, aucun plan, pas même une information exacte sur l'état des congrégations et de leur développement. (*Applaudissements au centre.*)

Eh bien, cette politique, on pourrait la faire avec les évêques sans désarmer l'Etat, mais sans recourir à des mesures brutales d'expulsion *manu militari*. Je suis sûr que vous trouveriez dans les évêques l'appui qui vous serait nécessaire pour cette œuvre. En tout cas, il faudrait que vous suiviez le développement des congrégations et que vous ne fassiez pas ce que vous avez fait, demander par le télégraphe, huit ou quinze jours avant la discussion, l'état des congrégations et le nombre de leurs membres.

Vous n'aviez aucun renseignement dans vos ministères, aucun. Vous avez reçu ces renseignements hâtifs et entachés de telles erreurs matérielles qu'il est impossible de les discuter. (*Très bien! très bien! au centre et à droite.*)

Car, pour vous donner un simple exemple, M. le président du conseil se hasardait hier à bâtir un raisonnement sur un recensement qu'il a bien voulu m'envoyer et qui a été distribué aux membres de la commission. Il a constaté qu'il y avait en 1877 14,000 religieuses dans les établissements non reconnus, et il ajoutait : « Elles sont devenues 75,000 en 1901; voyez les progrès des congrégations non autorisées! »

Mais, monsieur le président du conseil, si vous voulez bien relire cet état, vous verrez qu'il y a là une erreur évidente, car on dit qu'il y avait 14,000 religieuses dans 17,080 maisons non reconnues; en sorte qu'il n'y avait pas une religieuse par maison. (*Applaudissements et rires au centre et à droite.*)

M. Henri Savary de Beauregard. — Voilà comme on a fait l'enquête.

M. Ribot. — Dans ce même document, on nous dit qu'il y avait 113,750 religieuses appartenant aux congrégations autorisées et que leur nombre est réduit à 54,409; et à la page suivante je vois que le nombre des religieuses dans les maisons autorisées est tombé de 58,836 à 54,408.

Ce sont de telles erreurs matérielles, qu'il est impossible évidemment de tirer aucune conclusion des chiffres qui ont été relevés. (*Très bien! très bien! au centre.*)

Quant à l'argument qu'en a tiré M. le président du conseil, j'ai cru trouver l'explication fort simple de la différence qui existe entre le nombre des religieuses dans les établissements non reconnus en 1877 et en 1901 : c'est qu'il y a eu depuis 1877 un très grand fait, la laïcisation de beaucoup d'écoles publiques.

M. Lerolle. — C'est cela! Très bien!

M. Ribot. — Les religieuses qui sont autorisées en ce sens qu'elles appartiennent à une congrégation reconnue, du jour où elles sont sorties de l'école publique, ont formé une petite communauté non autorisée. Puisque la jurisprudence du Conseil d'Etat. conforme à la loi de 1825, exige une reconnaissance non seulement pour une congrégation, mais pour chacun de ses établissements, il est naturel que le chiffre des religieuses résidant dans des maisons non autorisées se soit augmenté dans une proportion considérable; c'est le résultat même de l'œuvre de laïcisation. (*Applaudissements au centre et à droite.*)

En ce qui concerne les biens, l'administration n'est pas mieux renseignée, et nous assistons vraiment à un spectacle singulier : le même ministère, et dans le même ministère la même direction nous apportent des chiffres absolument contradictoires. Car l'enquête que l'on vient de nous distribuer accuse un total de biens appartenant aux congrégations ou occupés par elles d'environ un milliard. Or, l'avant-dernier fascicule bleu du ministère des finances relève l'impôt du revenu perçu ou à percevoir pour les années 1898 et 1899, et vous savez que l'impôt sur le revenu est perçu sur le revenu de tous les biens meubles et immeubles, possédés et occupés.

Le revenu est établi à raison de 5 pour 100 de la valeur vénale des biens. En faisant sur cette base un calcul très simple, on reconnaît qu'en 1899 l'impôt a été perçu sur un capital total, y compris les meubles, de 489 millions.

Et comme il y avait 110 millions de meubles quelques années avant, — et je ne crois pas que la proportion ait changé, — le chiffre total de la valeur vénale des biens immeubles des congrégations, même simplement occupés, sur lequel l'administration de l'enregistrement a établi la perception de l'impôt sur le revenu, s'élève à 379 millions : 379 millions au lieu d'un milliard. (*Applaudissements au centre et à droite. — Interruptions à l'extrême gauche.*)

Je ne me porterai pas juge de l'exactitude de l'un ou l'autre de ces deux chiffres, mais je ne puis pas comprendre qu'une administration ait laissé pendant de si longues années de pareilles divergences entre les chiffres qu'elle apporte, qu'elle ne se soit pas appliquée à établir exactement le bilan de la fortune des congrégations.

Cela veut-il dire qu'autre chose est l'évaluation pour la Chambre de la valeur des biens et l'évaluation sur laquelle on établit l'impôt lui-même? Je n'en sais rien, je constate la différence; elle est telle que j'ai le droit de dire que, dans ces conditions, l'enquête n'a qu'une valeur extrêmement relative. (*Très bien! très bien! au centre.*)

Il faudrait aussi que cette enquête précisât l'affectation des biens dont on nous donne l'importance globale. Je ne suis pas plus partisan que personne dans cette Chambre du développement de la mainmorte : il s'agit seulement de savoir ce que c'est que la mainmorte. Ce qui a ruiné dans l'opinion les couvents de l'ancienne France, ce qui a fait qu'au moment où ils ont été supprimés l'opinion publique presque tout entière a applaudi à leur suppression et que l'initiative est venue quelquefois des évêques eux-mêmes et des membres des congrégations, c'est que ces congrégations possédaient tout autre chose que des hôpitaux, des ouvroirs et des écoles. (*Applaudissements au centre.*)

Elles possédaient une partie considérable du territoire; elles en tiraient des revenus qui, même, n'appartenaient pas aux religieux, mais dont une forte partie allait aux abbés commendataires. Je lisais dernièrement, à la bibliothèque de la Chambre où, pour le dire en passant, on a retrouvé le volume qui manquait à l'instruction de M. Trouillot... (*On rit.*)

M. GEORGES TROUILLOT, *rapporteur*. — Je l'avais retrouvé ailleurs.

M. CHEVANAZ. — Est-ce vous, monsieur Ribot, qui l'avez rapporté?

M. RIBOT. — Non, ce n'est pas moi.

M. GUSTAVE ROUANET. — Ce doit être un orateur de droite.

M. LE RAPPORTEUR. — Ce volume manquait à la Chambre, mais non à moi.

M. RIBOT. — Eh bien, il vous servira pour une prochaine discussion. (*Nouveaux rires.*)

Je lisais une lettre adressée à l'Assemblée constituante par les religieux de Saint-Martin-des-Champs, qui demandaient eux-mêmes la suppression de leur ordre; ils expliquaient qu'ils étaient 280 dans trente-six maisons, qu'ils avaient 1,800,000 livres de rente, ce qui représente aujourd'hui 4 ou 5 millions, dont la moitié allait aux abbés commendataires qui ne résidaient jamais dans l'abbaye.

Voilà la mainmorte, qui a provoqué dans le pays une réprobation et un soulèvement je puis dire général.

Si cette mainmorte tend à se reconstituer aujourd'hui, comme le dit M. Trouillot, je suis avec lui pour prendre les mesures nécessaires afin d'y mettre obstacle. Personne de nous ne veut, je pense, que les communautés religieuses se constituent ainsi des revenus en enlevant des biens à la circulation. Mais si tous ces immeubles sont affectés soit à des usages charitables, soit à l'enseignement, à des œuvres d'utilité publique, pouvez-vous appeler cela une mainmorte? En tout cas, est-ce la mainmorte dangereuse dont parlait M. le président du conseil? Quels complots peut-on faire, nourrir ou susciter avec des hôpitaux, avec des ouvroirs, avec des asiles? (*Applaudissements au centre et à droite.*)

M. le président du conseil a parlé du trésor de guerre que se constituaient les congrégations. Il n'est pas, permettez-moi de vous le dire, dans les immeubles qu'elles occupent; ce serait, au contraire, le gage de leur neutralité et de leur sagesse. (*Très bien! très bien!*) S'il est quelque part, il est dans les valeurs mobilières dont elles peuvent librement disposer. A cet égard, nous n'avons aucun renseignement. Je ne sais pas — et M. le président du conseil ne sait pas plus que moi — la richesse des congrégations. Il peut y en avoir de riches, il y en a beaucoup de pauvres, je le sais, j'en suis sûr.

M. GAYRAUD. — Très bien!

M. RIBOT. — Nous ne savons pas quelle est la fortune des jésuites. M. de Bismarck croyait le savoir. Il expliquait un jour à la Chambre des seigneurs « qu'on n'est pas resté vingt-cinq ans ministre sans avoir connu beaucoup de jésuites ». (*Rires et applaudissements au centre et à droite.*)

Il n'est même pas nécessaire d'avoir passé vingt-cinq ans au ministère. M. de Bismarck disait : « Les jésuites sont des hommes qui aiment beaucoup commercer avec les puissants du jour et qui, même au cours de Kulturkampf, essayaient encore de renouer les relations. » Et il croyait avoir obtenu des jésuites des confidences sur l'importance de leur fortune mobilière. Il disait : « Si j'étais chargé de taxer à l'impôt sur le revenu les revenus des jésuites, en conscience j'évaluerais leur fortune à un peu plus de la moitié de la fortune de feu M. de Rothschild. » (*On rit.*)

Je ne sais pas si M. de Bismarck était bien informé.

M. GUSTAVE ROUANET. — Vous n'avez pas voulu le rechercher quand vous étiez au pouvoir. (*Bruit au centre.*)

Voulez-vous me permettre un mot?

M. Ribot. — Volontiers!

Au centre. — Laissez continuer!

M. le président. — M. Rouanet a l'assentiment de l'orateur.

M. Gustave Rouanet. — Comme je sais l'intention de perfidie ignominieuse... (*Vives réclamations au centre.*)

M. le président. — Cela ne s'adresse pas à l'orateur.

M. Gustave Rouanet. — ... que d'aucuns pourraient attribuer à vos paroles et que vous n'avez pas eue, je faisais observer que lorsque vous étiez à la tête du gouvernement, vous n'avez voulu imposer ni la fortune des jésuites ni celle des Rothschild. (*Applaudissements à l'extrême gauche.*)

M. Lasies. — C'est un oubli réparable.

M. Ribot. — Je disais que ce qui a manqué depuis vingt ans à ce pays, c'est une politique suivie, une politique ferme en même temps que libérale. Elle eût produit d'autres résultats que ces à-coups, ces violences successives, ces cris de guerre qu'on pousse périodiquement. On abandonne tout pendant vingt ans, et brusquement on veut reprendre tout en un jour. On sait bien qu'on ne pourra pas tout reprendre, on sait bien que cela a simplement la valeur d'une démonstration et d'un cri de guerre, que, demain, il y aura la même inertie et la même négligence; mais enfin cela peut servir les intérêts momentanés de la politique. (*Très bien! très bien! au centre.*) Eh bien! le cri de guerre vient d'être poussé : la loi n'est pas autre chose qu'un cri de guerre. (*Très bien! très bien! au centre.*)

Elle a voulu se donner toutes les apparences de la violence, mais comme la violence conduit nécessairement à l'impuissance, elle est la combinaison à la fois de ce qu'il y a de plus excessif et de ce qu'il y a de moins exécutable. (*Applaudissements sur les mêmes bancs. — Interruptions à l'extrême gauche.)*

Est-ce que j'exagère, messieurs? (*Bruit à l'extrême gauche.*)

D'abord vous renoncez à cette large tolérance qui a été accordée par tous les gouvernements à certaines congrégations dont vous reconnaissez vous-mêmes la nécessité et les mérites. Vous retirez à toutes les congrégations sans exception l'existence de fait qui avait été protégée par une sorte de consentement général; vous voulez que toutes les congrégations se soumettent à l'autorité législative: vous dites parfois : « C'est un hommage que nous demandons au principe de la prééminence du pouvoir civil. »

S'il en était ainsi, les congrégations auraient assurément mauvaise grâce à refuser de demander l'autorisation; mais il y a autre chose derrière cette invitation qu'on leur adresse et que le rapporteur n'a pas dissimulé. Avec une louable franchise, il a déclaré qu'on voulait faire disparaître toutes les congrégations non autorisées. Alors, pourquoi les invite-t-on à demander l'autorisation législative? (*Très bien! très bien! au centre et à droite.*)

Qu'est-ce que cela veut dire? Ne serait-il pas plus simple de les supprimer par la loi que de les obliger à une démarche qu'on déclare d'ailleurs vaine? (*Très bien! très bien! au centre.*)

Et, en effet, cette démarche sera vaine. Je le dis, parce que M. de Freycinet l'a déclaré lui-même en 1880. Après avoir lancé les arrêtés de dissolution contre les congrégations, il a expliqué au Sénat qu'on aboutissait à une impossibilité morale quand on demandait aux congrégations de se faire autoriser législativement. Pourquoi? Parce qu'il n'y a pas une seule congrégation, dans ce pays, qui ait été autorisée par une loi. La puissance publique e les Chambres hésiteraient longtemps, elles répugneraient à donner le sceau de l'investiture officielle à des congrégations. Nous ne sommes plus au temps de la Restauration; les idées ont changé. On peut ignorer les congrégations, les laisser vivre à la faveur d'un système libéral, sauf à les dissoudre dans des cas déterminés; mais, obliger les Chambres à les reconnaître, c'est reculer, c'est nous transporter dans un domaine d'idées toutes différentes.

Pourquoi vous acculez-vous vous-mêmes à cette impossibilité morale? Pourquoi acculez-vous la Chambre, après vous, dans une véritable impasse d'où vous ne sortirez que par une humiliation et un recul? Car enfin, en 1880, on a dissous les congrégations d'hommes, et vous savez l'émotion que cette mesure a causée en France. Il n'est pas bon qu'on soit obligé d'aller briser les portes des couvents. Et en 1880, on a respecté les congrégations de femmes, on leur a laissé la liberté. Aujourd'hui, au contraire, vous ne faites aucune distinction, et les congrégations de femmes, aussi bien que les congrégations d'hommes, seront obligées de rapporter l'autorisation législative dans les six mois.

Et si elles ne la rapportent pas, que ferez-vous? Vous atermoierez, vous trouverez des prétextes pour gagner du temps, vous négocierez peut-être avec Rome, vous chercherez le moyen d'échapper aux conséquences de la loi que vous aurez faite.

Oh! vous prévoyez bien tout cela, mais comme vous cherchez à donner à la Chambre l'illusion d'une vigueur exemplaire et d'une sévérité qu'on n'a pas encore connue, vous soumettrez indistinctement à la même loi toutes les congrégations, les hospitalières comme les autres, celles qui ont des malades ou des orphelins comme les jésuites et les dominicains.

Vous avez vous-mêmes relevé qu'il existait 14,000 maisons non autorisées occupées par des religieuses. Ces maisons, ce sont des écoles libres que sont venues occuper les religieuses qui ont quitté par ordre les écoles publiques.

Pensez-vous qu'un gouvernement quelconque pourra chasser de ces 14,000 maisons, des religieuses qui se consacrent uniquement à l'éducation et aux soins des malades? Si vous faisiez cela, il y aurait un soulèvement dans les villages mêmes qui envoient ici les députés les plus radicaux et les plus violents. (*Vifs applaudissements au centre et à droite.*)

M. LE GÉNÉRAL JACQUEY. — C'est la guerre civile!

M. RIBOT. — Les députés qui auraient voté cette mesure seraient les premiers à se plaindre du gouvernement qui les aurait ainsi perdus dans l'opinion publique. (*Nouveaux applaudissements au centre et à droite.*)

Est-il digne d'une Chambre de faire une pareille politique, et est-il digne du gouvernement de la lui proposer?

Il y a une autre violence dans la loi. C'est celle qui s'exerce après la dissolution des congrégations.

On avait voté en 1879, à la Chambre des députés, l'article 7 qui interdisait d'enseigner aux congréganistes. La commission a voulu faire mieux. Elle a voulu que celui qui aurait fait partie d'une congrégation fût toute sa vie incapable d'enseigner. Il est vrai qu'elle étendait la même incapacité aux membres des associations internationales et que M. Jaurès, que la Chambre applaudissait l'autre jour, et les professeurs de l'Ecole de droit qui font partie d'associations internationales, étaient dès lors, déchus du droit d'enseigner. (*Rires au centre.*)

Mais est-il possible et n'est-ce pas une mesure monstrueuse dans ce pays de liberté de frapper à perpétuité un homme parce qu'il a fait partie d'une congrégation, même non autorisée? (*Applaudissements au centre et à droite.*) Je ne tiens pas le langage d'un clérical en parlant ainsi, mais celui d'un homme qui a conscience de l'idée de la liberté moderne et, permettez-moi de le dire, de la dignité du gouvernement de son pays. (*Applaudissements sur les mêmes bancs.*)

Et puis, vous arrivez à la grande ressource que M. le président du conseil a fait briller à nos yeux, dans un discours précédent, comme le seul moyen de ramener à l'obéissance les congrégations : vous faites appel à la confiscation qui a disparu de nos lois depuis la Restauration. Vous vous rappelez les éloquentes paroles du garde des sceaux de Serre, quand il disait : « Notre Trésor est pauvre, que tout au moins il reste pur! » (*Très bien! très bien! au centre et à droite.*)

La confiscation n'existe aujourd'hui nulle part. M. de Bismarck, au cours de sa guerre si violente, n'a pas voulu y recourir. Vous y recourrez, dites-vous? Eh bien, non, vous ne le ferez pas! Vous pourrez le dire en termes plus ou moins équivoques dans votre projet de loi, mais, je le répète, vous ne le ferez pas. Et si je voulais serrer les textes qui nous sont soumis, je montrerais qu'ils sont rédigés de façon que vous auriez de nombreux procès et que vous les perdriez tous. (*Très bien! très bien! sur les mêmes bancs.*) Mais l'intention y est avouée; vous ne voulez plus vous arrêter devant les propriétaires apparents, ni même devant les propriétaires réels. Cela s'appelle la confiscation, c'est-à-dire ce qu'il y a de plus odieux dans les souvenirs de l'histoire. Vous l'avez poussée à ce point que dans le dernier projet, qui est l'œuvre des commissaires de quatre groupes de cette Chambre, on établit une présomption de personne interposée — présomption légale, c'est-à-dire qu'on ne peut pas combattre par la preuve contraire — contre tout propriétaire qui recueillera dans sa maison des religieuses expulsées de leur couvent. (*Applaudissements au centre et à droite.*)

En sorte que si les religieuses dont je parlais, chassées de leurs écoles, trouvaient l'hospitalité chez un propriétaire du village qui tient sa maison de ses ancêtres, qui en est le propriétaire aux yeux de tous, propriétaire non seulement apparent, mais réel, il sera réputé avoir donné sa maison aux congréganistes, c'est-à-dire, par l'intermédiaire des congréganistes, à l'Etat. (*Applaudissements au centre et à droite.*)

M. Audiffred. — C'est le cas de M. Waldeck-Rousseau père. (*Nouveaux applaudissements sur les mêmes bancs. — Bruit à l'extrême gauche.*)

M. le président. — Je vous prie de vous abstenir de toute personnalité. Je l'ai déjà recommandé hier. Laissez l'orateur poursuivre sa discussion.

M. Ribot. — Et vous faites de cette confiscation la préface d'une des lois que vous présentez aux ouvriers comme une œuvre de solidarité! Etrange solidarité, que celle qui consiste à donner aux uns les dépouilles des autres. (*Très bien! très bien! au centre.*)

Cela n'est pas français et, laissez-moi vous le dire, cela ne passera pas dans la conscience nationale. (*Vifs applaudissements au centre et à droite. — Bruit et interruptions à l'extrême gauche.*)

A l'extrême gauche. — La conscience nationale n'est pas ultramontaine.

M. Ribot. — Ce projet a contre lui tous les hommes qui ne partagent ni vos passions ni vos colères. Mais j'en suis sûr, vous n'irez pas jusque-là. (*Interruptions à l'extrême gauche.*)

Au surplus, il apparaît dans cette discussion qu'on vise moins les congrégations religieuses que la liberté de l'enseignement. (*Interruptions à l'extrême gauche.*)

M. Aynard. — C'est cela!

M. Ribot. — C'est un détour qu'on prend, c'est un procédé oblique dont on se sert; eh bien, l'on se prépare de ce côté aussi un échec complet et lamentable. (*Nouvelles interruptions à l'extrême gauche.*)

M. LE PRÉSIDENT. — Vous ne pouvez pas cependant imposer votre volonté individuelle à toute l'assemblée! C'est intolérable! (*Très bien! très bien.*)

M. RIBOT. — Que s'est-il passé en 1880? On a fermé les maisons dirigées par des congréganistes. Eh bien, prenez les statistiques. Y a-t-il aujourd'hui, vingt ans après, un élève de moins dans les maisons où l'on reçoit l'instruction ecclésiastique, et peut-on prétendre que l'esprit des jeunes générations qui en sortent ait bien changé, qu'il soit meilleur, au point de vue de vos doctrines, que celui des élèves de ces maisons avant 1880?

Croyez-vous que quand vous aurez remplacé un congréganiste comme le Père Didon, que nous avons entendu à la commission d'enquête et dont nous avons pu constater la noblesse d'esprit et la largeur d'idées, par un prêtre obscur et peut-être fanatique, vous aurez gagné quelque chose au point de vue de l'unité morale du pays? Non, assurément, messieurs; le résultat est sous vos yeux; toutes ces mesures ont été vaines. Pourquoi? C'est qu'il faudrait d'autres moyens pour rétablir ce que vous appelez l'unité morale du pays.

Napoléon a voulu l'établir; il voulait que l'on apprît aux enfants de nos écoles s'ils doivent être républicains ou monarchistes, s'ils doivent être catholiques ou irréligieux. Qu'a-t-il obtenu? Son œuvre a totalement échoué.

Cet essai de fonder l'unité morale sur l'éducation commune est une conception qui peut avoir sa grandeur, mais elle a croulé d'elle-même ; et la preuve, comme le dit M. Liard dans son beau livre sur l'histoire de l'enseignement supérieur, c'est que jamais l'Université n'a été attaquée plus violemment que par les générations d'élèves qui sortaient de ses écoles, et que la liberté de l'enseignement a été proclamée, non pas comme l'avènement d'un dogme ou d'une idée philosophique, mais comme une nécessité politique, une mesure nécessaire pour empêcher la guerre, pour faire l'apaisement entre les générations dans un même pays. (*Applaudissements au centre et à droite.*)

M. le président du conseil disait à Toulouse : « L'unité morale a toujours fait la grandeur de ce pays. » Quelle vue de l'histoire avait donc ce jour-là M. le président du conseil, à Toulouse même, au centre de cette région qui a été ravagée par les pires guerres de religion, où le plus pur sang de la France a été versé! L'unité morale s'appelait à ce moment l'unité de croyance religieuse; c'est sur ce terrain que l'Eglise, au nom de son infaillibilité, a voulu établir l'unité; elle a échoué; elle devait échouer.

C'est sur ce terrain que la monarchie a voulu, de concert avec l'Eglise, établir l'unité morale. Quel a été le résultat? C'est que la France a perdu dans ces luttes la meilleure part de sa vigueur et de sa force. Et vous voulez recommencer cela? (*Très bien! très bien! au centre et à droite.*)

A gauche. — C'est l'Eglise qui a recommencé.

M. Charles Bos. — Est-ce le parti républicain qui a révoqué l'édit de Nantes!

M. Ribot. — Vous le défaites aujourd'hui. Et vous voulez, au nom de l'Etat moderne, reprendre cette vieille tradition catholique et monarchique que toute la force de la monarchie n'a pu faire triompher?

Vous parlez de l'unité de doctrine; est-ce que le rôle de l'Etat dans la société moderne est de choisir entre la doctrine de M. de Mun et celle de M. Viviani, de condamner l'une et d'imposer l'autre comme si le pays tout entier ne s'élèverait pas contre une pareille prétention et une semblable tyrannie!

La liberté pour tous, et la confiance de chacun dans les convictions qui l'honorent, voilà ce qui remplace l'unité de doctrine. (*Applaudissements sur les mêmes bancs.*)

M. le président du conseil a tenu naguère, à Bordeaux, un langage que je me permets d'opposer à son langage d'aujourd'hui. Il était très élevé, très noble. Il répondait à ceux qui lui reprochaient d'ouvrir trop largement la République aux ralliés, c'est-à-dire à ceux qui, dans les maisons des jésuites ou ailleurs, avaient été élevés dans l'ignorance de la Révolution française ou de ses doctrines.

On lui reprochait de fausser ainsi l'idée républicaine en introduisant ces recrues dangereuses dans les rangs du parti républicain conservateur qu'il voulait à cette époque fonder. Et M. le président du conseil répondait : « Je m'élève au-dessus de tout cela; je m'inspire de la pensée large de mon maître Gambetta. Nous ne confondons pas, j'imagine, l'unité nationale, qui est faite dans notre pays, et l'unité de doctrine dont nous ne voulons pas. » (*Applaudissements au centre et à droite.*)

M. Lasies. — A cette époque, il était de l'avis de M. Méline.

M. Ribot. — C'est sortir de notre rôle; c'est surtout sortir du rôle du gouvernement, qui ne doit pas prendre parti violemment dans ces luttes d'opinions et de doctrines, que d'apporter à la tribune le langage que j'ai eu le regret d'entendre hier. La lutte, on l'a dit éloquemment, entre les conceptions diverses qui se disputent les esprits non pas seulement en France, mais dans le monde, cette lutte durera plus longtemps que nous.

Pour moi, je crois au triomphe des idées qui sont les miennes et qui sont aussi les vôtres et j'apporte à cette tribune une confiance un peu plus fière que celle de l'honorable M. Viviani, qui nous disait l'autre jour qu'il fallait prendre garde, que notre idéal était par terre ou semblait l'être. Eh bien, non! notre idéal, nous n'avons pas besoin de le relever: nous le gardons précieusement, avec confiance, avec certitude dans le succès de nos idées ; et si cet idéal menaçait de s'affaiblir ou de s'obscurcir, nous ne croyons pas que ce soit en reprenant cette lutte religieuse et en chassant quelques congréganistes que nous lui rendrions sa force et son éclat. (*Applaudissements au centre et à droite.*)

Nous pensions que toutes ces luttes sur la liberté de l'enseignement étaient finies; nous pensions que tous les hommes qui ont quelque largeur dans l'esprit avaient reconnu l'inanité des efforts tentés pour établir l'unité morale d'un pays par des moyens coercitifs. J'en prends à témoin l'enquête que j'ai eu l'honneur de présider et où nous avons entendu les hommes les plus considérables de tous les partis venir affirmer qu'il ne fallait pas toucher à la liberté d'enseignement; c'est M. le président du conseil d'alors et M. le ministre de l'instruction publique qui sont venus déclarer que la liberté d'enseignement était désormais intangible dans ce pays; c'est M. Poincaré qui est venu dire qu'il ne fallait y toucher sous aucun prétexte, ni même ruser avec elle; et c'est enfin mon honorable ami, M. Léon Bourgeois, que la commission a aussi entendu et qui, après avoir regretté — c'était son droit — que les congrégations fussent trop puissantes dans l'Eglise, qu'elles eussent une part trop large dans l'éducation ecclésiastique, ajoutait : « Ce que je dis n'est pas la préface d'une lutte contre la liberté de l'enseignement; il serait mauvais d'y toucher, et d'ailleurs ce serait impossible. »

M. Léon Bourgeois. — Je reste partisan de la liberté de l'enseignement et je suis hostile au monopole de l'Etat; mais je réclame pour l'Etat le droit de prendre les mesures nécessaires pour que l'enseignement en commun ne soit pas donné par des hommes qui sont en révolte contre les institutions de leur pays. (*Applaudissements à gauche et à l'extrême gauche.*)

M. Aynard. — On ne touche pas à la liberté de

l'enseignement, mais on supprime ceux qui le donnent.

M. Ribot. — Ce n'est pas tout à fait ce que disait M. Léon Bourgeois devant la commission et son langage d'il y a deux ans lui fait trop d'honneur pour qu'il puisse songer à le renier devant cette Chambre. (*Rumeurs à gauche.*)

M. Léon Bourgeois. — Je ne renie rien.

M. Ribot. — Vous disiez qu'il faut que l'Etat garde le contrôle sur tous ces établissements, qu'il y pénètre, qu'il voie ce qui s'y passe.

Nous sommes d'accord et je regrette que, depuis quelques années surtout, l'Université affecte d'ignorer même les maisons où se donne l'enseignement libre, qu'elle ne veuille pas y pénétrer, qu'elle ait laissé tomber, par une sorte d'abrogation, le texte de loi qui lui donne le droit d'inspection, de sorte que l'Université apprend elle-même aux écoles de l'Etat et aux écoles libres à s'ignorer, à se traiter comme deux maisons hostiles, alors qu'il faudrait, au contraire, tout faire pour rapprocher les distances et supprimer les antagonismes violents.

Puis vous ajoutiez qu'il faut chercher le relèvement de notre enseignement national public par d'autres mesures, en donnant la liberté à l'Université elle-même...

M. Léon Bourgeois. — J'en suis toujours partisan.

M. Ribot. — ... en mettant plus d'autonomie, moins de bureaucratie dans l'administration, en faisant circuler un souffle moderne dans ces vieilles méthodes qu'il faut rajeunir. Telles étaient vos paroles. (*Applaudissements au centre et à droite.*)

C'était là une vue élevée, une vue libérale, une vue d'homme d'Etat. (*Bruit à l'extrême gauche.*)

M. Coutant. — Vous visez le portefeuille!

M. Ribot. — Oh! monsieur Coutant...

M. le président. — Au moment où M. Ribot qui

a présidé la commission de l'enseignement parle de ces questions, il me semble que vous pouvez bien écouter et surtout ne pas vous livrer à des personnalités. (*Très bien! très bien!*)

M. Ribot. — Je répète que c'était une vue libérale, une vue d'homme d'Etat. (*Nouvelles interruptions et bruit à l'extrême gauche.*)

Au centre. — N'interrompez pas. Assez!

M. Alexandre Zévaès. — Qui est-ce qui dit : « Assez! »

M. le président. — C'est moi, monsieur Zévaès, qui vous dis : « Assez! » et qui vous rappelle à l'ordre.

M. Walter. — Ce sont les hommes du centre qui interrompent!

M. Alexandre Zévaès. — Ce sont vos domestiques du centre! (*Bruit.*)

M. le président. — Je vous rappelle à l'ordre avec inscription au procès-verbal.

M. Ribot. — Je le répète, nous avons vu les hommes les plus considérables se réunir de toutes les parties de cette Chambre pour affirmer cette idée que, désormais, il faut prendre son parti de la liberté d'enseignement comme d'un fait nécessaire.

M. Thiers avait dit, dans son rapport de 1844 : « Si j'étais libre, je serais pour le monopole; je n'accuse pas de tyrannie cette conception de l'éducation; mais il faut céder à la vérité de son temps et de son pays. » — Eh bien, on commençait à reconnaître partout que c'était là la vérité de notre temps et de notre pays. Et que disait ici M. Millerand lui-même, aujourd'hui membre du cabinet, quand M. Levraud déposait une proposition tendant à supprimer l'enseignement congréganiste? Il disait : « Je ne veux pas m'associer ni associer mon parti à des mesures que je juge aussi inutiles que dangereuses pour la République. » Il ajoutait : « Tout cela, c'est de la politique décorative, ce n'est pas de la politique pratique et réelle. »

L'accord était donc complet, et je puis ajouter qu'il y a deux ans l'apaisement se faisait sur ces questions (*Rires ironiques à l'extrême gauche.*) qui nous ont tant divisés, et alors, comment se fait-il que tout à coup nous nous trouvions de nouveau en guerre, que nous reprenions les vieux cris de guerre d'autrefois, que nous fassions retentir ces appels de trompettes jusque dans le moindre de nos villages pour réveiller les passions et les colères assoupies?

Comment cela se fait-il? Je ne veux pas presser le gouvernement de me répondre. Il n'a donné aucune explication; je ne veux pas l'obliger à dire que c'est peut-être une nécessité de la politique qu'il suit, de la situation qu'il occupe. Ce serait une réponse qui n'absoudrait pas M. le président du conseil de la politique dans laquelle il nous entraîne et où il est entraîné.

J'ai entendu hier M. le président du conseil dire un mot qui m'a semblé empreint d'une profonde ironie; il disait : « Ce que nous faisons, ce que nous vous proposons de faire, c'est de rétablir la paix dans ce pays. » (*Rires à droite et sur divers bancs au centre.*)

Non, vous savez bien que ce n'est pas la paix que vous allez rétablir, que c'est une guerre que vous allez instituer. (*Applaudissements au centre et à droite. — Interruptions à gauche.*)

M. Charles Gras. — Il y a assez longtemps que vous l'avez déclarée.

M. Ribot. — Il y avait une autre politique à suivre, c'était une politique de pacification. Après les deux années où nous avons respiré dans ce pays une atmosphère de guerre civile, c'est vers la pacification qu'il fallait diriger tous vos efforts.

Vous ne l'avez pas fait et vous voyez aujourd'hui quels sont les résultats de votre politique. Vous pouvez voir comment le calme renaît dans nos esprits; vous pouvez voir comment se réveille dans certaines régions l'esprit le plus dangereux pour nos institutions libres, pour la République, ce vieux levain de césarisme qui est toujours au fond de ce pays. (*Très bien! très bien! au centre.*)

M. LASIES. — Très bien!

M. RIBOT. — Vous avez des exemples récents. Je déplore avec vous ces manifestations. Mais interrogez-vous, faites un examen de conscience. Voyez si vous n'avez pas une part dans les événements qui se préparent et nous menacent.

Je souhaite ardemment que la République n'ait pas bientôt à traverer la crise la plus grave parmi celles qu'elle a connues, et, pour finir ce trop long discours, je me permets de répéter les paroles si patriotiques et si éloquentes que M. le président du conseil prononçait, il y a quelques années, à Bordeaux. Je les lui rappelle, elles sont dignes de lui et de son admirable talent : « Pendant que nous nous épuisons dans nos discordes, une Europe nouvelle grandit autour de nous. Il n'est que temps d'y songer. Chaque heure, chaque minute qui s'écoule, c'est un peu de la grandeur et de la prééminence de la France qui s'en va! » (*Applaudissements vifs et répétés au centre et à droite. — L'orateur, en retournant à son banc, reçoit de nombreuses félicitations.*)

PROJET
DE LOI SUR LES ASSOCIATIONS

Article premier

4 février 1901

Le projet de M. Waldeck-Rousseau soumettait toutes les associations, quel que fût le nombre de leurs membres, à une déclaration. C'était, à certains égards, se montrer plus rigoureux que la législation actuelle, puisque les associations de moins de vingt personnes étaient, jusqu'à ce jour, exemptes de toute formalité.

De plus, une pareille disposition ne constituait qu'une gêne pour les associations, sans donner aucune garantie à l'ordre public.

En fait, le gouvernement n'aurait pu tenir la main à son exécution et on devait retomber dans le régime d'arbitraire auquel on voulait mettre fin.

Les législations étrangères permettent, en général, aux associations de se former librement et n'exigent une déclaration que si elles prétendent être reconnues et avoir le droit d'ester en justice.

M. Groussier déposa un amendement ainsi conçu : « Les associations de personnes pourront se former librement, sans autorisation ni déclaration préalable, mais elles ne jouiront de la capacité juridique que si elles se sont conformées aux dispositions de l'article 4. »

M. Ribot appuya, en ces termes, l'amendement :

Messieurs,

L'honorable M. Groussier a bien voulu rappeler

qu'il y a vingt ans j'ai soutenu un amendement tout à fait semblable au sien à propos de la loi sur les syndicats professionnels. Je l'ai soutenu avec mes amis M. Goblet et M. Trarieux. La Chambre, à cette époque, a bien voulu nous donner raison.

En 1895, comme l'a rappelé également M. Groussier, la commission nommée par la Chambre, à la majorité de 9 voix contre 3, a supprimé la nécessité d'une déclaration pour les associations qui ne réclament pas une capacité juridique. M. le rapporteur ne veut pas admettre cette distinction si simple, qui a été faite dans presque toutes les législations, entre une association qui ne veut pas se manifester au dehors, qui ne réclame aucun droit vis-à-vis des tiers et une association qui demande une certaine personnalité juridique.

M. le rapporteur veut, — et je lui laisse le soin sur ce point de se mettre d'accord avec M. le président du conseil, — M. le rapporteur veut imposer d'office la personnalité morale à toutes les associations; c'est là une vue qui ne supporte pas l'examen. Si vous jetez les yeux sur ce qui se passe en dehors de nos frontières, vous verrez qu'il n'y a pas un pays pratiquant la liberté qui ait imaginé une législation pareille à celle que vous voulez faire. (*Très bien! très bien! au centre.*) Allez en Angleterre, en Belgique, en Italie, partout en Europe, vous verrez que lorsqu'un groupement ne demande pas à être reconnu, que lorsqu'il ne réclame pas le droit de posséder ni d'ester en justice, on ne le soumet pas à cette sorte de surveillance de la police, dont on voudrait faire le régime de tous les citoyens en France. (*Applaudissements au centre et sur divers bancs à droite.*)

En ce moment, je soutiens une opinion ancienne; je voterai l'amendement, parce qu'il importe à ce pays de pratiquer enfin les mœurs de la liberté. Nous sommes un pays d'administrés; il semble que, chez nous, l'idéal soit que la police puisse pénétrer tous les jours dans notre domicile, y surveiller toutes nos actions, (*Applaudissements au centre.*) tenir registre de tout ce que nous faisons; l'idéal, c'est, semble-t-il, d'avoir pour chacun de nous un dossier à la préfecture de police. (*Applaudissements sur les mêmes bancs.*)

M. René Viviani. — Vous auriez dû dire cela quand vous étiez président du conseil. (*Applaudissements à l'extrême gauche.*)

M. Ribot. — Je l'ai dit il y a vingt ans.

A l'extrême gauche. — Et vous avez pratiqué ce système?

M. Ribot. — Je l'ai pratiqué; j'ai toujours demandé, à la différence de beaucoup d'entre vous, la liberté pour les associations et quelque chose de plus; j'ai demandé la suppression de l'article 10 du code d'instruction criminelle; j'ai même fait voter cette abrogation et, depuis trente ans, les Chambres, j'ai le regret de le dire, n'ont pas eu le courage de faire disparaître cet article. Qu'en résulte-t-il? C'est qu'un préfet de police a le droit de pénétrer dans tous les domiciles, et d'y faire des perquisitions. (*Applaudissements sur un grand nombre de bancs.*)

M. Carnaud. — Même quand vous êtes ministre.

M. Ribot. — Prenez garde! vous allez arriver à une véritable absurdité. En effet, il faut bien en revenir à la définition que M. le président du conseil a fait voter il y a trois jours. Qu'est-ce qu'une association, d'après cette définition? C'est la mise en commun de deux ou plusieurs activités. Par conséquent, il suffira, dans ce pays de France, que deux personnes se réunissent à certains jours pour s'occuper, soit de littérature, soit de science, soit de politique, et, si elles le font dans un esprit qui déplaira au ministère du jour, on pourra inquiéter ces personnes, en leur disant : « Vous n'avez pas fait la déclaration qui est exigée. » (*Exclamations à gauche. — Applaudissements au centre et à droite.*)

M. CHARLES BOS. — Il ne faut pas exagérer.

M. GASTON DOUMERGUE. — Et l'amendement Ferry qu'on a voté, l'avez-vous oublié?

M. RIBOT. — Je n'exagère rien. Il suffira que deux personnes s'associent dans un but permanent...

M. GASTON DOUMERGUE. — Et vous parliez tout à l'heure d'une réunion par hasard!

M. RIBOT. — Monsieur Doumergue, vous êtes donc bien embarrassé par la réflexion très simple et de bon sens que je soumets à la Chambre?

Je disais que, d'après la définition de M. le président du conseil, il suffira que deux, ou trois, ou quatre personnes s'assemblent ordinairement pour s'occuper soit de politique, soit de tout autre objet, pour que, de ce jour, leur domicile cesse d'être inviolable; on viendra leur dire qu'elles n'ont pas fait de déclarations, qu'elles n'ont pas mis la police dans la confidence de leurs secrets; on les poursuivra, on les fera condamner à 500 francs d'amende.

A gauche. — On n'appliquera pas la loi.

M. RIBOT. — Cela est absurde, vous en convenez, car j'entends l'interruption qui m'est faite : « Eh bien, on n'appliquera pas la loi! »

A droite. — Alors, c'est l'arbitraire!

M. RIBOT. — En vérité, est-ce la peine de faire alors une loi? Mais, monsieur Doumergue, est-ce qu'il n'y a pas dans le Midi, que vous représentez, une foule de petites associations qu'on appelle, je crois, des loges, des cercles ou des chambrées, où des citoyens, usant de leur droit, de ce qui est leur droit dans tous les pays libres, ont l'habitude de se réunir pour causer d'affaires politiques et quelquefois organiser leur action? (*Très bien! très bien! sur divers bancs.*)

M. GASTON DOUMERGUE. — Mais aucun de ceux-là ne craint de dire son nom; ils ne font pas de sociétés secrètes, mais des sociétés publiques.

M. RIBOT. — Sans aucun doute; mais parce que je ne crains pas de donner mon nom, parce que je ne cherche pas à violer la loi, vous n'avez pas le droit de m'imposer l'obligation d'aller à la préfecture porter la liste des membres de la société et des statuts qui n'existent même pas, car la plupart de ces petites associations n'ont pas de statuts.

Dans le Nord, c'est la même chose; on y compte des milliers d'associations...

M. GASTON DOUMERGUE. — Ce ne sont pas des associations. Il n'y a là ni convention ni contrat. (*Exclamations au centre et à droite.*)

M. RIBOT. — Dans le Nord, comme dans le Midi, nous avons une foule de ces petites associations qui tomberont incontestablement sous le coup de l'article; elles seront comprises dans la définition que vous avez votée. Donc, vous n'appliquerez pas la loi, ce qui est à peu près certain, mais vous laisserez à des gouvernements peu scrupuleux, à certains moments, le moyen d'ennuyer, de vexer leurs adversaires. C'est ce qu'il y a de pire et il ne serait vraiment pas la peine de faire une loi aujourd'hui, après trente ans de République, pour établir un état de choses qui serait pire à certains égards que la législation actuelle.

En effet, comme le disait M. Groussier, aujourd'hui, à moins que l'on ne dépasse le chiffre fatidique de vingt, on est à l'abri de toute inquisition; on est chez soi et on tient la police à l'écart. Mais désormais, même au-dessous du chiffre de vingt, personne n'aura plus aucune sécurité.

M. MASSABUAU. — C'est un recul!

M. RIBOT. — Vous atteindrez non seulement les associations politiques, mais aussi les associations charitables.

A droite. — C'est ce qu'on désire.

M. RIBOT. — Il n'y a presque pas une de nos femmes qui ne fasse partie d'une de ces associations de bienfaisance. Allez-vous les soumettre à la nécessité d'une déclaration? Nous ne nous y soumettrons pas. (*Applaudissements au centre et sur divers bancs à droite.*)

Si vous faites une loi pour qu'elle soit violée le lendemain, c'est une loi morte, une loi vaine. Quand nous légiférons après trente ans de République, nous devrions avoir pour notre parti l'amour-propre, l'ambition, l'orgueil de faire une loi qui, dès sa naissance, ne soit pas en retard sur le droit public de toute l'Europe. Vous ferez une loi qui sera caduque dès sa naissance.

Ce que nous demandons est bien modeste et bien simple; nous demandons la liberté en France comme en Angleterre, comme en Belgique, comme en Italie, comme partout. (*Applaudissements au centre et sur divers bancs à droite.*)

Le président du conseil combattit l'amendement de M. Groussier. Il soutint que la déclaration préalable était nécessaire et que tous les projets antérieurs l'avaient réclamée. Il s'étonna de retrouver l'état d'esprit qu'il avait déjà rencontré en 1884 et qui était, suivant lui, le résultat d'un atavisme intellectuel plus fort et plus puissant que l'atavisme physique. Pendant longtemps, il n'y a pas eu en France d'autre liberté que celle qu'on dérobait à la loi. On comprend qu'à cette époque le culte de la liberté, comme les autres, ait préféré être célébré dans les catacombes; mais quand on songe qu'aujourd'hui la liberté est la forme elle-même de la loi, on se demande quel intérêt on a à repousser une formalité aussi simple que la déclaration préalable.

M. Ribot répliqua en ces termes :

M. le président du conseil vient de parler d'atavisme intellectuel. C'est, en effet, une question d'atavisme qui est en jeu, et je m'en aperçois.

Nous sommes dans un pays où la notion de liberté

n'existe pas et nous essayons de l'acclimater timidement. Je demande à M. le président du conseil de me citer un pays libre où une discussion semblable à celle-ci pourrait avoir lieu, un pays de liberté où le gouvernement songerait à exiger comme une garantie, — bien illusoire, je vais vous le montrer, — que tout groupement, toute association, même de deux personnes, — car M. le président du conseil a eu soin de préciser que la loi s'appliquerait à toute association sans exception, — serait obligée de passer aux bureaux de la préfecture.

M. le président du conseil dit que c'est une garantie pour l'association et pour l'État. Pour l'association? Je ne sais pas quelle garantie la déclaration lui donne. Cette déclaration sera reçue, sans garantie du gouvernement, par la préfecture de police. Si l'association n'a pas besoin de faire cette déclaration, si elle ne veut pas de ce cadeau que vous voulez lui imposer de la personnalité morale, pourquoi vous substituez-vous à elle dans l'appréciation de son intérêt? (*Très bien! très bien! au centre.*) Garantie pour l'État? Ne nous payons pas de mots, de formules et d'apparences. Je connais aussi bien que M. le président du conseil les nécessités qui peuvent s'imposer à tout gouvernement, mais je ne crois pas, faisant appel à mes souvenirs, que le fait d'amasser dans des bureaux, où elles vont s'empiler et former des collections monumentales, des milliers de déclarations, (*Mouvements à gauche.*) — peut-être des centaines de mille, car il y a une foule de petites associations en France qui vivent aujourd'hui en pleine liberté, — donnera au gouvernement une sécurité quelconque. (*Très bien! très bien! sur les mêmes bancs.*)

Ce que je reproche à l'esprit général de la loi, c'est d'être une loi de défiance, malgré tout, contre les associations. Laissons de côté les congrégations, nous traiterons la question à part...

M. Georges Trouillot, *rapporteur*. — Elles sont comprises dans l'amendement de M. Groussier.

M. Ribot. — Pour les associations, en général, c'est un courant de défiance que je vois dans cette loi. On croit que des moyens préventifs, que de petites précautions pourront donner au gouvernement une garantie et une sécurité quelconques.

On nous parle d'associations qui auraient pour but ou de changer la forme du gouvernement ou d'exciter à la guerre civile. Mais voyons, monsieur le président du conseil, croyez-vous qu'une association, la plus dangereuse de toutes, aura l'ingénuité d'insérer dans ses statuts des clauses qui vous permettront de la poursuivre? (*Très bien! très bien! au centre.*)

C'est bien là le reproche que je fais à votre loi : vous accumulez les moyens préventifs, vous voulez empêcher de naître les associations dangereuses. Vous n'y arriverez pas. Mais les associations deviennent dangereuses par les moyens qu'elles emploient, par l'esprit qui y règne.

Je signale en passant une lacune de votre projet : vous avez accumulé tous ces petits obstacles, tous ces moyens préventifs au début des associations. Si une association qui se sera présentée sous les auspices les plus favorables se livre à de véritables crimes, devient un foyer de manœuvres criminelles, à la différence de vos prédécesseurs, vous n'avez même pas songé à donner aux tribunaux le droit de la dissoudre. (*Très bien! très bien! sur les mêmes bancs.*)

Donc la déclaration ne sera jamais une garantie pour personne. Vous ajoutez : « Pourquoi ne pas vous soumettre à la déclaration, quoi de plus facile et de plus inoffensif? »

Assurément, s'il s'agit d'une association organisée, ayant un bureau, des statuts, un grand nombre de membres, rien n'est plus facile, quoique un peu gênant, que de faire une déclaration une fois par an. Vous exigez, en effet, la répétition de cette formalité tous les ans; il suffit qu'un administrateur soit remplacé pour qu'on soit obligé de faire une nouvelle déclaration.

Je reconnais que, pour ces grandes sociétés, la chose sera facile, mais les petites associations, amorphes pour ainsi dire, qui n'ont pas de statuts, vous allez les obliger d'écrire des statuts, d'avoir un bureau. Je m'adresse au bon sens de la Chambre, ce n'est pas une question de parti; cela ne touche pas au fond de la loi...

M. Gaston Doumergue. — Je demande la parole.

M. Ribot. — ... c'est une question de bon sens que je soumets à la Chambre, je lui demande de nous donner ce qui est le droit commun dans tous les pays qui ont la notion et la pratique de la liberté. (*Applaudissements au centre et à droite.*)

L'amendement de M. Groussier fut adopté par 292 voix contre 237.

PROJET
DE LOI SUR LES ASSOCIATIONS

ARTICLE 9

25 février 1901

L'article 9 du projet de loi disposait, qu'à défaut d'une convention spéciale réglant les droits des membres d'une association, non reconnue d'utilité publique, sur les biens possédés en commun, ceux-ci seraient réputés la propriété indivise des sociétaires et que la part de chacun, dans cette indivision, serait fixée suivant la valeur de son apport en nature ou l'importance de ses services.
M. Ribot fit ressortir les inconvénients de cette disposition qui reconnaissait, à côté du patrimoine normal et strictement limité des associations, un second patrimoine, lequel n'aurait pas de limites.

MESSIEURS,

Je voudrais demander à la commission quelques explications au sujet du texte qui nous est soumis, et la Chambre va voir combien ces explications sont nécessaires.

Le paragraphe 1er règle la destination des biens qui appartiennent à la société elle-même. Nous avons, dans notre dernière séance, sur la proposition de la commission, décidé que les associations, même non reconnues d'utilité publique, mais simplement déclarées, pourraient posséder en leur nom leurs cotisations et l'immeuble strictement nécessaire à leur fonctionnement. Voilà donc le patrimoine de la société. Le paragraphe 1er dit qu'en cas de dissolution ces biens seront dévolus conformément aux statuts.

Je pose à M. le rapporteur une première question : Si les statuts ne disent rien, quel sera le sort de ces biens?

La question doit être posée parce qu'à la dernière séance et même dans les séances antérieures, nous avons entendu des théories sur la personnalité morale des associations, dans lesquelles, pour ma part, je déclare trouver les plus grandes obscurités.

Une société qui n'a pas été reconnue d'utilité publique n'a pas, à mon sens, la personnalité morale telle qu'elle est définie par l'ancien article 9. Si ses statuts n'ont rien prévu, la commission entend-elle que ses biens seront vacants et que le gouvernement pourra en disposer à son gré, ou bien les considère-t-elle comme la copropriété des membres de l'association qui auront le droit, en assemblée générale, de déterminer l'emploi et la destination de ces biens? Voilà une question très précise et j'espère que M. le rapporteur voudra bien me donner une réponse d'une égale précision.

Mais le second paragraphe, dans son obscurité peut-être voulue, soulève et cache une question infiniment plus grave sur laquelle il faut qu'on s'explique.

Nous avons décidé, contrairement à ce que demandait au début le gouvernement, que l'association simplement déclarée pouvait avoir un patrimoine; nous avons en même temps limité ce patrimoine. Nous l'avons limité à l'immeuble nécessaire au fonctionnement de l'association.

Le second paragraphe semble dire qu'à côté de ce patrimoine les associés seront libres de constituer, sans limitation et sans aucune garantie, un second patrimoine, sous la forme de sociétés civiles ou d'indivisions juxtaposées à l'association elle-même.

Je demande à M. le rapporteur si c'est bien là la pensée de la commission; c'est bien en tous cas la pensée de M. le président du conseil; car, à la dernière séance, il l'a exprimée dans des termes que la Chambre n'a peut-être pas suffisamment remarqués, mais qui impliquent des conséquences fort graves.

M. le président du conseil a dit textuellement :

« Les biens qui adviennent aux membres de l'association, que ceux-ci apportent dans l'association ou qui sont reçus plus tard, à la suite de donations, constituent un patrimoine qui est soumis soit aux lois de la société, si l'on a fait un contrat de société, soit à celles de l'indivision, si l'on est resté dans l'indivision. »

M. le président du conseil admet donc, dans des termes qui n'ont rien d'équivoque, que l'association, en dehors du patrimoine que nous avons défini et reconnu, pourra recevoir tous les biens qu'il plaira aux sociétaires de lui apporter et même des donations — le mot a été dit — « les biens qui auront été reçus à la suite de donations ».

J'entends que ces biens ne seront pas donnés directement à la société, mais à un de ses membres, qui les mettra dans ce que vous appelez l'indivision ou dans la société civile placée à côté de l'association.

Eh bien, messieurs, nous connaissons ces sociétés civiles, ces indivisions placées à côté des associations. M. le rapporteur, dans son rapport, s'est élevé avec une énergie singulière contre ce qu'il appelle un moyen de frauder la loi, et de constituer à des associations un patrimoine qu'elles ne peuvent avoir, ou plus étendu que celui que la loi leur reconnaît. Aussi, tous les projets présentés — ceux de M. Goblet, de M. Floquet, de M. Constans, de M. Fallières, tous sans exception, — avaient pris des précautions pour exclure ces moyens indirects de faire ce que la loi n'a pas voulu permettre, de constituer une association, un patrimoine irrégulier.

On nous dit : « Mais il n'y a aucun danger à cela; les biens qui seront dans cette société civile ou dans cette indivision ne présentent aucun des caractères de la mainmorte, ils n'offrent aucun danger. »

Pourquoi n'offrent-ils aucun danger? Ici je prends encore le discours de M. le président du conseil, et je pense que ceux qui admirent, comme moi, la netteté habituelle de son langage, seront embarrassés pour découvrir, à travers les formules, sa véritable pensée. La Chambre va en juger.

« Restons, a dit M. le président du conseil, sur cette idée qui doit dominer la loi, c'est que les biens réunis dans la main d'une association sont presque la propriété de ses membres? »

Je ne sais pas ce que cela veut dire. Qu'est-ce qu'un bien qui n'est pas un bien de la société, qui n'est pas non plus celui de ses membres, qui est « presque » la propriété de ses membres?

Et, un peu plus loin :

« Si un membre vient à mourir, non seulement une règle sociale dirige les actes et les droits de chacun, mais encore la copropriété des biens va en quelque sorte à chacun des membres; il y a sur ces biens un droit qui sera déterminé par les statuts et un droit individuel; par conséquent, il n'y a pas de danger d'immobilisation et de mainmorte. »

Je ne sais si la Chambre a bien saisi la pensée. Je ne sais pas ce qu'est cette « quasi propriété », ce « presque propriétaire ». (*Très bien! très bien! sur divers bancs.*)

Je prends maintenant le texte même qu'on soumet à notre délibération. Que dit-il? Il dit ceci : « A défaut de convention spéciale réglant les droits des membres d'une association non reconnue d'utilité publique sur les biens possédés en commun, ils seront réputés la propriété indivise des sociétaires. »

Qu'est-ce à dire? Vous autorisez les associés par le texte même à mettre dans les statuts que le membre qui se retirera au cours de l'association perdra tous ses droits de copropriété dans ces biens qui, d'ailleurs, peuvent n'avoir jamais été sa propriété, puisqu'ils peuvent avoir été apportés non pas par lui, mais par un seul associé, vingt, trente ou quarante ans plus tôt.

Vous avez ainsi permis à l'association de se constituer, comme vous dites, un patrimoine qui échappera à toutes les garanties que nous avions en vue, et qui ne sera pas limité en fait.

Est-ce là ce que vous avez voulu? (*Très bien! très bien! sur divers bancs.*)

Si c'est là ce que vous avez voulu, vous le direz, mais alors vous me permettrez de vous poser une autre question. Comment ferez-vous, après avoir, contrairement à ce que vos prédécesseurs ont toujours voulu et toujours fait, après avoir consacré la légitimité de ces pactes de société ou d'indivision avec des clauses de tontine, comment ferez-vous pour maintenir les termes de votre rapport et pour demander de frapper de confiscation les biens mis en commun dans les associations religieuses, alors que vous aurez fait, de ce que vous considérez comme un abus commis par elles, le droit commun, en France, de toutes les associations sans distinction? (*Applaudissements au centre et sur divers bancs.*)

Le président du conseil défendit la rédaction de l'article 9 par des arguments qui ne convainquirent pas M. Ribot. Celui-ci répliqua en ces termes :

M. le président du conseil n'a rien répondu à la première question que je m'étais permis de poser. Le patrimoine propre de la société, celui que nous avons constitué nous-mêmes en le limitant, quelle sera sa destination, si les statuts n'en ont pas disposé? Sera-t-il considéré comme la copropriété des membres? Pourront-ils en disposer, ou l'État s'emparera-t-il des biens comme de biens vacants? C'est un point sur lequel une explication serait nécessaire et je constate le silence complet gardé par le gouvernement.

M. LE PRÉSIDENT DU CONSEIL. — Je dis qu'il ne peut pas être question de biens vacants s'il s'agit d'une association qui fait sa déclaration et qui est parfaitement licite!

M. RIBOT. — M. le président du conseil reconnaît donc que les biens qui sont le patrimoine propre de la société appartiennent à une personne civile, en ce sens seulement qu'ils ne pourront pas être saisis par les créanciers personnels des associés; ils pourront être inscrits au nom de la société; mais ils n'en demeurent pas moins, en cas de dissolution, la propriété de chacun des membres. En cas de dissolution, ce seront des biens indivis dont les membres pourront disposer comme ils voudront; ils les affecteront en général à des œuvres d'une destination analogue, mais ils seront libres de faire autrement. Voilà un point précisé; j'en prends acte. (*Très bien! très bien! au centre et à droite.*)

J'arrive à la seconde question, qui n'a pas été du tout éclaircie par les déclarations de M. le président du conseil.

M. le président du conseil dit : « Je suis dans la logique de mon système. » C'est vrai; mais le système de M. le président du conseil était tout à fait opposé à celui de la commission; il consistait à refuser aux associations qui n'étaient pas officiellement reconnues le droit de posséder quoi que ce soit, et alors il fallait bien que M. le président du conseil les invitât lui-même à faire ce qu'ont fait dans ce pays toutes les associations qu'on simplement tolérées et non autorisées — notamment les congrégations religieuses — à se constituer un patrimoine par des procédés plus ou moins réguliers qui s'appellent des sociétés civiles ou des indivisions.

C'était un système que, pour ma part, je trouvais dangereux, qui ne donnait pas aux sociétés les sécurités dont elles avaient besoin, mais qui ne donnait pas non plus à l'Etat les garanties nécessaires. (*Très bien! très bien! au centre.*)

A ce système, qui est le système de M. le président du conseil et qu'il ne veut pas abandonner en ce moment, la commission et la Chambre en ont substitué un autre qui consiste à dire : reconnaissons aux sociétés le droit de posséder; cela vaut encore mieux que de les inciter à recourir à des moyens détournés; mais limitons cette faculté de posséder. On l'a limitée plus ou moins étroitement; la Chambre a décidé qu'elles posséderaient leurs cotisations et les immeubles nécessaires à leur fonctionnement. Cela est clair et simple.

M. CAMILLE PELLETAN. — Cela suffit.

M. RIBOT. — Cela suffit, en effet. Si vous n'ajoutiez rien, toutes les sociétés civiles ou toutes les communautés qu'on viendrait greffer sur l'association, il n'y a pas un tribunal qui ne les déclarerait nulles; elles tomberaient sous l'application du principe qu'on ne peut pas, par des moyens détournés, étendre la capacité que la loi elle-même a accordée aux associations. (*Applaudissements au centre et à droite.*) Cela est élémentaire; je vous apporterai les arrêts à l'appui quand vous voudrez. Dans tous les cas, pour qu'il n'y ait pas de doute, tous vos prédécesseurs ont eu le soin de dire que les associations, après qu'on a fixé les limites de leur patrimoine, ne pourraient constituer à côté, à peine de nullité et même d'amende, aucune prétendue société civile ou aucune prétendue indivision.

Voilà une société qui a un immeuble de 500,000 fr. strictement nécessaire à sa destination, à son fonctionnement; un membre veut lui faire cadeau d'un immeuble de 3, 4 ou 5 millions; il aura le droit, d'après M. le président du conseil, de donner cet immeuble à un membre de la société, lequel dira : « Je le mets en indivision. » Est-ce le droit commun? A-t-on jamais vu rentrer dans le droit commun de notre pays l'opération qui consiste à faire des copropriétaires de tous les membres de la société et, par la simple volonté d'un donateur, à constituer ainsi à leur profit une indivision?

M. Charles Bos. — C'est une seconde donation.

M. Ribot. — C'est une seconde donation que vous n'avez pas voulu autoriser puisque vous n'avez autorisé que l'immeuble nécessaire au fonctionnement de la société. Il résulte de l'interruption de M. Bos, qu'après que l'association aura été déclarée par nous capable de posséder l'immeuble nécessaire à son fonctionnement et pas un autre immeuble, elle pourra recevoir une seconde, une troisième, une quatrième donation...

M. Charles Bos. — Pas l'association; les membres!

M. Ribot. — ... et constituer à côté de son patrimoine normal ce que M. le président du conseil a appelé lui-même un second patrimoine, qui n'aura aucune limitation quant à son importance et présentera les mêmes dangers au point de vue de l'accumulation et de l'immobilisation des biens.

Et, en effet, si un membre a donné à la société, il y a vingt ans, je suppose, un immeuble valant 4, 5 ou 10 millions, et que vous couvriez cet immeuble de l'apparence de cette prétendue société civile ou de cette prétendue indivision, trouverez-vous un seul membre — eussiez-vous dit que chacun des membres actuels de la société est copropriétaire — pour réclamer sa part d'un immeuble qui ne vient pas de lui et ne lui appartient pas? En fait, jamais cela ne s'est vu. Mais, même, pour que cette demande ne fût pas recevable, vous avez pris la précaution de dire, dans l'article, qu'on pourrait supprimer cette fiction de l'indivision et de la propriété commune et inscrire dans les statuts une clause qui permettrait de ne pas considérer les biens comme indivis, c'est-à-dire, j'imagine, de les considérer comme propriété sociale.

On arrive ainsi à superposer deux systèmes l'un à l'autre. Il fallait choisir : c'était ou le système de M. le président du conseil ou celui de la commission qu'il fallait prendre; mais ce qui me paraît singulier, c'est de vouloir les faire marcher de pair. Votre loi revient en définitive à ceci : la société pourra, en vertu de la loi, posséder un patrimoine limité, elle ne pourra posséder que les immeubles strictement nécessaires, — on a tenu à cet adverbe « strictement », — mais aussitôt après elle pourra couvrir du voile d'une prétendue indivision ou d'une prétendue société civile un autre patrimoine qui sera le prolongement du premier.

Si c'est là ce que vous voulez, soit! Je ne veux pas empêcher la Chambre de le faire, encore que j'aie quelque inquiétude pour l'avenir. Je suis partisan de la liberté d'association la plus large; mais, je l'ai dit à la tribune, je ne désire pas du tout encourager l'accumulation indéfinie de valeurs immobilières entre les mains des associations, même les plus légitimes.

Et, permettez-moi de le dire, quand vous aurez fait cela, vous n'aurez plus aucune autorité, ni aucune qualité ni raison pour vous plaindre de ce que vous reprochez avec tant d'amertume dans le rapport de M. Trouillot aux congrégations religieuses. Nous verrons, quand nous en serons au chapitre des congrégations, ce que vous répondrez quand je vous demanderai comment vous pourrez leur faire rétroactivement un crime, puni de confiscation, de ce que vous-même vous légalisez, peut-être imprudemment, par une disposition de votre loi. (*Applaudissements au centre et à droite.*)

A la suite de cette discussion, la Chambre renvoya l'article 9 à la commission en vue d'un nouvel examen.

A la séance du 26 février, la commission proposa un texte qui fut accepté par le gouvernement et par M. Ribot et que la Chambre adopta sans discussion.

PROJET DE LOI SUR LES ASSOCIATIONS

ARTICLE 12

28 février 1901

A la suite de l'adoption de l'amendement de M. Groussier qui dispensait les associations de toute déclaration, quand elles ne réclamaient pas le bénéfice de la personnalité civile, la commission avait renoncé à exiger une autorisation préalable pour la constitution des associations entre Français et étrangers. Elle permettait toutefois au gouvernement de dissoudre ces associations, si elles devenaient un danger pour l'ordre public.

M. Charles Gras proposa de laisser ces associations se former librement, si elles ne demandaient pas à jouir d'une personnalité civile même restreinte. Il les soumettait, dans le cas contraire, à la nécessité d'une autorisation par décret.

Il demanda à la Chambre de renvoyer pour un nouvel examen son amendement à la commission qui l'avait repoussé.

M. Ribot s'opposa au renvoi et la Chambre lui donna raison par 277 voix contre 265.

L'amendement fut ensuite rejeté au fond.

M. Ribot s'exprima en ces termes :

Je ne comprendrais pas que la Chambre votât le renvoi à la commission...

A l'extrême gauche. — Nous le comprenons, nous.

M. RIBOT. — Je ne comprendrais pas, dis-je, que

la Chambre votât le renvoi à la commission, sans que celle-ci voulût bien expliquer si elle accepte ce renvoi et dans quel but elle l'accepte.

La question qui vient d'être débattue devant la Chambre et qui a sa gravité a été parfaitement étudiée par la commission. Nous sommes en présence de la troisième rédaction qu'elle nous apporte. M. le président du conseil s'est expliqué; il est d'accord avec la commission pour demander à la Chambre de voter le texte que la commission a rédigé et de repousser l'amendement de M. Charles-Gras.

A l'extrême gauche. — Non! il n'a pas dit cela!

M. Ribot. — Je vous demande pardon! M. le président du conseil est monté à la tribune pour dire... (*Interruptions et bruit à gauche.*)

A l'extrême gauche. — Nous l'avons entendu.

M. Ribot. — Cela vous gêne apparemment (*Non! non! à l'extrême gauche.*) mais laissez-moi continuer.

M. le président du conseil est monté à la tribune, il a été parfaitement clair, et toute la Chambre l'a entendu : il a demandé de ne pas substituer au texte de la commission, qu'il accepte, l'amendement de l'honorable M. Charles-Gras. Voilà ce que toute la Chambre a entendu. (*Dénégations à l'extrême gauche.*)

M. Albert Poulain. — Il a réclamé plus de précision.

M. Marcel Sembat. — Et il a dit qu'il laissait le choix entre les deux solutions. (*Interruptions au centre et à droite.*)

M. Ribot. — Si c'est M. Sembat qui parle au nom du gouvernement, je n'ai plus rien à dire. (*Exclamations à l'extrême gauche.*)

M. Simyan. — En avez-vous le droit plus que lui?

M. Marcel Sembat. — Ce n'est pas vous non plus qui parlez au nom du gouvernement, et cela vous ennuie assez. (*Applaudissements à l'extrême gauche.*)

M. Ribot. — La question telle qu'elle se présente devant la Chambre est celle-ci : les associations qui comprennent en majorité des étrangers ou qui ont à leur tête des étrangers résidant en dehors de nos frontières peuvent, d'après la loi, se former sans autorisation et même sans déclaration. La question posée par M. le président du conseil est de savoir si nous abdiquerons tout droit de dissoudre ces associations dans le cas où elles deviendraient dangereuses.

M. Charles-Gras propose un amendement qui supprimerait cette faculté pour le gouvernement. Voilà qui est parfaitement clair.

M. le président du conseil a expliqué que tous les gouvernements qui l'avaient précédé, sans exception, avaient demandé qu'on ne désarmât pas l'Etat d'un droit dont il serait sans doute rarement fait usage, mais qu'il considérait comme absolument nécessaire. Il a cité M. Floquet, M. Goblet; il aurait pu citer M. Constans et M. Fallières, parlant au nom d'un gouvernement dont j'ai eu l'honneur de faire partie.

Je suis tout disposé, pour ma part, avec un grand nombre de mes amis, à voter le texte présenté par le gouvernement et par la commission. Je crois, en effet, qu'en dehors de toute question de parti, il y a ici une question que nous devons envisager au seul point de vue de l'intérêt français.

Qu'une association entre Français soit libre, sauf à répondre de ses actes devant les tribunaux, nous le voulons. Que l'on soit très large pour admettre les associations entre Français et étrangers, même les associations internationales, j'en suis d'accord avec M. le président du conseil. Mais s'il se forme une association dirigée de l'étranger par des chefs étrangers...

Plusieurs voix à l'extrême gauche. — Comme le pape?

M. Ribot. — ... affichant leur intention, leur volonté d'intervenir tantôt dans notre politique intérieure... (*Interruptions et bruit à l'extrême gauche.*)

Vous ne voulez pas me laisser parler, vous êtes vraiment d'une intolérance!... (*Vifs applaudissements au centre et à droite.*)

M. le président. — Messieurs, quel intérêt avez-vous à interrompre constamment en ce moment? Laissez donc le débat se poursuivre librement! (*Très bien! très bien!*)

M. Ribot. — Si les chefs d'une association internationale résidant à l'étranger, échappant à l'action de nos lois, affichent l'intention et la volonté d'intervenir tantôt dans notre politique intérieure et tantôt dans les conflits industriels qui prennent à cette heure même un caractère sur lequel aucun de nous ne peut se méprendre, (*Applaudissements au centre et à droite.*) je ne voudrais pas, pour ma part, priver le gouvernement, quel qu'il soit, du droit de prendre, dans l'intérêt du pays et non pas dans l'intérêt de tel ou tel parti, les mesures qu'il jugerait nécessaires. (*Nouveaux applaudissements sur les mêmes bancs. — Interruptions à l'extrême gauche.*)

Nous voyons en ce moment se former dans ces grèves qui n'ont plus seulement un caractère économique, mais qui prennent jour par jour un caractère tout différent et plutôt révolutionnaire qu'économique; (*Applaudissements au centre et à droite.*) nous voyons dans ces grèves se former pour la première fois des comités, des associations qui prennent le titre d'associations internationales. (*Interruptions à l'extrême gauche. — Applaudissements au centre et à droite.*)

Eh bien, demain peut-être, dans un port voisin de nos frontières, dans une ville étrangère, qui n'a pas des intérêts français, qui a peut-être des intérêts absolument contraires aux intérêts français, on pourra fonder légalement, en vertu du texte, sans que le gouvernement puisse les dissoudre, des comités internationaux auxquels s'affilieront publiquement des associations françaises; il y aura à l'étranger des hommes qui prétendront donner à nos travailleurs un mot d'ordre. Nous assisterons impassibles à ce spectacle! (*Très bien! très bien! au centre. — Interruptions à l'extrême gauche.*)

M. ARTHUR GROUSSIER. — Jamais les travailleurs français n'ont reçu le mot d'ordre de l'étranger.

M. JULES-LOUIS BRETON (Cher). — Nous tenons à protester et nous le faisons.

M. LÉTANG. — C'est à la Bourse qu'est le cosmopolitisme.

M. LE PRÉSIDENT. — C'est à la tribune qu'il faut présenter vos observations et non pas à votre banc.

M. RIBOT. — M. le président du conseil ne l'a pas voulu. Cela gêne apparemment quelques-uns de ses amis de ce côté de la Chambre (*l'extrême gauche*). Mais la majorité de la Chambre a compris les raisons qui ont dicté à M. le président du conseil les paroles qu'il a apportées à cette tribune. (*Très bien! très bien! au centre et à droite.*)

Je me borne à une observation que je soumets à la commission. Si nous votons ce texte, — je le voterai pour ma part, — il ne faut pas qu'il soit dépourvu de toute sanction. Je me permets de faire remarquer à la commission qu'elle a oublié, par une omission évidemment involontaire, de donner aucune sanction au décret de dissolution qui interviendra.

Mais, sous la réserve de cette observation, je demande à mes amis et je demande à la Chambre de voter la proposition du gouvernement, en dehors de toute idée de parti et uniquement dans un intérêt français. (*Applaudissements au centre et à droite.*)

PROJET
DE LOI SUR LES ASSOCIATIONS

ARTICLE 13

14 mars 1901

Le projet du gouvernement soumettait les congrégations religieuses à une autorisation préalable; mais cette autorisation pouvait être accordée par un décret.

La commission proposa à la Chambre de décider qu'aucune autorisation ne pourrait résulter que d'une loi, même pour les congrégations actuellement existantes et sans distinguer entre les congrégations d'hommes et les congrégations de femmes.

Cette question avait une très grande importance. Il était, en effet, à peu près certain, que s'il fallait une loi pour autoriser une congrégation, les intentions bienveillantes qu'on prêtait au gouvernement à l'égard de certaines congrégations, notamment de celles qui se consacrent au soin des malades ou à des missions à l'étranger, resteraient inefficaces. Les Chambres refuseraient sans doute d'accorder aucune autorisation. En tous cas, l'examen des nombreuses demandes formées par les congrégations existantes exigerait un très long temps et donnerait lieu à des discussions passionnées qu'il était sage de prévenir.

M. Waldeck-Rousseau avait bien compris que ce qu'on lui demandait c'était d'abandonner à d'autres mains que les siennes l'application d'une loi dont il devait porter la responsabilité et qu'il voulait rendre aussi équitable que le permettaient les circonstances.

Il insista vivement auprès de la commission pour la faire revenir sur sa décision. Mais la commission se montra intraitable et le rapporteur, M. Trouillot, annonça que si le texte de la commission n'était pas adopté par la Chambre des députés, il donnerait sa démission, ainsi que le président de la commission.

Devant cette résistance, M. Waldeck-Rousseau se résigna à accepter le texte proposé par la commission.

M. Iriart d'Etchepare déposa un amendement ainsi conçu : « Aucune congrégation religieuse ne peut se former sans autorisation donnée par un décret, rendu en Conseil d'Etat, qui déterminera les conditions de son fonctionnement.

« Les congrégations pourront toujours être dissoutes par décret rendu en Conseil d'Etat. »

Cet amendement fut défendu par M. Ribot dans le discours suivant, prononcé en réponse au discours du rapporteur de la commission.

Messieurs,

Nous venons d'assister à des choses que je me permets de trouver assez singulières. Nous avons d'abord vu M. le rapporteur apporter à la tribune une série d'articles de la *Semaine religieuse* de Paris et réaliser cette merveille inattendue de faire applaudir par l'unanimité de la Chambre l'organe semi-officiel de l'archevêque de Paris. (*Très bien! très bien! et rires au centre et à droite.*)

M. le rapporteur nous réservait une autre surprise. Je viens d'entendre avec quelque étonnement les paroles qu'il a prononcées avant de descendre de la tribune : si je ne me trompe, il a posé la question de confiance. (*Bruit sur divers bancs à gauche et à l'extrême gauche.*)

A l'extrême gauche. — C'était son droit.

M. Ribot. — Il nous a dit : « Toute la loi est dans l'article 13 du projet de la commission; si vous votez contre cet article, vous voterez contre la loi entière, » et il nous a laissé à entendre, de manière à inquiéter, à effrayer une partie de la Chambre, que si nous ne suivions pas l'indication qu'il nous donnait, nous serions exposés, demain, à un malheur auquel vous ne voudriez peut-être pas vous résigner, non pas à la démission de M. le président du conseil, mais à celle de M. le rapporteur Trouillot. (*Sourires au centre et à droite. — Interruptions à gauche.*)

M. LE RAPPORTEUR. — J'ai parlé de la majorité républicaine de la commission.

M. RIBOT. — Messieurs, nous pouvons bien parler sur ce sujet sans nous exciter et sans rien prendre au tragique. Il n'y a rien de tragique dans les déclarations de M. le rapporteur; je les prends au sérieux, comme il convient, et cela me suffit.

Permettez-moi de vous dire qu'il est absolument contraire à tous nos usages parlementaires et à la bonne tenue de nos commissions que le rapporteur, parlant en son nom et au nom de quelques-uns de ses collègues, vienne nous mettre en présence de ce qui ressemble, je ne veux pas dire à une menace, mais à une contrainte morale sur la majorité de la Chambre. (*Exclamations à l'extrême gauche et à gauche. — Applaudissements au centre.*)

Que M. le président du conseil, que le gouvernement vienne déclarer ici qu'il ne peut gouverner qu'à certaines conditions, c'est l'essence même du régime parlementaire; mais les commissions sont instituées par la Chambre, dont elles ne cessent pas d'être l'émanation, pour donner ici les raisons de voter et non pour y ajouter ce *post-scriptum* qui s'appelle la question de confiance. (*Applaudissements au centre. — Rumeurs à l'extrême gauche et à gauche.*)

M. DAUZON. — A la question!

M. RIBOT. — Je suis dans la question!

M. LE PRÉSIDENT. — Est-ce que M. Ribot ne répond pas, à son point de vue, à ce qui vient d'être dit?

M. RIBOT. — J'ajoute que je m'attendais d'autant moins à cette attitude de l'honorable rapporteur que cette question est, tout au moins, une question ouverte sur laquelle nous pouvons nous expliquer en toute liberté et même différer d'avis. Je n'ai qu'à consulter le rapport de mon honorable collègue M. Trouillot pour voir qu'il accuse lui-même un dissentiment sur cette question avec le chef du gouvernement. M. Trouillot explique tout au long, dans son rapport, que M. le président du conseil était d'avis d'accorder par un décret, et non par une loi, l'autorisation. (*Très bien! très bien! au centre.*)

Vous conviendrez, tout au moins, messieurs, qu'un rapporteur doit avoir plus d'égards pour l'opinion du gouvernement et qu'il ne peut traiter avec cette sévérité ceux qui croient que les motifs donnés par M. le président du conseil avaient quelque valeur, qu'ils gardent à cette heure encore quelque prix et méritent d'être discutés en eux-mêmes et non pas avec les airs comminatoires qu'il a plu à M. le rapporteur de prendre. (*Vifs applaudissements sur les mêmes bancs.*)

Pour ma part, je veux rester dans la question, l'examiner brièvement, et vous montrer les raisons qui ont pu, en effet, paraître sérieuses, décisives même, à M. le président du conseil.

Il est admis, en principe, que les congrégations ne pourront désormais se former qu'en vertu d'un acte public; cet acte sera-t-il un décret ou une loi? Voilà bien la question. Pour ma part, et je me suis expliqué déjà dans la discussion générale, j'aurais préféré que le gouvernement ne liât pas la question d'existence légale des congrégations et la question de reconnaissance d'utilité publique, qu'il les laissât se former en restant armé, ce qui me paraît, à moi, très suffisant, du droit de dissolution. Vous avez écarté ce système, je m'incline, et je me place dans le système même du gouvernement qui suppose qu'à l'avenir aucune congrégation ne pourra se former sans une autorisation.

Je me place donc en présence de ce système, et je suppose que vous avez le dessein qu'il ne reste pas lettre morte, que ce ne soit pas une déclaration écrite sur le papier, mais au contraire que vous entendez réellement l'appliquer. Car, vous ne voulez pas simplement écrire de nouveau, comme en 1825 : « Aucune congrégation ne peut se former sans une loi, » et ensuite, dans la pratique, laisser toutes les congrégations se former à leurs risques et périls. Je comprends qu'on défende la loi de 1825. Mais ce n'est pas ce que vous voulez, vous voulez que désormais aucune congrégation ne puisse se former sans un décret ou sans une loi.

Pourquoi ne voulez-vous pas d'un décret? Il semble que, lorsqu'il s'agit d'examiner la situation particulière de telle ou telle congrégation, et non pas de poser, d'une manière générale, les conditions auxquelles toutes les congrégations devront se soumettre, il semble que nous ne sommes pas dans le domaine législatif, mais dans le domaine de la haute administration du Conseil d'Etat, chargé d'appliquer vos volontés générales. (*Très bien! très bien! au centre.*)

Cela est tellement vrai que, dans la loi même que vous discutez, quand il s'agit d'associations qui ne sont pas des congrégations, mais qui demandent la reconnaissance d'utilité publique, vous n'exigez pas une loi; vous avez remis le soin de statuer, dans des conditions que vous avez déterminées vous-mêmes, à un décret rendu en Conseil d'Etat. Il semble donc que M. le président du conseil était dans la logique, dans la vérité de notre système parlementaire, lorsqu'il demandait qu'une loi traçât les conditions générales et qu'ensuite un décret rendu en Conseil d'Etat, sous le contrôle des Chambres, déterminât à quelles congrégations la loi pourrait s'appliquer.

Ce sont les souvenirs de la Restauration, de la discussion de 1825, qui empêchent M. le rapporteur de donner son acquiescement à une thèse qui me paraît irréfutable. Ces souvenirs, il est vrai, quoiqu'ils soient déjà bien anciens, pèsent sur nous tous; mais il faut se reporter, par la pensée, à l'époque où ces débats avaient lieu, en 1825.

Oui, à ce moment-là, toute l'école libérale, tous les libéraux de la Chambre des pairs demandaient qu'on ne remît pas à une ordonnance, mais à une loi, la reconnaissance de toutes les congrégations. Mais si vous voulez, monsieur Trouillot, relire l'histoire de cette époque, vous verrez qu'en 1825 le gouvernement était représenté par M. de Villèle, par M. de Peyronnet, et que l'on apportait, en même temps que la loi sur les congrégations, la loi sur le sacrilège. Et il est permis de comprendre que la Chambre des pairs n'ait pas eu une confiance illimitée dans les ministres qui apportaient en même temps ces deux lois...

M. Levraud. — On pourrait avoir un ministère Méline; ce serait le même danger.

M. Ribot. — Alors, monsieur Levraud, c'est contre M. Méline que vous voulez faire la loi? Il faut le dire. (*Très bien! très bien! au centre.*)

Mais je reviens à ma discussion et je ne veux pas m'en écarter. C'est pour cela qu'en 1825 on se livrait à toutes ces recherches, plus subtiles que justes; c'est pour cela qu'on se demandait si l'acte par lequel, dans l'ancien régime, le roi reconnaissait une congrégation appartenait au domaine législatif ou au domaine exécutif. Je ne veux pas conduire la Chambre dans toutes les broussailles d'une pareille discussion. Non, c'est politiquement, et à raison des craintes que l'on avait à ce moment, en 1825, craintes qu'inspirait le gouvernement tout entier du roi Charles X, qu'il s'est trouvé une majorité pour remettre aux Chambres, et aux Chambres seules, le soin d'autoriser les congrégations religieuses.

Nous sommes loin de cette époque. Il semblerait

que nous puissions avoir aujourd'hui, plus de soixante-quinze ans s'étant écoulés et après, vous l'avouerez, quelques changements qui se sont produits dans la politique et dans le gouvernement de ce pays, il semblerait que nous puissions avoir un peu plus de liberté d'esprit. (*Applaudissements au centre.*)

M. le président du conseil a, pour sa part, fait cet effort. M. le rapporteur s'en indigne; il s'en expliquera avec M. le président du conseil; mais je tiens que les raisons données sont très fortes. En effet, l'autorisation législative, — il faut nous expliquer clairement, n'est-ce pas? — c'est une impossibilité. (*Nouveaux applaudissements au centre.*)

C'est peut-être pourquoi vous la demandez. C'est une impossibilité morale et même une impossibilité matérielle. (*Très bien! très bien! au centre et à droite.*)

Le garde des sceaux de 1825 faisait remarquer avec raison que, depuis 1817, aucune congrégation n'avait voulu s'exposer à demander l'autorisation et il affirmait qu'aucune ne la demanderait à l'avenir. Il prédisait ce qui s'est passé : « Si vous exigez, disait-il, l'autorisation législative pour les congrégations, aucune ne la demandera, et comme vous ne voudrez pas qu'on les dissolve toutes, vous aurez un régime légal qu'on n'appliquera pas et un régime de fait, le régime de la tolérance. » C'est celui même que vous voulez détruire. Est-ce là ce que vous désirez? (*Applaudissements au centre. — Interruptions à gauche.*)

J'ai rappelé naguère, je rappelle encore à la Chambre qu'en 1880, quand on a mis les congrégations en demeure de se pourvoir de l'autorisation en leur disant : « Cela vous est facile; pourquoi vous mettez-vous en révolte avec la loi? », l'homme même, l'esprit éminent qui avait signé les décrets obligeant les congrégations à se mettre en règle, M. de Frey-

5

cinet, a expliqué au Sénat, en 1880, qu'on s'était mis dans une impasse, que les congrégations ne pouvaient pas moralement demander au Parlement l'autorisation, parce qu'elles savaient que cette autorisation ne serait pas accordée et que les Chambres ne pouvaient pas honnêtement maintenir l'obligation de l'autorisation législative.

Et, en effet, messieurs, que va-t-il se passer? Voyez-vous cette Chambre transformée en Conseil d'État pour examiner toutes les demandes, nombreuses assurément, qui nous seraient apportées, pour se faire exhiber les statuts, les constitutions papales qui ont organisé toutes ces congrégations et dont plusieurs remontent au moyen âge?

Et voyez-vous les débats qui vont s'établir dans cette enceinte, non pas seulement sur la question de savoir si on reconnaîtra telle ou telle congrégation, mais sur les clause de ces constitutions canoniques, pour savoir si, oui ou non, elles sont en opposition avec les idées que nous nous faisons du droit moderne? (*Très bien! très bien! au centre.*)

Messieurs, c'est la pire des besognes que puisse réclamer une Chambre; nous avons déjà dans cette discussion un avant-goût de ce que pourront être ces débats. J'imagine que les latinistes de la Chambre s'en réjouissent d'avance, (*Rires au centre et à droite.*) mais ceux qui tiennent à ce que nos travaux gardent leur véritable caractère, qui tiennent à ce que nous ne descendions pas à l'examen de questions qui ne sont pas de notre compétence et qui ne peuvent pas l'être, tous ceux-là repousseront le cadeau qui leur est proposé.

Et puis, quand il s'agira de retirer à une congrégation la personnalité morale qu'une loi lui aura donnée, vous vous trouverez encore astreints à une procédure difficile qui souvent pourra avorter. M. le rapporteur a une réponse toute prête : « Mais les congrégations établies par une loi, un simple décret pourra les détruire... » (*Rires au centre.*)

M. LE RAPPORTEUR. — Je n'ai pas dit cela. J'ai dit que la loi pourra décider qu'il en serait ainsi.

M. RIBOT. — Vous avez dit que dans la loi qui autoriserait, on pourrait réserver, par un article, au gouvernement, le soin de détruire ce que la loi elle-même aurait fait. (*Très bien! très bien! au centre et à droite. — Interruptions à l'extrême gauche.*)

C'est précisément le contre-pied de la loi de 1825. Cette loi, même quand l'autorisation était accordée par décret pour les congrégations antérieures à 1825, cette loi disait que l'autorisation ne pourrait être retirée que par une loi, parce qu'il fallait plus de garanties pour le retrait que pour la concession de l'autorisation.

M. le rapporteur ne s'embarrasse ni de ces précédents ni des règles les plus certaines de notre droit public : ce qu'une loi a fait, un décret pourra le défaire! M. le président du conseil n'était pas de cet avis. L'argument qu'il a invoqué surtout devant la commission, c'était la difficulté qui résulterait, pour le gouvernement, du vote de l'article, difficulté de frapper une congrégation qui serait devenue un danger public. En 1825, ce point de vue n'avait pas échappé et on a discuté pour savoir si la loi consacrant l'existence des congrégations ne les protégerait pas contre la dissolution quand elles manqueraient à leur devoir et au respect des lois.

M. le président du conseil disait avec raison : « Un décret vaut mieux, d'autant plus qu'un décret est rendu sous le contrôle incessant des Chambres et en particulier de la Chambre des députés où la politique trouve sa sanction par des interpellations aux ministres. » Les Chambres restent donc plus armées au point de vue général, si, au lieu de s'embarrasser dans des procédures impossibles, elles gardent, ce qui est leur droit et leur rôle, la haute surveillance et le contrôle de la politique du gouvernement. (*Très bien! très bien! au centre.*)

La question, je crois, est clairement posée, en droit, et surtout en fait par le rapport, et par le discours que vous avez entendu tout à l'heure. Personne ne pourra s'y méprendre. M. le rapporteur a dit qu'il y avait, dans ce pays, assez et trop de congrégations. (*Très bien! très bien! à l'extrême gauche.*)

M. Jules-Louis Breton (Cher). — Vous trouvez sans doute qu'il n'y en a pas assez?

M. Ribot. — Sa pensée, — il ne l'a pas dissimulée, — est qu'il ne faut accorder aucune autorisation aux congrégations qui, à l'heure présente, ne sont pas en règle.

M. Chenavaz. — Parfaitement.

M. Ribot. — Si c'est là sa pensée, il eût été plus digne de nous tous, plus franc en tout cas, de dire, comme on l'a dit en Suisse à un certain moment, qu'on ne voulait plus en France reconnaître, à l'avenir, aucune congrégation. M. le rapporteur est logique, il est d'accord avec lui-même, il ne veut autoriser aucune congrégation, parmi celles qui existent aujourd'hui de fait. Il y en a beaucoup parmi nous qui ne poussent pas jusque-là leur défiance ou leur haine à l'égard des congrégations religieuses. Il en est beaucoup qui, tout en étant très fermes dans leurs idées, tout en réclamant pour l'Etat le droit de contrôle le plus sévère sur les congrégations, ne voudront pas prendre politiquement la responsabilité de faire disparaître, d'un trait de plume, toutes ces congrégations, qu'on a laissées se former et se développer en France, et dont les membres, rien que pour les congrégations de femmes, atteignent à l'heure actuelle le chiffre de 75,000 personnes, vivant dans 13,000 maisons.

Vous pouvez parler avec un certain détachement, avec une certaine légèreté, de l'œuvre que ces congrégations accomplissent. J'ai écouté votre langage, je l'ai comparé à celui que tenait mardi, à la tribune, M. le président du conseil; je préfère, je vous l'avoue, le langage du président du conseil à celui de M. le rapporteur.

M. le président du conseil disait : « Oui, quelles que soient nos idées et nos passions, il faut nous incliner devant l'œuvre que remplissent toutes ces congrégations attachées et consacrées au soin des pauvres, des malades et des orphelins.» (*Applaudissements au centre et à droite. — Interruptions à l'extrême gauche.*) Il vous montrait l'impossibilité pour le gouvernement de prendre la responsabilité de fermer toutes ces maisons. Vous n'êtes même pas prêts, disait-il, à recueillir ces malades, ces pauvres et ces enfants, et y fussiez-vous préparés, vous ne le feriez pas. Ceux d'entre vous qui ont quelque prévoyance dans l'esprit et quelque sentiment des intérêts et de l'opinion véritable de ce pays, ne prendraient pas cette responsabilité. Ils savent quel coup ils porteraient à la République... » (*Protestations à l'extrême gauche. — Applaudissements au centre et à droite.*)

C'est pourquoi la question est bien nette : ceux qui veulent qu'on examine les statuts des congrégations et l'œuvre qu'elles remplissent, ceux qui ne s'astreignent pas, qui ne se condamnent pas d'avance à repousser les yeux fermés toute demande d'autorisation; ceux-là ne doivent pas compliquer la tâche déjà difficile que le gouvernement aura à remplir. (*Très bien! très bien! au centre. — Bruit à l'extrême gauche.*)

M. Jules-Louis Breton (Cher). — Vous ne parlez pas encore au nom du gouvernement! (*Bruit à droite.*)

M. le président. — Monsieur Breton, je vous rappelle à l'ordre. Vous ne cessez d'interrompre.

M. Ribot. — Il deviendra impossible de discuter

dans cette Chambre... (*Applaudissements au centre.*)

M. DAUZON. — M. Trouillot s'en est aperçu!

M. RIBOT. — ... si ceux que peut gêner la manière dont nous posons les questions, se laissent aller à faire des interruptions personnelles, que je ne veux pas relever, car elles sont fort au-dessous de moi. (*Applaudissements sur les mêmes bancs.*)

M. LE PRÉSIDENT. — Ce sont, en effet, trop souvent, des interruptions personnelles que je ne m'explique pas. (*Très bien! très bien!*)

M. RIBOT. — Il me serait trop facile d'y répondre.

A l'extrême gauche. — Répondez-y!

M. RIBOT. — Permettez-moi de vous dire, messieurs, que c'est une dérision de considérer le régime parlementaire comme vous paraissez le faire. (*Interruptions à l'extrême gauche.*)

Quand nous aurions l'ambition de vouloir gouverner le pays pour défendre et appliquer nos idées, n'est-ce pas là notre droit? (*Vifs applaudissements au centre et à droite. — Interruptions à l'extrême gauche.*)

Est-ce que désormais, pour être ministre dans ce pays, il faudra la permission et la tolérance des messieurs qui siègent de ce côté de la Chambre (*l'extrême gauche*)? Non! Tous les partis ici, tous les députés ont le droit de défendre leurs idées et de demander le pouvoir pour les appliquer. (*Nouveaux applaudissements sur les mêmes bancs.*)

M. GASTON DOUMERGUE. — Pourquoi vous plaignez-vous lorsqu'on vous en accuse?

M. RIBOT. — Si vous voulez insinuer que je serais disposé à sacrifier une partie quelconque de mes idées pour avoir ce que vous appelez le pouvoir, dont j'ai connu les difficultés et parfois les amertumes, vous pourriez demander à quelques-uns des hommes qui siègent non loin de vous, qui sont les chefs respectés du parti radical, si, il y a quelques années, ils ne m'ont pas pressé, conjuré de me séparer du ministère Méline et de prendre le pouvoir avec votre concours? Je ne l'ai pas voulu. (*Vifs applaudissements au centre, à droite et sur quelques bancs à gauche. — Bruit à l'extrême gauche.*)

M. MAURICE BERTEAUX. — Vous avez préféré rester avec la droite.

M. RIBOT. — C'est vous qui m'avez provoqué à cette explication personnelle. J'ai horreur d'apporter ici des questions personnelles; mais, en vérité, vous abusez tellement...

M. JOURDE. — C'est inexact! (*Exclamations au centre.*)

M. RIBOT. — Qu'est-ce qui est inexact?

M. JOURDE. — Je crois que vos souvenirs vous trompent. Si des membres d'un des partis qui siègent dans cette Chambre vous ont pressé de prendre le pouvoir, ils n'ont pu le faire au nom du parti socialiste. (*Applaudissements à l'extrême gauche. — Bruit.*)

M. RIBOT. — Messieurs, je termine d'un mot. Je crois que nous devons simplement poser la question pour que chacun prenne ses responsabilités.

Il est bien clair que ceux qui exigeront l'autorisation législative, surtout dans un délai de six mois, auront l'arrière-pensée qu'on la refusera à toutes les congrégations non autorisées. Parmi ces congrégations, il peut y en avoir qui méritent les reproches contenus dans cet article que vous avez fait applaudir. Mais il y en a d'autres devant lesquelles nous nous inclinons tous, parce qu'elles font une œuvre de charité, de bienfaisance et d'utilité publique. (*Applaudissements au centre.*) Il y en a aussi devant lesquelles je m'incline, moi qui ai eu l'honneur d'être ministre des affaires étrangères, ce sont toutes ces congrégations non autorisées qui portent au loin l'influence et l'autorité morale de la France, (*Très bien! très bien! au centre et à droite.*) ce sont ces congrégations auxquelles M. Delcassé, comme tous ses prédécesseurs, a adressé le salut reconnaissant de la France, auxquelles l'empereur d'Allemagne, en ce moment même, cherche partout des compétiteurs. (*Applaudissements sur les mêmes bancs.*)

Je croirais faire tort à mon pays, à ce patrimoine qu'il doit défendre, qui est attaqué de toutes parts, si je m'exposais, en rendant difficile ou impossible l'autorisation à donner à ces missionnaires, si je m'exposais à priver la France du concours, de l'appui qu'ils lui apportent dans tous les pays du monde.

Cela, je ne le ferai pas, et j'imagine que dans cette Chambre, parmi ceux-là même qui sont le plus attachés, non seulement à la République, mais à la prépondérance du pouvoir civil, il y en a beaucoup qui ne veulent pas prendre cette responsabilité. A ceux-là je demande non pas de faire acte de défiance assurément contre le gouvernement, (*Mouvements divers.*) mais, au contraire, de lui remettre le soin de distinguer entre ces congrégations celles qui sont véritablement utiles à l'influence française, qui se consacrent à une œuvre d'utilité publique et celles, au contraire, à qui il croira devoir, sous sa responsabilité, refuser l'autorisation. (*Très bien! très bien!*)

Je suis monté à cette tribune pour dire mon sentiment; mais soyez bien sûrs que si j'étais de ceux qui, de parti pris, veulent faire échouer la loi, j'aurais observé le silence, je n'aurais pas fait l'effort que je viens de faire non pas dans l'intérêt d'une opposition intransigeante, mais dans l'intérêt du pays; je n'aurais pas fait cet effort et alors vous, qui vous laissez entraîner en ce moment peut-être par les discours enflammés qu'on vous prodigue, vous ne voyez pas que demain vous vous trouverez acculés dans une impasse, vous serez forcés de reculer, vous serez forcés d'humilier la loi, (*Rumeurs à gauche.*) de faire un acte que vous regretterez comme Français et comme républicains. (*Vifs applaudissements au centre et à droite. — L'orateur, en retournant à son banc, reçoit les félicitations d'un grand nombre de ses collègues.*)

M. Waldeck-Rousseau intervint pour expliquer les raisons qui l'avaient déterminé à se rallier au texte proposé par la commission.

L'amendement de M. Iriart d'Etchepare fut ensuite repoussé par 281 voix contre 258.

PROJET
DE LOI SUR LES ASSOCIATIONS

Article 14

25 mars 1901

La commission, sur la proposition de M. Rabier, avait introduit dans le projet de loi un article qui interdisait aux membres des congrégations non autorisées d'enseigner ou de remplir aucune fonction dans un établissement d'instruction.

Le président du Conseil avait d'abord demandé à la commission d'écarter la proposition de M. Rabier qui n'était pas à sa place dans une loi sur les associations. Mais, la majorité de la commission s'étant montrée favorable à cette proposition, il se décida à l'accepter.

M. Cazals ayant demandé la disjonction de l'article 14, le rapporteur M. Trouillot la combattit dans un discours auquel M. Ribot fit la réponse suivante :

Messieurs,

Je remercie l'honorable M. Trouillot du témoignage personnel qu'il a bien voulu apporter à cette tribune. Il a relu les paroles que j'ai prononcées contre l'article 7, il y a vingt-deux ans, et constaté que j'étais resté fidèle aux opinions que j'avais défendues alors. (*Très bien! très bien! au centre.*)

Mais M. Trouillot ne me paraît pas avoir été jusqu'au bout de la citation qu'il a lue à la tribune. Quand j'ai dit, comme tout le monde à cette époque,

qu'il fallait faire une loi sur les associations, je n'ai jamais dit qu'il fallût y introduire l'article 7, j'ai dit tout le contraire. J'ai dit qu'il fallait faire une loi sur les associations, parce qu'il fallait définir aussi libéralement, aussi nettement que possible, non pas les droits des individus, mais les droits des associations et des congrégations; qu'il fallait déclarer si les congrégations en tant que congrégations pouvaient enseigner. Cette loi, M. le président du conseil nous l'a apportée. Il a défini les droits des congrégations; il a dit et vous avez dit après lui, que les congrégations ne pourraient se former, exister qu'avec l'autorisation législative. La question est donc tranchée en ce qui concerne les congrégations. Une congrégation ne pourra pas se former et vivre et, par conséquent, elle ne pourra pas enseigner, sous les peines un peu draconiennes, en tout cas très sévères que la loi elle-même a édictées. Mais la question que vous soulevez en ce moment et qui a été introduite, je pourrais dire d'une façon subreptice, oblique, presque à la dernière heure, en usant en quelque sorte d'une tactique de circonstance, vous me permettrez de vous l'expliquer. (*Applaudissements au centre.*) Cette question que vous introduisez dans la loi, ce n'est pas M. le président du conseil qui l'y a mise, c'est M. Rabier.

M. Rabier. — Parfaitement.

M. Ribot. — Cette question est tout autre; elle ne vise plus seulement les associations, elle n'a plus son siège dans une loi sur les associations; elle vise directement le droit individuel d'enseigner. (*Très bien! très bien! au centre.*) La loi de l'enseignement, en effet, ne parle pas des associations, elle ne les connaît pas, elle ne connaît que les individus. La question que vous soumettez à la Chambre est celle de savoir si, les congrégations étant dissoutes, anéanties, écrasées sous les peines que vous avez édictées, vous poursuivrez encore les individus, si vous les dépouillerez, sous la menace des mêmes peines, de ce qui a été considéré jusqu'à présent comme un droit individuel. (*Applaudissements au centre et à droite.*)

Voilà ce que j'ai dit, et il me semble qu'il était utile de compléter la citation de mon opinion. Par là j'entre dans ce débat et je ne peux pas ne pas y entrer. La commission de l'enseignement m'ayant fait l'honneur de me nommer président de ses travaux, tout le monde trouverait étrange qu'après avoir débattu longuement ces questions et estimé qu'elles viendraient ici pour former l'objet principal d'un grand débat qu'on nous promet toujours et que l'on ajourne sans cesse, (*Applaudissements sur les mêmes bancs.*) je ne vinsse pas en quelques mots, malgré la fatigue que doit éprouver la Chambre à cette heure et que j'éprouve moi-même, dire ce qu'a pensé la commission, d'accord avec le gouvernement.

Qui peut nier, à cette heure, que le débat qui se déroule devant vous ne soit en quelque sorte un fragment de cette discussion brisée et mutilée?

Vous avez vu ce débat se prolonger pendant trois longues séances. Qu'avons-nous discuté? Est-ce la loi sur les associations? Nous avons discuté sur la liberté d'enseignement, sur son fondement, sur son origine, sur la manière dont elle a été introduite dans ce pays, sur la loi de 1850, sur les droits des individus, des pères de famille, sur les droits de l'Etat.

Voilà la thèse qui a été traitée, développée dans toute son ampleur. C'est la question de la liberté de l'enseignement qui a été discutée; elle a été discutée aussi à la commission de l'enseignement. C'est vous, messieurs, qui nous avez chargés de l'étudier et de préparer vos délibérations. Nous avons accompli notre tâche; nous avons pensé, à une grande majorité, d'accord avec les hommes les moins suspects de vouloir nous ramener à je ne sais quelle réaction, qu'il fallait maintenir la liberté d'enseignement dans ce pays. Nous l'avons dit au gouvernement, qui est venu nous aider de ses lumières et qui a eu une parole plus tranchante encore que celle de M. Aynard, le rapporteur de la commission. Il a dit, — vous vous en souvenez, monsieur Leygues, — il a dit, vous présent et approuvant les paroles de M. Dupuy, président du conseil, que la liberté d'enseignement dans ce pays était désormais intangible. Le mot a été dit. (*Vifs applaudissements au centre et à droite.*)

Les hommes les plus considérables que nous avons entendus, et M. Poincaré et M. Bourgeois étaient d'accord avec nous. La question ne se posait même pas à cette date. Tout le monde, sauf M. Levraud et M. Rabier, qui essaye aujourd'hui de prendre sa revanche, tout le monde était d'accord pour maintenir la liberté d'enseignement, comme une garantie de paix morale et de liberté pour l'Université elle-même.

Je ne veux pas reprendre à mon tour l'exposé historique qui a été fait avec tant d'ampleur et d'éloquence à cette tribune. Il est inexact de faire dater de la loi de 1850 la liberté de l'enseignement. C'est un malheur pour la liberté d'enseignement qu'elle ait trouvé sa formule législative dans cette loi de 1850, à une époque de réaction, d'hostilité mal déguisée contre l'Université.

Ainsi la liberté qui est au-dessus des textes étroits dans lesquels on l'a emprisonnée, la liberté a souffert du souvenir de cette date néfaste, (*Très bien! très bien!*) des passions qui s'agitaient à ce moment, dans l'état trouble où on était, de la pensée trop visible de réaction qui s'est fait jour contre l'Université elle-même. Cela, je l'ai dit dans l'introduction que j'ai faite aux travaux de la commission; mais j'ai dit en même temps qu'il fallait dégager l'idée même de la liberté de l'enseignement de cette loi de 1850 qu'on jette sans cesse dans la discussion et qui n'est plus qu'un souvenir historique, car elle a été abrogée presque complètement. J'ai dit qu'il fallait prendre l'idée même de la liberté d'enseignement.

Nous avons donc été d'accord, de tous les points de cette Chambre, pour reconnaître que ce travail, qui s'était fait jour par jour depuis la chute de l'empire, à travers la Restauration, la monarchie de Juillet, dans la charte de 1830, dans la Constitution de 1848, nous avons tous été d'accord pour reconnaître que ce travail, nous ne pouvions pas avoir la prétention de le détruire et en tout cas l'eussions-nous, nous n'aurions pas la force de l'anéantir aujourd'hui. Tous les hommes les plus attachés aux droits de l'Etat comme l'étaient M. Guizot et M. Thiers, non pas M. Thiers de 1850, ému peut-être par les effroyables journées de Juin et disposé alors à sacrifier aux exigences du moment les droits permanents de l'Etat, mais celui de 1844, dans le rapport que j'ai cité, et M. Guizot en 1836, tous ont compris, ont dit que ce pays où l'unité morale des croyances, des opinions a été brisée, où il y a, qu'on le veuille ou non, deux Frances qui sont divisées par tout, par les intérêts, par un passé glorieux, mais plein de déchirements, divisées aussi par les vues qu'elles ont de l'avenir, tous ont dit que ces deux Frances on ne peut pas les enfermer par la force dans la même école, sous peine d'y faire entrer la guerre civile. (*Applaudissements à droite et au centre. — Interruptions à l'extrême gauche et à gauche.*)

Ceux qui m'interrompent ont fait une étude bien superficielle de ces longues années de lutte entre l'Université et ceux qui réclamaient la liberté d'enseignement. S'il avait été facile de retenir dans nos lycées, malgré eux, malgré la volonté des pères de famille dont vous pouvez théoriquement faire bon marché, mais qui, j'imagine, sont pour les hommes politiques une force qui n'est pas négligeable, si l'on avait pu, pendant la monarchie de Juillet et pendant la Restauration, maintenir cette unité morale, croyez-vous que M. Thiers eût répugné à l'idée d'avoir une éducation commune, afin de marquer plus fortement l'unité nationale, afin d'imprimer aux jeunes intelligences une direction unique?

Ce système d'éducation commune entrait bien dans les idées de l'homme qui avait fait l'histoire et l'apologie du Consulat. Mais M. Thiers s'est incliné devant la force des choses et il a dit : « Il faut être de son temps, il n'y a pas de gouvernement en France qui puisse désormais maintenir cette unité, déchirée par le passé, par nos révolutions, cette unité qui n'était déjà plus, en 1830 et en 1848, qu'une ruine. » Il a dit : « Soyons pour la liberté de l'enseignement. »

Il y avait une autre raison : c'était l'Université elle-même, dont l'intérêt et l'indépendance étaient en jeu. J'ai entendu à cette tribune même, il y a quelques années, un fort beau discours de notre ancien et éloquent collègue M. Jaurès. M. Jaurès est venu réclamer la liberté pour l'Université, c'est-à-dire le droit, qu'ont les professeurs de l'Université, de ne pas rendre compte à leurs adversaires de leurs opinions, pourvu que celles-ci soient conformes à la loi et empreintes de la modération nécessaire.

M. Dauzon. — En dehors de leur service.

M. Ribot. — Non! non! dans l'Université même; et c'est pourquoi M. Jaurès se prononçait pour la liberté de l'enseignement; il y voyait la garantie de la liberté pour l'Université elle-même; c'est à peu près dans les mêmes termes, que l'honorable M. Bourgeois se prononçait quand il disait :

« Laissons de côté tout ce débat, qui nous diviserait en vain! Laissons la liberté à ceux qui ne pensent pas comme nous; et bornons-nous à réclamer, ce qui est notre droit, et ce qui est autrement fécond, la liberté pour l'Université elle-même. » (*Applaudissements au centre et sur plusieurs bancs à droite.*)

Voilà pourquoi, messieurs, nous nous sommes prononcés en si grand nombre pour la liberté de l'enseignement; mais je tiens à ajouter tout de suite, après le débat que j'ai écouté, et afin qu'il ne reste aucun doute sur le sentiment de la majorité de la commission, que nous n'avons jamais pensé, en maintenant la liberté de l'enseignement, que nous dussions rien abandonner des droits de l'Etat. Certes, le droit du père de famille est respectable; mais il y a à côté, au-dessus même du droit du père de famille, le droit de la famille française; l'enfant appartient à sa famille, il appartient aussi à une famille plus grande, à cette France, qui a eu un rôle dans le passé, et qui aura aussi un rôle dans l'avenir. (*Applaudissements.*)

L'Etat ne doit pas, ne peut pas permettre que, sous le couvert de droits individuels, on enseigne aux enfants les doctrines funestes qui prépareraient parmi nous la guerre civile; il ne peut pas permettre qu'on bafoue ni la Constitution, ni les lois, ni les principes essentiels sur lesquels est fondée la société moderne. En pensant ainsi nous étions d'accord avec tous ces grands libéraux dont on rappelait les noms. C'est ainsi que Guizot, que Thiers avaient compris la liberté d'enseignement. Il y a de fortes paroles de chacun d'eux que je pourrais répéter à la tribune, si je ne voulais abréger autant que possible ce débat.

M. Guizot a dit : « Lorsque l'Etat accorde la liberté d'enseignement, ce n'est pas de sa part une abdication. Non! L'Etat doit garder la prééminence de l'enseignement public. » Et il expliquait ces mots en ajoutant : « L'Etat se doit à lui-même et doit aux générations futures de ne pas se désintéresser de ce qui pourrait aller au travers de la liberté; il doit pénétrer dans l'école, surveiller l'enseignement. Il le doit à sa propre dignité. » Et ce n'était pas seulement des inspections pour la forme, décoratives; dans tous ces projets on se préoccupait des sanctions comme le fait la résolution qui vous est soumise...

M. Jumel. — Elles étaient illusoires!

M. Ribot. — ... et l'on discutait pour savoir si ces sanctions devraient être appliquées soit par le conseil supérieur de l'instruction publique, soit par le Conseil d'Etat, soit par les tribunaux ordinaires.

Sur le principe, il n'y a pas de doute. Mais que s'est-il passé depuis? Il s'est passé que depuis cinquante ans que la loi de 1850 a été votée, on a bien respecté la liberté parce qu'elle s'imposait au nom des textes; mais l'Etat n'a pas exercé les droits qui avaient été revendiqués en son nom par les esprits les plus fermes. Et, à cette heure, nous avons tellement laissé tomber les droits de l'Etat que, par une surprise législative que la commission de l'enseignement a relevée, l'inspection elle-même est abolie en ce qui concerne l'enseignement secondaire. Aucun de vos inspecteurs n'a plus de droit légal d'entrer dans un établissement quelconque. Nous avons appelé l'attention de M. le ministre de l'instruction publique sur cette situation; nous lui avons dit qu'il était urgent, indispensable d'apporter à la Chambre une loi sur l'inspection, de la faire aussi rigoureuse qu'il le jugerait nécessaire. M. le ministre de l'instruction publique n'a pas jusqu'à présent déféré à ce désir que la commission lui avait exprimé à peu près à l'unanimité, car s'il y a eu des résistances de ce côté (*la droite*), elles se sont singulièrement affaiblies au cours même de la discussion, et quoi qu'on puisse dire en théorie du droit supérieur de l'Église d'enseigner comme il lui convient, j'imagine que des hommes politiques, qui sont, malgré tout, de leur temps, ne peuvent pas prendre sur eux de contester les droits de l'État; ils ne le peuvent pas et, s'ils le faisaient, au nom de la commission de l'enseignement, c'est son président qui leur répondrait. (*Applaudissements au centre.*)

L'inspection est tombée en désuétude; elle a été anéantie par la faute même de ceux qui devaient l'exercer. J'ai le droit de m'étonner du singulier spectacle qu'a donné cette assemblée au cours même de cette séance. Comment! on nous dit que dans des établissements congréganistes on enseigne le mépris de la Révolution et des principes qui nous sont chers, qu'on introduit la politique là où elle devrait être bannie, et c'est par un rapport d'une commission de l'Exposition universelle que nous apprenons ces faits? De telle sorte que s'il n'y avait pas tous les onze ans dans ce pays une Exposition universelle, nous courrions le risque de ne pas savoir ce qui se passe dans ces établissements? (*Applaudissements au centre et à droite.*)

M. Dauzon. — Vous avez été ministre à plusieurs reprises. Pourquoi ne l'avez-vous pas signalé? (*Très bien! très bien! à gauche.*)

M. Maurice Faure. — Tout cela se trouve dans les rapports de la commission du budget; je l'ai dénoncé moi-même à la tribune.

M. Ribot. — Nous risquerions d'ignorer ce qui se passe dans ces maisons d'éducation qui comptent aujourd'hui près de la moitié de la jeunesse française! Si on croit ainsi rétablir l'unité morale, on creuse au contraire davantage le fossé qu'il faudrait combler.

Quelle singulière leçon de choses nous donnons ou nous laissons donner à nos enfants, qui voient que du moment qu'ils ne sont pas dans la même maison ils sont en quelque sorte séparés complètement! Car l'inspecteur qui va dans la maison de l'État ne franchira pas le seuil de la maison congréganiste, de sorte qu'il y aura deux Frances officiellement; il y aura deux maisons hostiles, deux peuples hostiles qui s'élèveront ainsi, et vous ne comprenez pas ce que vous perdez au point de vue moral et combien il serait nécessaire, au contraire, de revendiquer pour l'État l'exercice constant, régulier, du droit qui a été inscrit dans la loi et qu'il faut y inscrire de nouveau puisqu'il a été abrogé? (*Très bien! très bien!*)

M. Jumel. — Cela ne sert absolument à rien.

M. Ribot. — Voilà, certes, de singulières inconséquences, et vous pouvez apprécier maintenant dans quel esprit, qui n'est pas, j'imagine, un esprit d'abandon des droits de l'État, mais au contraire s'inspire de toutes les théories qui ont été apportées à cette tribune par M. le ministre de l'instruction publique, de tous ces exemples, de toutes ces leçons du passé, vous pouvez apprécier dans quel esprit la commission de l'enseignement a demandé que les droits de l'État fussent consacrés de nouveau, que sur cette question de l'inspection, aussi bien que sur la question des grades, on apportât des propositions qui pourraient être discutées dans cette Assemblée.

Nous étions d'accord sur ce point, c'était la voie large.

M. le ministre de l'instruction publique. — Vous n'étiez pas d'accord avec le gouvernement. J'ai formulé les plus expresses réserves sur ces conclusions de la commission.

M. Ribot. — Je sais, monsieur le ministre, que sur cette question de l'instruction vous avez des vues particulières. M. Bourgeois, qui vous a précédé au ministère, s'est expliqué et a dit qu'il ne comprenait pas que l'on mît même la question en délibération. Le vœu que vous avez exprimé, je le résume d'un mot très exactement : vous avez laissé entendre que si l'Etat pénétrait dans les maisons rivales, concurrentes, il donnerait une sorte de garantie morale que tout s'y passe avec ordre et que les enfants n'y apprennent rien de contraire à l'esprit que l'on entend faire prévaloir...

M. Jumel. — En réalité, on a constaté que l'inspection dans les établissements congréganistes était complètement illusoire.

M. Ribot. — ... Je laisse à la Chambre le soin d'apprécier ce que peut valoir une pareille idée.

Pour ma part, je comprends tout autrement les droits et j'ajoute les devoirs de l'Etat, car pour moi ce n'est pas seulement une question de droit, c'est une question d'obligation et de devoir. En disant cela, je suis d'accord avec M. Guizot, avec M. Thiers, avec tous les grands parlementaires d'autrefois, et pour le présent je suis d'accord, sinon avec M. Leygues, auquel j'accorde volontiers qu'il veut se séparer de ses devanciers, mais je suis d'accord avec mon honorable ami M. Bourgeois, et aussi avec mon ami M. Poincaré et avec tous les anciens grands maîtres de l'Université. (*Applaudissements.*)

Voilà la voie large, la voie libérale dans laquelle la commission de l'enseignement s'était engagée. Voilà le but qu'elle a marqué aux efforts de la Chambre et je crois, sans exagérer les mérites de la solution à laquelle elle s'était arrêtée, que la commission a fait quelque chose, non seulement de plus libéral, mais d'infiniment plus efficace pour la défense de la loi et de la société moderne. (*Très bien! très bien! sur les mêmes bancs.*)

En effet, il faut bien examiner maintenant ce qu'on nous propose de mettre à la place de cet exercice agrandi et restauré des droits de l'Etat. On nous apporte ce que la commission a repoussé après que la Chambre avait indiqué elle-même son opinion; on nous apporte une réminiscence de la proposition de M. Levraud qui voulait enlever aux congrégations non seulement non autorisées, mais même autorisées, le droit d'enseigner. La Chambre s'est prononcée par un vote d'urgence sur cette proposition. La proposition a été examinée par la commission de l'enseignement. Nous avons entendu M. le président du conseil et l'honorable M. Leygues, ministre de l'instruction publique, et nous avons rejeté à une très forte majorité la proposition de M. Levraud. Aujourd'hui, M. Rabier l'a reprise en ce qui concerne les congrégations non autorisées.

M. Fernand Rabier. — Ce n'est pas la même chose. — Je reprends purement et simplement l'article 7.

M. Ribot. — C'est ce que je vais dire. M. Rabier a repris l'article 7 qui, il y a vingt-deux ans, a eu la fortune que la Chambre connaît.

Je suis un des rares survivants de ces batailles; ils deviennent dans cette Chambre de moins en moins nombreux. Je suis de ceux qui ont parlé et ont voté contre l'article 7. Je me suis séparé du gros du parti républicain. Je ne crois pas m'être trompé il y a vingt-deux ans, et tout ce qui s'est passé depuis me confirme dans cette opinion. Êtes-vous bien sûrs que ceux-là mêmes qui ont pris l'initiative et la défense de cet article 7 l'auraient de nouveau proposé quelques années après aux délibérations de l'Assemblée?

Vous avez entendu M. Spuller qui est venu faire ici des déclarations assez explicites. M. Spuller, qui était la sincérité même, était, en 1879, partisan convaincu de l'article 7. Quelques années plus tard il tenait le langage que vous savez.

Jules Ferry, l'auteur de cet article, a laissé tomber de ses lèvres avant de mourir une parole que nous devrions nous rappeler. Il disait : « Je ne suis pas suspect; j'ai combattu avec énergie, je n'ai jamais caché mes opinions; mais ce dont la France a surtout besoin à cette heure, c'est de la paix religieuse... (*Applaudissements au centre.*)

L'article 7 était une arme de guerre que l'on ramasse comme on peut au fort du combat. Oui! sous la Restauration on avait demandé aux jésuites d'affirmer qu'ils n'étaient pas jésuites, s'ils voulaient enseigner; on a trouvé l'article; on nous l'a apporté.

On a parlé de Paul Bert, j'ai lutté avec lui sur cet article; il me disait en descendant de la tribune : « Nous reparlerons de cela, nous verrons ce que vaut cet article; mais je suis en ce moment un cuirassier qui suit la charge. » On était en bataille, c'était le lendemain du Seize-Mai, le besoin de représailles se faisait sentir; il fallait attaquer, amoindrir l'ennemi qu'on venait d'écraser sur le terrain électoral.

A gauche. — Vous trouvez que la situation est meilleure?

M. Ribot. — Je crois que la situation est meilleure, et si elle ne l'est pas, permettez-moi de vous le dire, vous seriez bien sévères pour les républicains qui ont gouverné depuis vingt ans. (*Très bien! très bien! au centre.*)

Voilà l'origine de cet article; mais quel a été son caractère?

Je suis étonné vraiment que cette considération si simple qui n'a pas échappé à l'esprit de M. le président du conseil, paraisse avoir échappé aux membres de la commission. L'article 7 était présenté, pourquoi? Parce qu'on ne voulait pas toucher aux congrégations, parce qu'on ne voulait pas les dissoudre. Jules Ferry et M. de Freycinet l'ont dit : « Nous ne voulons pas faire cesser la tolérance qui couvre l'existence de toutes ces congrégations non autorisées, nous voulons seulement leur demander de ne pas enseigner. » Alors je comprends l'article 7. Mais vous êtes venus dire que vous ne vouliez plus de cette tolérance, que vous ne vouliez pas que la loi restât lettre morte, et vous faites précisément une loi pour qu'elle soit, dites-vous, appliquée. Vous dites dans cette loi, d'abord : « ... Les congrégations ne peuvent pas se former ni vivre sous peine d'un an ou deux ans de prison, » et vous dites après que « ... tout membre d'une congrégation qui enseignera sera puni de la même peine. » C'est une contradiction manifeste et la superfétation est véritablement frappante : Quand vous aurez saisi un jésuite, un dominicain ou un mariste qui enseignera dans une école, vous le mènerez en police correctionnelle; vous aurez à prouver d'abord qu'il fait partie d'une congrégation non autorisée. Mais quand vous aurez fait cette preuve, vous aurez démontré tout ce qui est nécessaire pour le faire frapper d'une peine d'un an ou deux de prison. Alors qu'entendez-vous dire quand vous ajoutez que vous le punirez pour avoir enseigné? Est-ce que vous avez l'intention, comme en 1879, de ne pas appliquer la loi aux congrégations après qu'elle aura été faite? Est-il vrai que votre pensée secrète, celle qu'on avoue, qu'on murmure au dehors, c'est de faire une loi dirigée contre l'enseignement, et que ceux qui auront la bonté de ne pas enseigner, vous serez, pour eux, pleins de charité et de mansuétude?

Est-ce là ce que vous voulez? Alors, dites-le! mais ne nous infligez pas la longueur inusitée d'un si ample débat; car enfin, nous aurions joué une sorte de comédie, — où l'éloquence certainement a trouvé carrière, mais malgré tout une sorte de comédie législative, si, faisant la loi, vous la frappiez vous-même, en intention et dans votre esprit, de caducité et d'impuissance. N'avez-vous pas tout dit, quand vous avez déclaré qu'on pourra punir les membres d'une congrégation religieuse non autorisée, non pas seulement de l'amende, comme faisaient les lois antérieures, et ce fameux article 291 du code pénal, qui est un reste de tyrannie impériale, mais, dès la première fois, d'un an de prison?

Cela ne vous suffit pas, et il faut que M. Rabier accoure au secours de M. le président du conseil (*Sourires.*) qui n'avait pas réclamé cet article; — c'est la vérité et l'évidence même.

Jules Ferry et M. Waldeck-Rousseau ont présenté en 1882 une loi sur les associations. Y a-t-il dans cette loi quelque chose qui ressemble à l'article 7? Rien, messieurs. Il est contraire, je dirai à tout bon sens, quand on légifère sur les associations, d'introduire un article comme l'ancien article 7. Et M. le président du conseil, dans le projet etudié qu'il nous a apporté, a-t-il eu un instant la pensée de mettre quelque chose qui ressemble a cet article? Nullement; l'article que nous discutons en ce moment, et qui a compliqué si étrangement ce débat, est l'œuvre personnelle de M. Rabier, qui a obtenu l'adhésion d'un grand nombre de ses collègues.

M. Fernand Rabier. — Plus de deux cents!

M. Ribot. — Mais que voulait M. Rabier? Son dessein était tellement apparent — il l'a avoué lui-même — que je puis bien, sans indiscrétion, le redire. M. Rabier n'avait nullement l'intention d'incorporer cet article dans la loi sur les associations; il ne le demandait pas : il sentait bien que cet article ne serait pas à sa place. M. Rabier voulait, au contraire, que l'article ne fût pas joint à la loi sur les associations, qu'il fût discuté par la Chambre comme une préface à la discussion ultérieure sur les associations.

M. Fernand Rabier. — Je ne l'ai jamais proposé à la commission.

M. Ribot. — Ce que voulait M. Rabier, il n'en a jamais fait mystère; il trouvait que c'était bien long d'attendre l'élaboration d'une loi complète sur les associations, qu'il faudrait discuter à la Chambre, puis au Sénat, et qu'après la discussion au Sénat, le gouvernement ne serait peut-être pas très pressé de hâter l'exécution de cette loi, (*Mouvements divers.*) que cela pourrait nous renvoyer à des jours lointains et inconnus! Et alors, voulant en quelque sorte forcer la main au gouvernement qu'il accusait de tiédeur et de temporisation, il demandait à la Chambre, comme par une sorte d'ordre du jour, de voter l'article 7, afin qu'on eût au moins le plaisir et la satisfaction de voir expulser des écoles quelques moines comme préface de la discussion actuelle. Si mes amis qui faisaient partie de la commission n'étaient pas venus à l'aide de M. le président du conseil et n'avaient pas réussi à faire joindre cet article au fond — comme on dit au Palais — le président du conseil aurait eu à subir une discussion qui, à ce moment-là, semblait lui être désagréable. (*Rires au centre.*) Il s'en serait tiré, je n'en doute pas, avec son talent incomparable et avec son aisance habituelle à échapper à toutes les difficultés; (*Nouveaux rires sur les mêmes bancs.*) mais enfin il croyait à ce moment-là qu'il était plus expédient — ce n'était qu'un expédient! — de joindre l'article à la loi encore qu'il ne fît pas corps avec elle et qu'il hurlât en quelque sorte de trouver place dans la loi des associations.

Voilà comment l'article a été introduit dans le projet.

C'est bien exact, n'est-ce pas, monsieur Rabier?

M. Fernand Rabier. — Pas tout à fait! (*Rires et applaudissements ironiques au centre et à droite. — Applaudissements à gauche.*)

M. Ribot. — J'ai donc le droit de dire, sans que vous puissiez m'interrompre, que vous ne pensiez pas à faire la loi sur les associations, mais que vous songiez à faire un article de circonstance.

Eh bien! les circonstances sont déjà loin de nous, et vraiment vous avez mauvaise grâce à vouloir gâter cette loi, que je n'admire pas sans réserve, mais que vous devez avoir, vous, la prétention de faire aussi correcte et aussi belle que possible pour qu'elle puisse durer — et, si je voulais élever la voix, je dirais à la déshonorer, dans une certaine mesure, par cet article qui ne doit pas y trouver place; car, enfin, qu'attendez-vous d'un pareil article? (*Interruptions à gauche.*)

Oh! je comprends les manifestations, je comprends très bien les ordres du jour, — on en abuse dans les Chambres, — mais quel profit réel, quelle utilité prétendez-vous tirer d'un pareil article?

Nous avons fait l'expérience, elle a été pratiquée en 1880 ; on a dispersé les congrégations enseignantes. Qu'y avons-nous gagné au point de vue de nos idées communes, de nos idées modernes? Y a-t-il moins d'enfants dans les écoles congréganistes? Y reçoivent-ils une instruction dont vous vous porteriez plus volontiers garant, monsieur Rabier? (*Très bien! très bien! au centre et à droite.*) Non, assurément. Le profit a été nul, il y a eu un grand trouble dans le pays; vous voulez le renouveler ; vous échouerez, comme en 1880.

M. Fernand Rabier. — Pardon, c'est une loi, cette fois!

M. Ribot. — J'entends bien. Vous dites : « Nous ferons beaucoup mieux qu'en 1880. En 1880, on s'est borné à disperser les congrégations; aujourd'hui, nous allons les poursuivre jusque dans les individus, et alors nous serons bien sûrs qu'il n'y aura plus en France de jésuites ni de dominicains, ni de maristes, qui enseigneront.

Je ne crois pas que M. Rabier lui-même...

A gauche. — La commission!

M. Ribot. — ... ni la commission en soient sûrs.

Nous pouvons interroger l'histoire. Qu'est-ce que cette déclaration qu'on exige? Elle date de la Restauration; elle est vénérable, mais seulement par son origine et par son antiquité. (*On rit.*) Qu'est-elle en elle-même? Je relisais hier le rapport de M. Thiers de 1844, où il essayait d'expliquer qu'il était très nécessaire, en effet, de ne pas confier l'enseignement à ceux qui ne font pas la déclaration qu'ils n'appartiennent pas à une congrégation non autorisée? M. Thiers était au fond bien embarrassé! Il disait « D'abord cela s'est toujours fait depuis la Restauration! » C'est une raison, mais une raison qui perd un peu de sa valeur à mesure que les années s'écoulent, et je n'imagine pas que vous vouliez condamner tous les Parlements qui vont se succéder à toujours prendre leurs exemples dans les dernières années de la Restauration. (*Rires au centre.*)

Mais M. Thiers ajoutait : « De deux choses l'une : ou vous allez rechercher par un procès en règle si un homme est lié par des obligations morales dont lui seul est juge et dont lui seul a connaissance, si, dans le for intérieur, il dépend d'un chef étranger; alors, oui, je reconnais que cela est excessif, fâcheux, humiliant, et je ne vous vois pas faisant plusieurs procès de ce genre; je ne vois pas la police correctionnelle ouverte à des questions comme celle-ci : « Un Tel, qui êtes assis sur les bancs des « prévenus, êtes-vous, oui ou non, jésuite? »

« Ce sont là des procès dans lesquels vous joueriez un rôle de dupes, permettez-moi de vous le dire, parce que vous n'aurez aucun moyen de faire la preuve. »

Il suffit de se reporter à la portion d'enquête que M. Massé a lue à la tribune pour voir quelle sera pour vous la difficulté de pareils procès, et je me rappelle ici le mot de M. Faguet dont on invoquait l'article dans cette discussion. M. Faguet disait avec beaucoup d'esprit : « Ce sont des gens qui se piquent de relire tous les matins les *Provinciales*, qui se figurent qu'ils vont pouvoir faire de pareils procès. »*Rires au centre et à droite.*)

Vous ne pouvez pas démontrer à un homme, à moins qu'il ne l'avoue lui-même, qu'il est jésuite. Si vous le lui demandez à lui-même, M. Thiers disait : « Il y a beaucoup de gens dans ce pays qui trouvent que cela est assez puéril. S'en rapporter à la déclaration du religieux lui-même, cela semble puéril... » (*Applaudissements au centre et à droite. — Mouvements divers.*)

Eh bien, cela est vrai, messieurs. Vous êtes entre deux écueils, ou bien faire quelque chose qui paraîtra excessif, presque odieux, ou bien faire quelque chose qui sera tout à fait puéril.

A l'extrême gauche. — Nous le verrons!

M. RIBOT. — Nous le verrons, soit! mais le pays verra aussi que les législateurs dépensent beaucoup d'efforts et d'énergie pour faire des démonstrations inutiles; car, quand même vous auriez chassé tous les jésuites, vous n'empêcherez pas un jésuite de renoncer à la profession religieuse, d'être relevé par son supérieur du serment d'obéissance. Ils l'ont fait en 1595. Après l'édit qui les dispersait, tous les jésuites de la province de Lyon se sont placés sous la juridiction de l'ordinaire et ont voulu enseigner.

Le Parlement, qui voulait avoir le dernier mot, a été alors obligé de dire qu'il proscrirait les anciens jésuites, alors même qu'ils renonceraient à la profession religieuse. (*Exclamations et rires sur divers bancs.*) Si vous voulez aller jusque-là, soit! la commission elle-même avait pensé un instant à obliger l'ancien jésuite à démontrer qu'il ne l'était plus. Voilà donc dans quelles subtilités nous nous débattons. Cela lui a paru tellement excessif qu'elle a renoncé elle-même à l'article qu'elle proposait à la Chambre.

Vous faites de la besogne vaine, absolument stérile; vous faites ce que M. Millerand appelait de la « besogne décorative ». Je ne trouve pas que la décoration soit magnifique, elle est en tous cas fort défraîchie. (*On rit.*) Vous ne faites pas autre chose, car quand même il n'y aurait plus de jésuites, de dominicains, de maristes, quand même ils seraient tous cachés, est-ce que vous croyez que vous aurez chassé de toutes ces maisons qu'ils ont habitées l'esprit qu'ils y laissent en partant? Est-ce que vous croyez qu'ils ne trouveront pas des successeurs, des hommes qui continueront d'enseigner leurs doctrines par les mêmes méthodes et par les mêmes procédés?

Cela est démontré par l'expérience que nous avons faite.

M. LE RAPPORTEUR. — Vous voyez que la liberté ne court aucun risque!

M. RIBOT. — Vous retardez de deux cents ans, permettez-moi de vous le dire. (*Applaudissements au centre et à droite.*) Si cela vous blesse, je dirai que vous êtes encore au temps de Louis-Philippe. (*Rires au centre.*) Vous croyez être des novateurs et des hommes modernes? Vous n'êtes que des plagiaires d'idées démodées et aujourd'hui complètement discréditées et abandonnées. (*Très bien! très bien! au centre.*) La preuve, c'est que M. Thiers — il suffit de lire pour voir la date de ce rapport, — disait en 1844 : « Le grand but que nous poursuivons, c'est de séparer ces congrégations du reste de l'Eglise, parce que ces congrégations n'ont pas voulu admettre jusqu'à présent les quatre articles de la Déclaration de 1682. » (*Mouvements divers.*)

Est-ce que, par cette seule citation, vous ne voyez pas l'anachronisme? Est-ce que derrière les jésuites, derrière les congrégations, vous ne trouverez pas les simples prêtres, qui admettent et observent les doctrines de l'Eglise catholique? Est-ce que vous allez justifier ce mot d'Henri IV : « Si l'on fait le procès aux opinions des jésuites on fera bientôt le procès aux opinions mêmes de l'Eglise catholique. »

Non, vous n'aurez rien gagné, mais vous aurez

retardé un résultat, un grand fait qui se produira nécessairement dans ce pays, plus tôt ou plus tard. C'est la soumission de l'Eglise, de l'Eglise tout entière aux principes de notre société moderne. (*Très bien! très bien! au centre. — Rumeurs à l'extrême gauche.*)

Je vous demande pardon. J'ai le droit de dire cela.

Vous parlez légèrement de bien grandes choses. Dans ce pays catholique, il faut, entendez-vous bien? que l'Eglise comprenne qu'elle doit s'adapter aux conditions modernes, (*Exclamations et rires ironiques à gauche et à l'extrême gauche*), que les théories sur lesquelles elle a vécu ne peuvent plus être professées, qu'elle n'est plus maîtresse dans l'Etat, qu'elle ne peut y demander que la liberté. (*Très bien! très bien! à droite et au centre.*) Elle le fera parce qu'elle l'a fait partout où on lui a donné la portion de liberté qui lui était nécessaire. Je ne connais pas de parole moins philosophique, assurément, et plus imprudente au point de vue politique que celle que rappelait l'autre jour mon honorable collègue et ami M. Massé, quand il disait qu'on ne doit pas la tolérance aux intolérants. C'est tout le contraire que je voudrais entendre dire. On doit la tolérance aux intolérants, parce que c'est la seule façon de leur donner une leçon de tolérance. (*Applaudissements au centre.*) c'est la seule façon d'être libéral, (*Très bien! très bien!*) en tout cas, la seule façon de préparer l'avenir.

A l'extrême gauche. — Vous livrez la République à la réaction! (*Bruit.*)

M. Ribot. — Messieurs, vous êtes trop disposés à vous enfermer dans ces souvenirs d'un passé qui devrait être fini à jamais; vous vous enfermez dans des formules aujourd'hui vides, au lieu de vous rallier à l'idée moderne de la liberté qui ne fait pas de distinction entre les personnes et les individus, qui garde les armes répressives pour maintenir les droits de l'Etat, mais qui ne fait pas de procès de tendance ou de doctrine. Nous, au contraire, nous croyons être plus que vous les hommes de progrès, de l'idée de demain. (*Applaudissements au centre. — Interruptions à gauche et à l'extrême gauche.*) Nous croyons être plus que vous les hommes de l'idée moderne, en apportant à cette tribune les résolutions sur lesquelles nous nous étions mis d'accord, résolutions qui paraissaient avoir recueilli l'adhésion de M. le ministre de l'instruction publique, de l'honorable M. Leygues, dont nous nous rappelons l'attitude au sein de la commission; nous pensions que nous faisions à ce moment une œuvre plus digne de vous et plus digne de ce pays, une œuvre plus haute, plus fière et plus efficace. (*Vifs applaudissements au centre et à droite. — L'orateur, en retournant à son banc, reçoit de nombreuses félicitations.*)

Le président du conseil répondit à M. Ribot. Il montra que l'article en discussion n'était que la reproduction de l'article 7 proposé autrefois par M. Jules Ferry et auquel s'étaient ralliés des républicains tels que M. Franck-Chauveau, M. Renault-Morlière, M. Casimir-Perier et M. Léon Say. Ce ne furent pas seulement les républicains de la veille, ce furent tous les républicains de raison qui votèrent cet article, tous les représentants de cette grande bourgeoisie, formée par la législation antérieure à 1850, trop fière et trop jalouse de nos franchises nationales pour jamais tourner les yeux du côté de Canossa et trop instruite aussi pour ne point savoir que, si le chemin qui y conduit est facile, on n'en revient jamais qu'amoindri et humilié.

M. Ribot répliqua, en ces termes, au président du conseil :

Je ne veux pas prolonger ce débat, mais la Chambre me permettra de répondre brièvement à M. le président du conseil. (*Parlez! parlez!*)

M. le président du conseil se rend la victoire facile quand il dit que nous demandons, pour les congrégations en rébellion avec la loi, le droit d'enseigner, quand il nous dit que si ces congrégations installées dans une école donnent l'exemple du mépris des lois, personne ici ne peut ni ne doit le tolérer. Ce n'est pas la question! (*Interruptions à l'extrême gauche.*)

Si des religieux que vous aurez proscrits continuaient d'enseigner dans une école, si même un seul religieux y enseignait, vous êtes armés par la loi, puisque vous avez le droit de le faire punir d'un an d'emprisonnement, (*Exclamations à l'extrême gauche.*) et je croyais que cela devait suffire.

Vous déplacez donc la question et vous vous donnez le luxe de poursuivre non seulement la congrégation rebelle, mais jusqu'aux individus, ce qui ne s'est jamais fait, ce que vous ne faites pour aucune autre association. (*Bruit à gauche.*) Il n'y a pas que les congrégations qui peuvent être dissoutes, il y a aussi toutes les associations qui sont une menace pour la paix publique et les bonnes mœurs. Vous n'avez pas proposé d'inscrire une pareille disposition en ce qui concerne ces associations. (*Très bien! très bien! au centre et à droite.*)

M. Albert Poulain. — Elles n'enseignent pas, celles-là!

M. Ribot. — Chacun votera suivant sa conscience. Je voterai, moi, comme j'ai voté il y a vingt ans. Mais je ne puis pas laisser dire à M. le président du conseil que la question qui est posée en ce moment est une question de fidélité au drapeau (*Oui! oui! à gauche. — Réclamations et applaudissements au centre*) et que ceux qui ne voteront pas, je ne dis pas l'article proposé par M. le président du conseil, mais l'article que M. Rabier a obligé M. le président du conseil à accepter, seront infidèles à leur programme et à leur parti. (*Applaudissements au centre.*)

A gauche. — Si! si!

M. Ribot. — Vous avez parlé de Canossa, monsieur le président du conseil. Que direz-vous alors de l'orateur qui, il y a peu d'années, allait partout disant qu'il fallait oublier les querelles passées, qu'il fallait fonder dans ce pays le parti conservateur républicain... (*Applaudissements au centre et à droite. — Interruptions à gauche.*)

M. Gaston Doumergue. — Il y a une conservation nécessaire.

M. Ribot. — ... qu'il fallait se séparer de tous ces souvenirs irritants, de tous les éléments violents qui empêchaient cette grande réconciliation nationale! Car tel était votre langage. Avec quelle sévérité vous jugez-vous donc aujourd'hui? (*Applaudissements au centre et à droite. — Interruptions à gauche.*)

Et quand vous nous dites que lorsque l'on va à Canossa il est difficile d'en revenir, vous montrez, par votre exemple, que le chemin est ouvert et que la difficulté n'est pas si grande! (*Applaudissements vifs et répétés au centre et à droite.*)

La disjonction fut repoussée par 297 voix contre 248 et l'article proposé par la commission fut ensuite voté par la Chambre des députés.

DISCOURS

SUR LES RETRAITES OUVRIÈRES

13 juin 1901

La Chambre des députés aborda, au mois de juin 1901, la discussion du projet de loi sur les retraites ouvrières qui, dans la pensée du ministère, devait faire suite aux projets de loi, déjà votés, concernant le régime des boissons et le régime des associations.

Le projet instituait des retraites en faveur des ouvriers ou employés de l'industrie, du commerce et de l'agriculture ayant atteint l'âge de soixante-cinq ans. Il imposait aux ouvriers des retenues obligatoires de 5 centimes par jour sur les salaires inférieurs à 2 francs et de 10 centimes sur les salaires plus élevés. Les patrons étaient astreints à un versement égal. L'Etat ne participait aux retraites qu'en garantissant un intérêt de 3 pour 100 aux versements faits, au compte individuel de chaque ouvrier ou employé à la Caisse nationale des retraites.

En cas d'invalidité, avant l'âge de soixante-cinq ans, l'ouvrier ou employé pouvait faire liquider une pension de retraite, calculée d'après l'importance des versements et complétée par une allocation de l'Etat.

Des dispositions transitoires assuraient sur les fonds de l'Etat, aux ouvriers âgés de soixante-cinq ans qui n'avaient pu faire aucun versement, une allocation annuelle dont le maximum serait de 100 francs et dont le minimum serait déterminé par la répartition d'un crédit inscrit chaque année à la loi de finances.

M. Ribot intervint dans la discussion générale.

Il ne critiqua pas la pensée qui avait inspiré le projet de loi; il fit seulement des réserves sur l'extension immédiate du principe de l'obligation à tous les ouvriers de l'industrie, du commerce et de l'agriculture.

Il expliqua le système appliqué avec succès en Belgique, qui consiste à encourager la prévoyance sans la rendre obligatoire.

Il montra les charges excessives que le projet de loi ferait peser sur les ouvriers ayant de faibles salaires et sur les petits entrepreneurs.

Il fit ressortir l'infériorité, au point de vue pratique, du projet en discussion par rapport à la loi allemande sur l'assurance contre l'invalidité.

Enfin, il se plaignit qu'au lieu de faire appel au concours si puissant des sociétés de secours mutuels, on les tînt à l'écart et on s'exposât à arrêter leur développement.

Voici le discours que prononça M. Ribot dans la séance du 13 juin 1901, en réponse au discours du ministre du commerce :

MESSIEURS,

Je voudrais, à cette heure, abréger le plus possible les observations que je tiens à présenter en réponse à M. le ministre du commerce.

Nous sommes d'accord, et nous ne pouvons pas ne pas être d'accord sur la définition qu'a donnée M. le ministre du commerce du devoir social qui s'impose à tous les partis et que, il faut le dire, nous n'avons pas suffisamment rempli en France; nous sommes tous d'accord à cette heure qu'il y a une grande œuvre à exécuter, œuvre tout à la fois de prévoyance et d'assistance. Nous pensons, suivant le mot de M. le ministre du commerce, qu'il faut aboutir, que la République ne doit pas faillir à ce qui est un devoir impérieux et à ce que tous les partis ont promis, au nom de la justice et de la solidarité sociales. La question que nous posons est celle de savoir si M. le ministre du commerce et la commission nous proposent pour aboutir les moyens les plus rapides et les plus efficaces.

M. le ministre du commerce, parlant de la loi, reconnaissait lui-même qu'elle soulevait des questions considérables, non pas seulement au point de vue de la doctrine, mais encore au point de vue politique. Il déclarait au début de son discours que cette loi était éminemment complexe, compliquée, qu'elle donnerait lieu à des discussions fort longues, que, peut-être, il serait difficile de prime abord de mettre les deux Chambres d'accord sur ses dispositions et que son exécution soulèverait dès le lendemain les problèmes les plus délicats et peut-être les plus dangereux.

Je ne crois pas, pour ma part, et beaucoup de membres de cette Chambre ne croient pas que soit sur la question de l'assistance, soit sur celle de l'assurance et de la prévoyance nous soyons en train de prendre le moyen le plus efficace et le plus rapide. Vous me permettrez de m'expliquer très rapidement. (*Parlez! parlez!*)

Pour l'assistance, M. le ministre disait tout à l'heure à la tribune fort éloquemment, que nous ne remplissions pas ce devoir social dans toute son étendue, envers les vieillards et envers les invalides, envers ceux qui sont tombés sur le champ de bataille du travail, et qu'on les laissait aujourd'hui dans une situation précaire et misérable, alors même qu'ils sont soutenus et aidés dans leurs familles ou par la bienfaisance privée. M. le ministre a raison de dire que leur situation morale n'est pas suffisamment assurée; car autre chose est la situation d'un homme qu'on admet au foyer parce qu'on ne peut pas le laisser mourir de faim, et autre chose celle d'un homme qui y vient avec une pension, avec un secours de l'Etat et qui peut ainsi se protéger contre l'impatience qu'on a quelquefois d'être débarrassé d'un être inutile et qui charge lourdement le budget de la famille. Cela est vrai.

Dans nos campagnes surtout, il y a des misères noires qu'il faudrait soulager, et la République ferait une œuvre considérable si demain — non pas après-demain, mais demain — elle trouvait le moyen de venir en aide à ces malheureux par une mesure simple, pratique et immédiate. (*Très bien! très bien! au centre.*)

M. CARNAUD. — Il fallait le dire plus tôt!

M. RIBOT. — Je l'ai toujours dit.

A ce point de vue, que fait la loi? Ce premier devoir, comment le remplit-elle, comment nous invite-t-elle à le remplir? Je suis bien forcé de signaler à la Chambre la lacune énorme qui se trouve à ce point de vue dans le projet de loi, les contradictions choquantes, injustifiables qui y figurent.

Que ferez-vous pour ceux qui n'auront pas versé à la caisse des retraites que vous instituez, qui n'auront pas pu y verser puisque la caisse n'existe pas et qui cependant sont des créatures humaines, souffrantes, misérables et qu'il faut aider? (*Interruptions à l'extrême gauche.*)

M. RENÉ VIVIANI. — Vous ne vous en occupiez pas quand vous étiez ministre.

M. RIBOT. — Vous savez bien, monsieur Viviani, que nous avons fait voter, d'accord avec M. Bourgeois, des dispositions précisément dans cet ordre d'idées. (*Nouvelles interruptions à l'extrême gauche.*)

M. RENÉ VIVIANI. — Vous n'avez rien fait pour les faire aboutir.

M. RIBOT. — Je vous demande pardon, elles ont été votées et ont abouti. (*Très bien! très bien! au centre.*)

Qu'est-ce d'ailleurs que ces discussions personnelles dans un pareil débat? (*Applaudissements au centre.*)

M. René Viviani. — Elles ne sont pas personnelles!

M. Ribot. — Je vous demande pardon.

Cela vous gêne parce que mon argument porte, voilà tout! Mais vous ne m'empêcherez pas de vous démontrer...

M. René Viviani. — Je vous fais l'honneur de croire que vous représentez des idées.

M. le président. — C'est pour cela qu'il faut les respecter! Veuillez, je vous prie, monsieur Viviani, garder le silence.

M. René Viviani. — M. Ribot critique toujours sans rien proposer. (*Rumeurs au centre.*)

M. Ribot. — Il est tout à fait inutile d'introduire dans ce débat de pareils arguments! (*Très bien! très bien! au centre.*)

M. René Viviani. — Ils ne sont pas personnels, vous le savez bien!

Au centre. — Alors, laissez parler!

M. le président. — Je demande le même silence que pendant le discours de M. le ministre du commerce.

M. J. Thierry. — Nous écoutons M. Viviani lui-même avec les mêmes égards...

M. René Viviani. — Comment! « lui-même! »

M. le président. — « Lui-même » est un éloge. Ce mot ne peut pas vous froisser.

M. Aynard. — Nous demandons qu'on respecte nos orateurs! (*Très bien! très bien! au centre.*)

M. le président. — Je vous prie, messieurs, de laisser ce débat se poursuivre dans le calme et avec la dignité qu'il mérite.

M. René Viviani. — Quand on nous interpelle, nous répondons.

M. le président. — On ne vous a pas adressé la parole.

M. Cuneo d'Ornano. — Il faudrait pourtant qu'on pût parler et être écouté même quand on n'est pas de l'avis de ces messieurs. (*Interruptions à l'extrême gauche.*)

M. Ribot. — Je disais que ce débat était assez haut pour que nous puissions l'aborder tous avec le désir d'aboutir et je mettais le gouvernement et la commission en face de tous ces malheureux dont la misère est urgente, immédiate, actuelle, et je demandais ce que le projet de loi faisait pour remplir ce premier devoir social.

Je dis le premier. Et, en effet, avant d'instituer des retraites pour l'avenir, il y a un premier devoir à remplir. Le devoir d'aujourd'hui, pour la société française, c'est de ne pas laisser mourir de faim ceux qui n'ont pas pu se constituer de retraite et auxquels vous ne pouvez pas en promettre. Que faites-vous? Vous offrez une somme de 15 millions pour les vieillards; ceux qui ont aujourd'hui plus de soixante-cinq ans, vous ne leur demandez pas s'ils sont valides ou invalides, vous leur donnez cette somme parce qu'ils ont soixante-cinq ans; et, à côté d'eux, vous avez une foule d'hommes, quelques-uns jeunes, d'autres touchant à la vieillesse, qui ont été frappés soit par un accident qui n'est pas un accident du travail, soit par une infirmité précoce, qui sont totalement dans l'impossibilité de s'assurer la vie matérielle par leur travail.

Que faites-vous pour eux? Vous ne faites rien. Vous leur promettez une loi future qu'on apportera alors que M. le ministre des finances aura déclaré que nous avons fait un suprême effort dans la discussion de la loi sur les retraites; mais, pour le moment, vous ne faites rien.

Vous touchez à l'assistance quand vous donnez un secours, — c'est le mot propre, — aux vieillards de soixante-cinq ans et ne le leur donnez que s'ils en ont besoin et dans le cas où ils ne possèdent aucun revenu.

Vous abordez donc le grand problème de l'assistance dans votre loi; mais vous le résolvez d'une façon si étroite que vous allez demain, dans tous les villages, provoquer les réclamations les plus vives et, permettez-moi de le dire, les plus justifiées. (*Applaudissements au centre.*)

Que se produira-t-il, en effet dans les villages quand on verra qu'à un ouvrier agricole qui peut être valide à soixante-cinq ans — il y en a beaucoup dans ce cas à cet âge — vous faites une pension de 20, de 30 ou de 100 francs, et qu'à l'homme qui, depuis quinze ans, dans la chaumière à côté, mène la vie misérable d'un invalide, d'un aveugle, le jour où à son tour il réclamera un secours, vous lui répondrez : « Je ne vous connais pas, je ne vous donne rien? » Croyez-vous que cela ne révoltera pas le sentiment de justice qui est au fond du cœur de tous nos concitoyens?

Vous soulevez donc cette grosse question de l'assistance qui, en effet, est la première qu'il faut résoudre et, pour ma part, j'aurais voulu — et je crois bien n'être pas le seul dans cette Chambre — que le rapport de M. Bienvenu-Martin, comme la logique et la justice l'imposent, fût discuté avant le projet de loi sur les retraites ; c'était la vérité. (*Très bien! très bien! au centre et à droite.*)

Mais la vérité, c'est que le gouvernement a craint peut-être que ce projet de loi n'impliquât des charges trop lourdes; et alors, prudemment, il a fait passer d'abord la loi des retraites, allégée comme elle vient de l'être par le gouvernement de tout concours de l'Etat à la formation des retraites. Quand on dit à nos concitoyens : « Vous allez tous avoir une retraite demain, » il faudrait ajouter, pour être tout à fait clair : « Une retraite que vous ferez vous-mêmes; non pas une retraite que nous vous ferons, mais que vous vous ferez. » Cela coûte assurément moins cher que d'assister les malheureux qui, n'ayant aucune ressource, n'ont pas versé à la caisse des retraites.

Mais cette question étant soulevée, — et ne l'eussiez-vous pas soulevée incidemment dans le projet, qu'elle s'impose à nous avec son urgence, son caractère de nécessité, — il faut aboutir, je reprends votre parole, monsieur le ministre du commerce. Oui, il faut aboutir. Mais vous aboutissez si mal, si incomplètement, que vous allez demain, j'en suis sûr, soulever les réclamations les plus vives, au nom de la justice et de la solidarité humaines, dans tous nos villages. (*Très bien! très bien! sur les mêmes bancs.*)

Eh bien! il y a mieux à faire. Nous avons voté, en 1897, une disposition qui accorde une subvention de l'État aux départements et aux communes pour qu'ils fassent des pensions d'invalidité à ceux qui sont incapables d'assurer leur subsistance.

Cette loi est une loi humaine, en ce sens qu'elle ne distingue pas entre des citoyens, qu'elle ne fait pas de catégories artificielles, et, quand un homme ne peut pas vivre, elle ne lui demande pas s'il est ouvrier ou non; elle ne lui demande pas s'il a soixante-cinq ans ou non; elle ne lui demande qu'une seule chose : c'est d'établir qu'il est dans l'impossibilité de vivre. (*Très bien! très bien! au centre et à droite.*)

Cette loi a voulu que les départements, les communes et l'État, associés, comme cela est naturel, viennent au secours de cette misère. Cette loi n'a pas fonctionné...

M. LE RAPPORTEUR. — Et alors?

M. RIBOT. — Elle est mal faite.

M. BIENVENU-MARTIN. — Parce que l'obligation n'y est pas inscrite.

M. CHARLES DUMONT. — Permettez-moi de vous dire que dans mon arrondissement elle fonctionne.

M. RIBOT. — Cette loi n'a pas fonctionné, et la

preuve, c'est que le crédit de 600,000 francs, bien insuffisant, qui devait être inscrit au budget n'a été épuisé que jusqu'à concurrence de 200,000 francs par an. (*Interruptions à l'extrême gauche.*)

M. Emile Rey. — Qu'on la rende obligatoire et elle fonctionnera.

M. Jules-Louis Breton (Cher). — Les municipalités socialistes l'appliquent.

M. le président. — Encore une fois, messieurs, je vous prie de ne pas interrompre.

M. Ribot. — Ce n'est pas que les départements et les communes n'aient pas senti le devoir qui s'imposait à eux. Ils auraient voulu le remplir, car ils sont plus près que nous encore de ces misères qu'il s'agit de secourir. Mais la loi est mal faite parce qu'on l'a compliquée de ces barèmes dans lesquels s'épuise l'ingéniosité de nos administrations. On a voulu fixer mathématiquement, et *a priori* en quelque sorte, la part qui devait être supportée par l'Etat, celle qui devait être supportée par le département et enfin celle qui devait être supportée par la commune. Et ces barèmes sont établis de telle sorte que, prenant seulement en considération le centime, ils mettent la plupart de nos communes dans l'impossibilité complète de profiter du concours qui leur a été offert par l'État. En effet, le centime peut indiquer quelque chose, mais quelque chose de très fugitif et de très incomplet.

Vous connaissez tous des communes qui sont dans la même situation sociale, qui ont proportionnellement le même nombre d'indigents, et l'une de ces communes a un centime double de l'autre. Pourquoi? Parce qu'elle a un territoire et une population doubles; mais son centime, destiné à soulager la misère, ne vaut pas plus que le centime de la commune voisine, et cependant on demande quelquefois à cette commune les trois quarts de la pension. Elle est dans l'impossibilité de le faire.

J'en ai l'exemple dans mon département. Dans le Pas-de-Calais, nous avons voté un centime départemental, pour appliquer la loi. C'est sur l'initiative de notre préfet, M. Alapetite, qui a laissé parmi nous de si bons souvenirs, que nous avons voté cette mesure. Nous l'avons votée à l'unanimité.

Nous ne pouvons pas distribuer partout les pensions; nous ne les distribuons que dans les plus petites communes; elles seules peuvent le demander parce qu'elles seules ont un versement minimum de 10 francs à faire .

Qu'y a-t-il à faire en présence de cette situation? Nous ne voulons pas protéger nos finances par des barrières factices; nous voulons faire quelque chose d'efficace et d'immédiat. Je vous demanderai de voter une somme de beaucoup supérieure à celle de 600,000 francs inscrite au budget, qui est presque dérisoire. Le gouvernement réclame 15 millions pour les hommes âgés de soixante-cinq ans; je vous demanderai d'élever un peu cette somme, — nous en discuterons le chiffre, — de l'élever, mais de l'appliquer non pas seulement aux hommes de soixante-cinq ans, valides ou invalides, mais à tous ceux qui, aujourd'hui, par accident, infirmité ou vieillesse, sont dans l'impossibilité de suffire à leur existence. (*Applaudissements au centre et sur divers autres bancs.*)

M. Fernand Brun. — Il y a un autre moyen de combler ces lacunes, et j'espère que vous serez d'accord avec nous pour nous y aider, c'est de consacrer à la distribution de ces secours immédiats les taxes majorées sur les héritages des millionnaires. Ces taxes ont été votées par la Chambre. Il suffira de les incorporer au projet. (*Mouvements divers.*)

M. Ribot. — Ce sont les voies et moyens. Nous en reparlerons.

Nous vous demanderons de répartir cette somme

entre les départements, mais non pas d'après un barème, car vous n'en trouverez pas, vous n'en pourrez pas faire; vous n'enfermerez jamais dans une formule mathématique les éléments si divers qu'il faut considérer; il faut prendre en considération les besoins des départements, et ces besoins varient beaucoup d'un département à l'autre; il faut tenir compte des ressources et aussi des sacrifices que le département s'impose volontairement pour l'assistance des invalides; de même pour les communes. C'est donc une répartition à faire, que vous ferez vous-mêmes. Mais nous laisserons de côté tous les barèmes et demain, si vous le voulez, nous aboutirons sur cette question que je mets en première ligne, parce qu'elle est la plus urgente; c'est le premier devoir social à remplir et nous arriverons ainsi à une solution simple, efficace et immédiate.

M. LE MINISTRE DU COMMERCE ET DE L'INDUSTRIE. — Que faites-vous de la loi sur les retraites?

M. RIBOT. — J'y viens. Quand nous aurons rempli, comme je vous l'indique, ce premier devoir, nous aborderons le second; nous préparerons l'avenir et nous faciliterons la prévoyance en l'encourageant. Et ici se pose la très grosse question de l'obligation que vous avez soulevée par votre projet.

Il y a quelques années, quand nous discutions cette question des retraites, on écartait l'obligation, non pas en vertu de considérations doctrinales. M. le ministre du commerce a parlé tout à l'heure avec un certain dédain, des doctrinaires; je crois, messieurs, qu'il n'y a plus guère de doctrinaires dans la Chambre. (*Sourires.*) Je ne sais même pas s'il y en a jamais eu beaucoup dans les Chambres d'autrefois; mais on se plaçait au point de vue politique et on se demandait si ce n'était pas une entreprise formidable que d'étendre l'obligation à 13 millions de personnes, sans s'être assuré d'avance qu'elles y sont toutes préparées. C'est là une question politique plus qu'une question de doctrine.

En doctrine pure, on peut se demander si on a le droit d'imposer un minimum de prévoyance à une catégorie de concitoyens. Je ne discute pas sur ce point. Comme l'a rappelé l'honorable M. Millerand, la Chambre a tranché la question; en ce qui concerne les ouvriers mineurs, il est parfaitement exact qu'on exige d'eux un versement, et que le mineur ne peut pas, au nom de sa liberté individuelle, se soustraire à ce versement. (*Très bien! très bien! à l'extrême gauche.*) Mais quand on a étendu l'obligation à tous les mineurs, elle avait déjà, dans la pratique, le consentement des intéressés. La loi s'est faite sans difficulté.

Si on nous demandait d'étendre l'obligation à de grandes industries qui sont presque arrivées, à l'heure présente, à établir d'elles-mêmes cette obligation par l'accord des patrons et des syndicats professionnels, cela soulèverait, au point de vue politique, très peu d'objections. Mais ce que vous faites est bien différent; pour ma part, je ne suis pas sans préoccupation et sans inquiétude, et si j'interrogeais quelques-uns des membres les plus considérables de la commission, si je leur demandais leur sentiment intime au point de vue politique sur l'effet de cette loi, si on veut vraiment l'appliquer et si l'on en fait autre chose qu'une déclaration et une manifestation, je trouverais peut-être certains échos de l'inquiétude que j'exprime à la tribune. (*Très bien! très bien! au centre et à droite.*)

C'est une très grosse chose que de rendre obligatoire un prélèvement sur les salaires en l'imposant à tous les ouvriers le même jour, même à ceux qui par leur éducation, leurs habitudes, sont le moins préparés à comprendre cette obligation à laquelle vous allez les astreindre. Si vous arrivez à les contraindre, l'obligation changera de nom et surtout d'aspect. Avez-vous fait une enquête quelconque? Avez-vous consulté les intéressés, avez-vous fait par avance quelque chose qui ressemble à ce *referendum* suisse, (*Très bien! très bien! au centre.*) dont le résultat ne peut pas être sans provoquer quelque inquiétude? Avez-vous pris quelques précautions? Avez-vous demandé aux ouvriers des campagnes si une retenue de 10 pour 100 sur leur salaire leur convient, — car je vous montrerai tout à l'heure que c'est 10 pour 100 que vous avez la prétention de leur retenir? Avez-vous demandé à tous ces petits patrons qui, aujourd'hui, ont tant de peine à porter le poids de leurs affaires s'ils y consentent? Vous n'oseriez pas me répondre que oui. Vous n'avez pas fait cette enquête; vous décrétez l'obligation, et vous vous dites *in petto* : « Je me réserve les moyens d'exécution et je me donnerai les délais nécessaires. »

Il y a pourtant à considérer l'effet immédiat de la loi; il faut tout voir dans une pareille question. Quand on répète dans les départements que tout le monde aura bientôt une retraite, on trouve cela merveilleux, et vous voilà en train de recueillir une popularité sans exemple; mais quand on viendra dire le lendemain : « Oui, mais vous devez d'abord payer une somme trois ou quatre fois plus considérable que celle que paye l'ouvrier mineur proportionnellement, et, si vous ne la payez pas, vous irez en police correctionnelle, » peut-être alors la question changera-t-elle de face. Je ne crois pas, en tout cas, que ce soit le moyen d'aboutir très vite que d'avoir soulevé une pareille question.

M. LE RAPPORTEUR. — Je vous demande pardon de vous interrompre, vous parlez de police correctionnelle pour les ouvriers. Où voyez-vous cela dans le projet?

M. RIBOT. — Ce sera le patron, soit! Mais l'ouvrier sera néanmoins obligé de payer.

Je dis que si vous voulez exécuter une pareille loi à l'aide de contrainte, vous connaissez trop le tempérament de ce pays, et cela lui fait honneur, pour ne pas penser que vous serez obligés de reculer. Au surplus, tous les pays voisins ont examiné cette question; tous, sauf l'Allemagne, ont rejeté l'obligation, ils n'ont pas voulu s'engager dans ce qu'ils considéraient comme une aventure et, quand même ils penseraient devoir aboutir un jour à un système qui comporterait l'obligation, ils ont voulu le préparer par une série d'autres mesures.

L'obligation est un principe nouveau dans notre législation, quoique la majorité de la Chambre en ce moment semble considérer que rien n'est plus facile que de la décréter d'une manière universelle, sauf demain peut-être à changer d'avis, quand l'expérience en aura montré les dangers.

En 1895, personne dans cette Chambre ne voulait l'obligation, et quand mon ami, M. Léon Bourgeois, nous demandait d'encourager la prévoyance par des subventions de l'Etat, il constatait lui-même que personne n'était assez hardi, assez audacieux pour demander l'obligation universelle.

C'était en 1895, il y a très peu d'années. A ce moment, on voulait encourager fortement l'épargne, la prévoyance volontaires. On croyait faire ainsi une œuvre meilleure parce qu'on faisait une œuvre morale en même temps que financière et qu'il n'est pas indifférent pour un pays de savoir si c'est en vertu d'une contrainte, ou si c'est par un mouvement volontaire, aidé par l'Etat, que l'ouvrier fait un prélèvement sur son salaire.

Au point de vue de l'éducation, l'effet est tout différent; on a peut-être mal fait en 1895 ce qu'on voulait faire; on a majoré de 20 pour 100 les pensions au moment de la liquidation.

M. Louis Ricard (Seine-Inférieure), *président de la commission.* — Nous avions proposé autre chose en 1895; la Chambre l'avait voté; c'est le Sénat qui a modifié le vote de la Chambre.

M. Ribot. — Le Sénat d'alors ne ressemblait pas au Sénat d'aujourd'hui. (*Rires.*)

A droite. — Heureusement.

A gauche. — Tant mieux!

M. Massabuau. — Alors M. Monis vous interpellait. (*Rires.*)

M. Ribot. — Ce qu'on a fait est insuffisant, je suis le premier à le reconnaître; on a promis 20 pour 100 de majoration le jour de la liquidation de la pension. Cela n'a pas paru aux intéressés un avantage tangible, apparent. Cependant M. le directeur de la caisse des retraites m'a dit que les versements ont augmenté depuis quelques années dans une proportion notable.

Je reconnais qu'il faut faire plus. Est-ce possible? Sommes-nous acculés à l'obligation parce que jusqu'à présent les moyens dont nous avons usé ont été insuffisants? M. le ministre du commerce nous disait : « Voyez à l'étranger, personne n'a pu résoudre ce problème des assurances, sauf un pays, l'Allemagne. » Par conséquent nous sommes, quel que soit notre tempérament, notre esprit national, condamnés à l'imitation de la législation allemande. (*Mouvements divers.*)

Non, cela n'est pas exact; nous ne sommes pas condamnés à faire comme l'Allemagne.

M. le rapporteur. — Les idées que l'Allemagne a appliquées ont été prises par elle en France; vous les trouvez dans les projets de M. Martin-Nadaud et dans une foule de discussions qui ont eu lieu sinon dans le Parlement, du moins dans un certain nombre de sociétés.

M. Ribot. — L'Allemagne est le seul pays qui fasse appel à l'obligation, mais est-ce le seul pays qui soit entré dans une voie pratique pour la constitution de pensions de retraites?

M. le ministre du commerce a parlé de la Belgique. La Belgique est assez voisine de l'Allemagne pour ne pas ignorer ce qui s'y est passé; la Belgique nous donne parfois des exemples en matière de législation sociale, elle nous a devancés dans la question des habitations ouvrières ainsi que dans celle de la constitution des conseils du travail; la Belgique est un pays qui compte une population ouvrière très nombreuse et elle est aussi intéressée que nous à résoudre cette question dans le sens d'une pacification sociale, dans le sens de la justice et de la solidarité. La question y a été examinée et l'on a reculé devant l'obligation; on a craint qu'elle ne soulevât les objections politiques et morales que j'indique à vos réflexions et qui méritent peut-être d'être pesées. La Belgique a alors imaginé ce que nous-mêmes avions imaginé en 1895, mais elle a réalisé notre idée d'une manière singulièrement plus efficace et plus pratique. Elle a voulu que tout versement volontaire fait à la caisse centrale des retraites ,principalement par l'intermédiaire des sociétés mutualistes, fût majoré dans une proportion notable, considérable par l'Etat. L'Etat belge a inscrit 12 millions par an à son budget pour former cette dotation, et aujourd'hui toute personne, en Belgique, peut verser à la caisse des retraites, pourvu qu'elle ne paye pas un impôt dépassant un certain chiffre, pourvu qu'elle vive de son travail, mais sans cette distinction entre ouvriers et petits artisans, profondément injuste et que je m'étonne de voir soutenir par M. le ministre du commerce. (*Très bien! très bien! au centre.*)

Quand nous reprendrons cette question et que nous la discuterons, vous verrez quelle injustice et quel grief vous faites à ces 4,300,000 travailleurs isolés qui ne sont pas des salariés proprement dits, mais qui, par leur situation sociale et les nécessités de l'existence, sont vraiment des salariés, vivent de leur travail quotidien. (*Très bien! très bien! sur les mêmes bancs.*) Et quand vous direz à ces 1,300,000 artisans qui payent l'impôt comme tout le monde, qu'ils ne peuvent pas profiter du bienfait de la caisse, vous soulèverez des réclamations auxquelles il vous sera bien difficile de répondre.

En Belgique, même si on n'est pas dans les catégories étroites que vous avez faites, on peut participer aux encouragements de l'Etat; la loi fixe le maximum qu'on peut verser chaque année; elle dit que l'Etat majorera de 60 pour 100 jusqu'à 15 francs les versements qui auront été faits, et elle favorise en même temps les sociétés de secours mutuels dont elle fait l'instrument principal de son œuvre, idée originale, vraie et féconde, (*Très bien! très bien! au centre.*) car rien ne sera plus contraire au succès de votre loi que de mettre l'Etat lui-même en contact direct avec les intéressés, que d'obliger le percepteur à intervenir avec les moyens de contrainte qui sont dans ses mains.

La Belgique a bien compris que pour le succès d'une pareille œuvre, qui s'étend à des millions d'individus, il y avait un travail d'éducation à faire, un travail de propagande, et qu'il fallait aussi une souplesse et une délicatesse d'exécution toutes particulières. Alors, au lieu de tuer les sociétés de secours mutuels, comme vous risquez de le faire, — je vous le montrerai, (*Applaudissements au centre.*) — elle a imaginé d'entourer la caisse des retraites d'un immense réseau de sociétés mutualistes. Ce sont ces sociétés qui connaissent les intéressés, qui recueillent les parties de l'épargne à faire fructifier, qui remplacent cette armée de fonctionnaires que vous allez être obligés de créer, (*Applaudissements.*) car ce sera le résultat le plus direct et le plus immédiat de votre loi. Ce sont tous ces hommes de bonne volonté, cette armée immense d'hommes de bien comme il y en a dans tous les pays, chez nous, comme en Belgique, qui sont prêts à sacrifier une partie non seulement de leurs loisirs, mais du temps nécessaire à leur travail; ce sont des hommes pauvres souvent qui, placés à la tête des sociétés de secours mutuels, s'offrent pour faire un travail que l'Etat ferait mal. (*Très bien! très bien! au centre.*)

La Belgique ne les décourage pas, elle les appelle à elle. Elle donne 2 francs à chaque société mutuelle pour chaque versement fait dans l'année sur un livret, et les sociétés se trouvent ainsi en situation de majorer elles-mêmes le petit versement qui a été fait par l'ouvrier.

Ce n'est pas tout. Les provinces imitent l'Etat : elles s'imposent toutes des sacrifices pour majorer les versements. Cela coûte cher; oh! oui, et si vous avez la pensée que vous pouvez faire une loi des retraites qui comprendra les plus petits salariés, ceux qui ne suffisent pas aujourd'hui à leurs propres besoins sans que l'Etat intervienne dans une mesure large en leur faveur, — je vous le montrerai, c'est le vice de votre loi, c'est ce qui la fera échouer, ce qui la rendra inapplicable, — si vous avez cette pensée, vous vous trompez singulièrement. Il faut que l'État intervienne et inscrive un crédit à son budget. Mais c'est de l'argent bien placé, parce qu'il s'agit d'une œuvre de pacification sociale, d'une œuvre de justice, et le sacrifice qu'on nous demanderait au nom de ce principe, il n'est personne dans cette Chambre qui ne consentît à le faire. (*Applaudissements.*)

Cette loi belge, vous dites qu'elle est sans résultats. Mais, chaque année, le nombre des demandes augmente dans une proportion formidable. Je lisais une lettre qu'on a bien voulu me communiquer ce matin même; elle est de M. Van der Smissen, professeur à l'université de Liège et président de la Société d'économie sociale de Belgique. Elle est datée du 11 juin :

« La loi est un succès. A la suite de sa promulgation, un grand nombre de sociétés mutuelles de retraites se sont créées. Les inscriptions de sociétaires augmentent rapidement : sur 500,000 sociétaires, plus de la moitié postérieurs à la loi. En décembre 1900, 78,000 inscrits.

« La loi fait partie d'un ensemble d'institutions dont le principe est l'initiative privée stimulée par la loi.

« L'élan a été général : hommes politiques, jeunes gens, femmes, ont multiplié les conférences. Le clergé a fait afficher la loi dans les églises... (*Sourires à l'extrême gauche.*)... a fait appel aux vieillards pour se faire inscrire sur les listes. »

Cela excite les sourires; mais j'aimerais assez à voir cette loi à côté de la Déclaration des droits de l'homme, parce qu'elle montrerait que nous sommes prêts à pratiquer les devoirs sociaux en même temps que nous reconnaissons les droits de tous les citoyens. (*Très bien! très bien! au centre.*) Mais ce que j'estime au-dessus de tout, même au-dessus du succès matériel de votre loi, s'il était possible dans les termes où vous la proposez, c'est cette action morale qui s'exerce par tous ces comités, par tous ces hommes de bonne volonté.

Croyez-vous que l'on peut, en vertu d'un décret, d'un papier que nous écrivons ici, sans être d'accord avec les intéressés, imposer des retenues sur les salaires? Croyez-vous qu'il n'y a pas une œuvre de persuasion à faire? Comment la ferez vous mieux que par toutes ces sociétés composées d'apôtres de la mutualité, d'apôtres de la solidarité? (*Applaudissements au centre.*)

Voilà l'idée de la Belgique. Je la crois, pour ma part, très supérieure à celle que l'on a mise à la base du projet, à celle de la contrainte pure et simple, de la contrainte toute sèche.

Quant au succès, vous voyez qu'il est considérable. C'est une question de sacrifice de la part de l'État, c'est une question de millions qu'il faut inscrire au budget. Si vous voulez de la loi, il faut l'accepter avec ses exigences et les sacrifices nécessaires. Nous allons voir, en arrivant au projet que vous nous soumettez, comment cette obligation a été remplie et comment pourra fonctionner cette loi qui est crire au budget. Si vous voulez de la loi, il faut l'accepter avec ses exigences et les sacrifices nécessaires. reux et dont on a exclu tout ce qui était le plus favorable aux ouvriers.

M. LE RAPPORTEUR. — Nous n'avons eu besoin de rien prendre à l'Allemagne, monsieur Ribot.

M. RIBOT. — Je ne vous fais pas grief d'imiter l'Allemagne à l'occasion; mais ici vous lui avez pris au moins l'obligation. C'est M. le ministre du commerce lui-même qui l'a dit : il n'y a qu'une nation qui ait mis l'obligation dans cette loi; nous allons suivre son exemple.

M. LE RAPPORTEUR. — Nous n'avons rien eu à emprunter à l'Allemagne.

M. RIBOT. — Mettez-vous d'accord avec le ministre du commerce.

M. LE MINISTRE DU COMMERCE. — Nous sommes d'accord. J'ai dit — et je le maintiens — qu'une seule nation, à l'heure actuelle, a fait aboutir les retraites ouvrières, et il se trouve que cette nation a inscrit l'obligation.

M. RIBOT. — Vous avez pris à l'Allemagne l'obligation. Vous n'avez pas pris tout à fait le principe de sa loi, car ce qu'a voulu faire l'Allemagne, c'est une assurance contre l'invalidité et non pas un système de retraites. Elle assure l'ouvrier contre l'incapacité de travail, à quelque époque qu'elle intervienne. Elle présume, chez l'ouvrier de soixante-dix ans, une incapacité partielle et elle vient à son secours par une retraite, mais elle rattache toujours cette retraite à l'idée d'invalidité.

Ce qui marque la législation allemande et ce qui fait qu'après quelques difficultés elle a pénétré dans les mœurs et a été acceptée, — car elle a été acceptée, j'en suis d'accord avec M. le ministre du commerce, — c'est que la cotisation qu'on exige des ouvriers a vraiment le caractère d'une prime d'assurance, par la modération des chiffres qui ont été prévus par la loi.

Que demande-t-on à l'ouvrier qui gagne le moins? 8 fr. 22 par an, dont 4 fr. 11 à sa charge et 4 fr. 11 à la charge de celui qui l'emploie. A celui qui gagne le plus, qui a le salaire le plus élevé, on demande 18 francs dont 9 francs à sa charge et 9 francs à la charge de celui qui l'emploie. Moyennant ce versement faible, qui peut être supporté plus facilement à raison de son exiguïté, on assure à l'ouvrier plus que vous ne lui assurez vous-mêmes. On ne lui assure pas une retraite, c'est vrai, mais, en cas d'invalidité, un minimum supérieur à celui que vous garantissez pour des versements cinq fois plus considérables. L'ouvrier a droit à un minimum de 150 francs s'il devient invalide, quatre ans après être entré dans la série des assurés et sa pension peut s'élever à 500 ou 600 francs, tandis que dans votre loi vous lui accordez parcimonieusement 100 francs de majoration s'il devient invalide et encore ne lui sont-ils accordés que s'il est indigent, s'il n'a pas de ressources personnelles; c'est-à-dire que vous traitez là une question d'assistance au lieu d'une question de prévoyance, et à cet homme, qui aura versé 50 francs par an sur son salaire, vous garantissez tout juste 100 francs en cas d'invalidité totale survenue après quelques années de versements.

M. LE RAPPORTEUR. — Je ne dis pas le contraire; mais puisque c'est vous-même qui m'avez non pas interrompu, mais interpellé, voulez-vous me permettre de vous rappeler qu'il est impossible de considérer la prime dont vous parlez comme une prime d'assurance, vu qu'il n'y a pas d'assurance qui puisse donner de pareils résultats, une rente de 5 à 600 francs en cas d'invalidité.

M. Ribot. — C'est un fait; on exige en Allemagne une prime qui va de 8 à 18 francs.

M. le rapporteur. — Ce n'est pas une prime d'assurance!

M. Ribot. — Oh! ne discutons pas sur les mots! On demande de 8 à 18 francs. Que vous les appeliez comme vous voudrez, j'estime que le mot exact est : prime d'assurance contre l'invalidité. A l'ouvrier devenu incapable de travailler, on garantit une pension qui va de 150 à 600 francs. Evidemment, cela ne se fait pas sans le secours de l'Etat. L'Etat est intervenu, il assure au moins 62 fr. 50 pour chaque pension soit d'invalidité, soit de vieillesse. Vous voulez faire une chose tout à fait impossible; vous voulez faire des pensions de retraite ou d'invalidité qui se suffisent à elles-mêmes, au moyen d'un versement des intéressés et des patrons; vous voulez que l'Etat soit un simple intermédiaire, un simple caissier qui fasse fructifier les épargnes, et vous ne voulez pas qu'il fournisse sa contribution. Je crois que c'est impossible; vous êtes entraînés ainsi à demander des cotisations absolument disproportionnées. (*Très bien! très bien! au centre.*)

Bismarck disait qu'il n'aurait pas le cœur de demander par voie d'obligation un prélèvement sur le salaire, si l'Etat, de son côté, ne faisait pas un effort, et ne contribuait pas à la constitution de la pension. C'est la seule façon d'entrer en conversation avec l'ouvrier. « Je fais, dit l'Etat, une partie de votre pension. Faites le surplus. » Vous ne tenez pas le même langage, parce que vous croyez que notre budget ne peut pas porter la charge; mais alors, quelle est la conséquence? C'est que vous demandez des cotisations tout à fait excessives et démesurées.

Prenez, par exemple, ce chiffre de 2 francs, qui n'est pas un chiffre exceptionnel dans la liste de nos salaires. Il y a beaucoup d'ouvriers à la campagne, et même dans les villes de province, qui gagnent 2 francs par jour. Qu'allez-vous retenir à cet ouvrier? Vous allez lui retenir 10 centimes par jour, c'est-à-dire 5 pour 100 de son salaire; et vous allez demander à son patron de contribuer pour 10 centimes; cela fait 20 centimes pour un salaire de 2 fr., c'est-à-dire que cela représente 10 pour 100, alors que vous demandez aux mineurs 2 pour 100 et 2 pour 100 à leurs patrons.

C'est tout à fait excessif; et je ne pense pas que la loi, à ce point de vue, puisse être votée dans les termes que vous avez proposés. Je vous dirai : « Faites comme l'Allemagne, si vous ne voulez pas soulever des difficultés insurmontables; réduisez la cotisation à son minimum; que chacun puisse la payer presque volontairement, que l'obligation soit acceptée d'avance par ceux à qui vous l'imposez, sinon votre loi est condamnée à un échec formidable. »

Mais, messieurs, quelles sont les conséquences de cette majoration énorme des cotisations que l'on exige? C'est que, d'abord, on risque de tarir l'épargne, et c'est bien un côté qu'il faut indiquer d'un mot.

Tous ces ouvriers astreints à mettre en application l'épargne jour par jour afin de devenir eux-mêmes patrons sur le tard de leur existence ouvrière, quand ils auront été obligés de tout verser à la caisse des retraites, comment pourront-ils encore verser à la caisse d'épargne? Puis, vous parlez avec une certaine désinvolture de ce poids de 400 millions que vous allez faire porter chaque année sur notre industrie en général. Vous dites : « La France peut bien supporter cela. » Notre industrie est tellement prospère, (*Exclamations au centre et à droite.*)

même après la loi sur les accidents, qu'elle peut supporter tous les fardeaux qu'on lui imposera.

En Allemagne, c'est 150 millions par an, et l'Allemagne a une population moitié plus forte que la nôtre. Chez nous, ce sera 400 millions, pour une population moitié moindre. Etes-vous sûrs qu'il n'y aura pas des répercussions auxquelles vous ne vous attendez pas? Etes-vous sûrs que dans la petite industrie surtout, qui a tant de peine aujourd'hui à aligner ses budgets, ces 200 millions resteront en totalité à la charge des patrons et n'auront pas de répercussion sur les salaires? Vous n'en savez rien. Votre prélèvement est excessif et inquiétant.

Et puis, comment pourra-t-on introduire dans les mœurs des prélèvements aussi énormes? Est-on préparé à les subir? Et avec les formalités par lesquelles vous exagérez et rendez plus difficile l'exécution de votre loi, n'est-ce pas à un échec que vous nous conduisez?

En Allemagne, on s'est ingénié à rendre la perception aussi aisée que possible, et chez nous, où nous avons de plus en plus le génie de la centralisation et le génie de la bureaucratie (*Très bien! très bien! et rires sur les mêmes bancs au centre et à droite.*) on a cru que tout serait perdu si chaque patron n'était pas obligé tous les mois d'envoyer à la caisse centrale, à Paris, le relevé, le bordereau de tous les salaires qu'il aura payés dans le mois. Il faudra qu'il ait des carnets de paye, des registres et qu'il envoie, lui qui souvent ne sait pas écrire ou qui n'écrit que dans les grandes circonstances de la vie, ces bordereaux à Paris. Il semble qu'on ait fait une sorte de gageure et qu'on ait voulu rendre l'application de la loi si difficile qu'elle ne puisse pas fonctionner. (*Très bien! très bien!*)

En Allemagne, ce sont des timbres mobiles; vous voulez, vous, les envois de bordereaux, vous voulez ce devant quoi l'Allemagne a reculé. L'Allemagne, en cas de désobéissance, prononce des amendes administratives; vous voulez, vous, la police correctionnelle; vous voulez le casier judiciaire pour le moindre de nos paysans qui aura oublié à la fin du mois d'envoyer par la poste au ministère du commerce le relevé des salaires qu'il aura payés dans le mois. (*Applaudissements au centre et à droite.*)

Je n'exagère rien en disant que ceux qui ont fait cette loi ne connaissent rien aux usages des campagnes et aux mœurs des paysans. (*Nouveaux applaudissements sur les mêmes bancs.*)

Ce sont des gens qui vivent à Paris, dans les bureaux, qui croiraient tout perdu si les belles traditions administratives étaient le moins du monde ébréchées et qui croient sauver la France en imposant à 13,000,000 de nos concitoyens des formalités aussi gênantes qu'inutiles.

Voilà encore un point sur lequel votre projet méritera certainement d'être amendé.

Par cela même que vous exigez des cotisations énormes, hors de proportion avec les moyens de ceux à qui vous les demandez, vous aurez une accumulation de capitaux considérable qui est, pour vous-mêmes, un sujet d'inquiétude. M. le rapporteur avait fait ses calculs sur 200 millions de versements annuels effectués par les intéressés et était arrivé, si je ne me trompe, à un chiffre d'immobilisation, d'accumulation de capitaux de 12 milliards.

M. LE RAPPORTEUR. — Parfaitement!

M. RIBOT. — Il résulte de nouveaux calculs que le chiffre des versements sera beaucoup plus considérable, puisqu'il est de plus de 5 pour 100 en moyenne sur des salaires qui représentent peut-être 9 milliards en France. Je ne crois exagérer en rien en disant que ce chiffre sera bien de 400 millions et cela fera, à un moment donné, une accumulation énorme de 22 ou 24 milliards. (*Mouvements divers.*)

M. LE RAPPORTEUR. — Voulez-vous me permettre de rectifier, puisque vous donnez des chiffres?

M. RIBOT. — Je ne garantis pas mes chiffres plus que vous ne garantissez vous-même les vôtres. (*On rit.*) Nous sommes à cet égard sur le pied d'égalité.

M. LE RAPPORTEUR. — J'ai donné les chiffres dans mon rapport. Puisque vous parlez de milliards, je puis donc vous dire : « Les évaluations, étant donné le chiffre actuel d'adhérents à la caisse des retraites, sont de 16 milliards, au lieu de 12 milliards, en nombre rond. »

M. RIBOT. — Seize milliards! je m'en contenterai; c'est un chiffre suffisamment inquiétant! (*Très bien! très bien! au centre et à droite.*)

Il est vrai que M. le ministre du commerce est tout à fait rassuré; il nous dit que son collègue des finances — ce qui ne m'étonne nullement — a, collaborant avec M. Guieysse, trouvé une solution d'une rare élégance. Je le veux bien...

M. LE RAPPORTEUR. Je le crois!

M. RIBOT. — Vous croyez que c'est très élégant; ce n'est pas solide, en tout cas, si c'est élégant, et je me permettrai de vous le démontrer.

L'Etat qui n'apporte rien à la constitution de la pension de retraites, l'Etat, qui est en recul sur ses promesses de 1895, — et, en effet, l'Etat en 1895 a promis une majoration qui est actuellement de 20 pour 100 — l'État aujourd'hui ne donnera plus rien pour la constitution de la retraite. Il nous offre en échange de garantir un taux de 3 pour 100; c'est là ce que l'on trouve élégant.

M. LE MINISTRE DU COMMERCE ET DE L'INDUSTRIE. — Ce n'est pas de cela que j'ai parlé!

M. RIBOT. — Ce n'est pas encore cela? Pour moi, cela me paraît assez inquiétant et même, à un point de vue plus élevé, cela me paraît soulever des objections qu'on n'a pas indiquées à cette tribune.

D'abord, quelle sera la valeur de ces promesses de l'Etat aux ouvriers qui vont verser? Il va leur dire : « Nous vous donnerons 3 pour 100 indéfiniment.» Aujourd'hui il donne 3,50; la première chose qu'ils verront, c'est qu'ils perdent 1/2 pour 100 pour le présent ; si le taux d'intérêt baisse à 2,50, il promet qu'on maintiendra à 3 pour 100 le taux de la capitalisation.

M. Guieysse a bien voulu dire à cette tribune que l'abaissement de 1/2 pour 100 réduirait la pension de retraites de 15 pour 100 à peu près; mais aujourd'hui ceux qui versent à la caisse des retraites ont une majoration de 20 pour 100 et vous leur enlevez, outre cette majoration, 15 pour 100. (*Très bien! très bien! au centre et à droite.*) Je ne sais pas de quelle manière les ouvriers et les sociétés de secours mutuels envisageront une pareille opération; c'est une générosité singulière de la part de l'Etat. Mais je trouve qu'il y a bien d'autres objections.

Vous vous exposez, pour garantir 3 pour 100, c'est-à-dire empêcher une nouvelle baisse de 15 pour 100 des petites pensions, à infliger à l'Etat une perte qui peut être énorme, car il est aisé de calculer sur ces 22 milliards ce que représente 1/2 pour 100 d'intérêt que vous n'économiserez pas quand vous ferez la conversion; c'est la perte future qui est en germe dans votre disposition.

Il est très commode pour le ministre des finances actuel de dire : « Pour l'instant, je ne veux pas de charges trop lourdes; je laisse à mes successeurs le soin d'aviser; pour aligner les budgets de l'avenir, mes successeurs n'auront plus la ressource de la conversion. » C'est commode, mais est-ce prudent et a-t-on le droit de le faire? Avons-nous le droit de lier ainsi nos successeurs, de déclarer implicitement, par la loi qu'on vous demande, que la dette publique ne sera plus remboursable? Car c'est là l'élégance et je crois que j'y touche. (*Rires.*)

La dette perpétuelle n'est perpétuelle que de nom et l'Etat peut, à tout moment, rembourser sa dette; le code civil lui-même ne reconnaît pas les dettes perpétuelles; elles ne le sont que par la volonté du débiteur. Tous ces titres, dites-vous, nous les prendrons aux particuliers, nous laisserons ceux-ci faire fructifier comme ils l'entendent, leur épargne. M. le ministre du commerce est tout à fait rassuré, comme s'il n'y avait pas dans ce pays l'histoire de placements singulièrement aventureux et s'il n'était pas téméraire de renvoyer les petits rentiers à se pourvoir eux-mêmes comme ils pourront pour placer leurs économies. Mais peu importe, laissons cela! Vous allez prendre les rentes des mains de particuliers où elles étaient remboursables par l'Etat, de façon que l'Etat se procure une économie ou amortisse sa dette. Il ne pourra plus rembourser jusqu'à concurrence de 16, 18, 22 milliards, c'est-à-dire d'un chiffre formidable et qui ne sera plus remboursable, puisque vous avez promis qu'il resterait dans les coffres de la caisse des retraites. Vous trouvez cela élégant; moi, je le trouve mauvais. (*Très bien! très bien! au centre et à droite.*)

Cela est mauvais au point de vue des principes les plus clairs et les plus solides de ce pays. L'Etat ne doit pas abdiquer le droit qu'il a et qu'auront les générations futures de rembourser la dette et d'alléger ainsi leurs charges. Il ne peut pas renoncer à ce droit qui est imprescriptible de rembourser la dette. Vous écartez ainsi les charges actuelles, mais vous les accumulez pour l'avenir. Vous faites une opération qui, au point de vue financier lui-même, mérite peut-être d'être traitée avec moins d'indulgence et surtout moins d'éloges que ne l'a fait tout à l'heure M. le ministre du commerce. (*Très bien! très bien! sur les mêmes bancs.*)

En — je vais aussi rapidement que je le peux, — je demande pardon à la Chambre... (*Parlez! par-*

lez!) — vous risquez de donner à cette loi, au point de vue politique, une portée qui n'est pas dans votre esprit — vous vous en êtes défendu, — mais qui est très réelle : vous inquiétez à cette heure les deux millions de mutualistes que compte notre pays; vous risquez de les avoir contre vous.

Ah! vous les avez couverts de fleurs tout à l'heure à cette tribune, vous leur avez dit qu'ils étaient des « précurseurs »...

M. EMILE CHEVALLIER. — C'était un article nécrologique! (*On rit.*)

M. RIBOT. — ... ce qui, dans la bouche d'un ministre socialiste, est assurément l'éloge le plus choisi et qui pût leur être le plus sensible. (*Applaudissements et rires au centre et à droite.*)

Ils sont des précurseurs, cela est entendu. On n'a pas toujours parlé des mutualistes avec cette même bienveillance sur les bancs où vous siégiez naguère, monsieur le ministre; on les voyait avec une certaine jalousie. Et puisque vous avez prêté à ces hommes dignes de votre estime des sentiments assez égoïstes, le sentiment qu'il ne faut pas que l'Etat se fasse leur concurrent et leur rival, je vous rappelle qu'il y avait un sentiment analogue et peut-être moins louable encore chez vos amis d'hier et d'aujourd'hui, les socialistes qui traitent parfois avec une sévérité rare les sociétés de secours mutuels.

Mais, c'est entendu, vous ne voulez pas les tuer, vous voulez les garder, et vous leur dites : « Mais la loi vous permettra de faire des retraites comme par le passé. Il n'y a pas de monopole pour la caisse nationale des retraites; faites des retraites, comme par le passé. Par conséquent, la concurrence de l'Etat ne peut pas vous offusquer. »

Permettez-moi de vous faire la réponse :

La situation des sociétés de secours mutuels sera vraiment bizarre, impossible à expliquer. Vous allez donner à ces sociétés 4 1/2 pour 100 sur les fonds qu'elles affecteront à des retraites. Je ne pense pas que vous mainteniez très longtemps ce taux de 4 1/2 pour 100; si ces sociétés voyaient affluer chez elles les versements, vous ne le pourriez pas : tout le monde irait chez elles plutôt que d'aller à la caisse nationale des retraites qui ne donne que 3 pour 100. Et alors vous dites : « Vous le voyez, nous vous comblons; » seulement vous ajoutez : « Vous serez obligés de majorer les pensions d'invalidité, de donner 100 francs aux invalides en supplément de leurs pensions. »

Mais ces 100 francs, est-ce que vous les donnerez à la société de secours mutuels? Non; vous avez dit — je crois que c'est votre pensée — que vous les réserviez à ceux qui verseront directement à la caisse; pourquoi? je n'en sais rien.

M. LE PRÉSIDENT DE LA COMMISSION. — Je n'ai rien dit de cela.

M. RIBOT. — Quand les sociétés ont consulté, c'est la réponse qui leur a été donnée.

M. LE PRÉSIDENT DE LA COMMISSION. — Par qui? Par personne au nom de la commission.

M. RIBOT. — Mais c'est que la commission n'est pas à elle seule l'interprète de la loi et ce n'est pas elle qui tient la caisse. (*Très bien! très bien! au centre.*)

M. LE MINISTRE DU COMMERCE ET DE L'INDUSTRIE. — J'apprends par vous, monsieur Ribot, la consultation qui a été faite.

M. RIBOT. — Oh! consultation officieuse!

M. RENÉ VIVIANI. — Consultation spirite! (*Rires à l'extrême gauche.*)

M. RIBOT. — Voulez-vous faire une déclaration sur ce point? Ce ne serait pas inutile, et j'en serais très heureux.

Je précise la question. Il est dit dans la loi que les sociétés de secours mutuels devront accorder les mêmes avantages que ceux qui résulteront de la loi. Il est tout naturel que le patron verse à la société de secours mutuels la même cotisation qu'il versera à la caisse de l'Etat. L'ouvrier versera lui-même une cotisation égale. La pension sera calculée à 3 pour 100. Nous sommes dans l'égalité complète; la loi aura assuré à tous les mêmes avantages. Mais il y a autre chose! Les sociétés de secours mutuels, aujourd'hui, ne font pas ce qu'on appelle l'invalidité, — vous me pardonnerez ce langage technique un peu familier, messieurs, — c'est-à-dire qu'elles ne promettent pas une pension en cas d'invalidité. Elles pourront faire des retraites d'invalidité selon les tarifs de la caisse nationale des retraites. Mais si vous promettez à l'invalide, qui a versé directement à la caisse nationale, 100 francs de majoration en cas d'invalidité, et si vous ne donnez pas cette majoration à l'invalide qui a versé à la société de secours mutuels, bien que cet argent soit versé par l'Etat, c'est-à-dire par tout le monde, — et alors qu'il n'y a vraiment aucune raison de justice de distinguer, — vous faussez la situation, vous violez le contrat; vous mettez les sociétés de secours mutuels dans une infériorité évidente. (*Applaudissements au centre et à droite.*)

C'est à l'heure présente le sujet des inquiétudes des mutualistes. M. le ministre du commerce peut nous rassurer d'un mot. Qu'il nous dise qu'il accepte un amendement permettant de donner aux invalides qui ont versé à la caisse des sociétés de secours mutuels comme à ceux qui ont versé à la caisse des retraites, je crois qu'il aura fait quelque chose pour diminuer les appréhensions de ces sociétés si intéressantes. (*Très bien! très bien! sur les mêmes bancs.*)

Ce sera un premier résultat, mais ce n'est pas tout. Ces sociétés sont inquiètes à un autre point de vue; c'est qu'en effet, vous allez tarir les cotisations volontaires qu'on apporte aux sociétés de secours mutuels si vous exagérez les cotisations que l'Etat va percevoir comme un impôt. (*C'est cela! Très bien! très bien! sur les mêmes bancs.*)

Je prends, par exemple, un ouvrier de nos campagnes; il a souvent la plus grande peine à vivre; s'il a deux ou trois enfants, quelquefois il ne peut pas vivre et il a besoin de l'assistance. Le plus souvent, il ne peut pas verser à la société de secours mutuels, il n'en a pas les moyens.

Mais si enfin il s'est imposé une épargne prélevée sur son mince salaire et s'il verse 12 francs par an à la société de secours mutuels, j'estime que c'est un résultat infiniment heureux parce qu'il est incorporé dans cette grande armée de mutualistes qui est non seulement respectable, mais qui est dans ce pays l'armée de l'épargne, de l'ordre, de l'économie et de la conservation sociale. (*Applaudissements au centre.*)

Et c'est pour cela peut-être que les sociétés de secours mutuels ne plaisent pas également à tout le monde dans ce pays. Eh bien! cet homme qui a versé 12 francs par an pourra-t-il encore les verser demain quand vous aurez retenu sur son salaire directement ou indirectement 50 francs par an? Car c'est là la cotisation que vous exigez de lui.

Vous faites un mouvement de dénégation, monsieur le ministre? C'est cependant la vérité.

M. LE MINISTRE DU COMMERCE ET DE L'INDUSTRIE. — Mais non; nous nous expliquerons.

M. RIBOT. — Mais vous pouvez vous expliquer tout de suite! C'est une question de chiffres.

M. CARNAUD. — Le maximum de versement est de 37 fr. 50.

M. RIBOT. — Sur un salaire journalier de 2 francs, qu'est-ce que vous demandez? En Allemagne, il ne s'agit que de 22 centimes par semaine, et vous, vous demandez 20 centimes par jour, — 10 centimes versés par l'ouvrier, et 10 centimes versés par le patron, — ce qui fait 50 francs par an, alors que le même ouvrier paye en Allemagne 11 fr. 25 seulement. Eh bien! je vous demande de faire cesser les inquiétudes de ces sociétés sans lesquelles vous ne pourrez exécuter la loi, sans lesquelles vous ne la ferez pas passer dans les mœurs.

Si la loi n'est pas acceptée par ces hommes qui sont à l'avant-garde du mouvement de solidarité, de prévoyance, en France, qui sont vos auxiliaires nécessaires dans l'exécution de cette loi, si vous ne les avez pas avec vous, mais contre vous, votre loi échouera, je vous le prédis, et personne dans cette Chambre ne pourra me démentir. (*Applaudissements au centre.*)

Il faut faire une loi qui ne les tue pas, qui ne tarisse pas non seulement l'épargne, mais les cotisations des membres des sociétés de secours mutuels. Eh bien! votre loi, sur ce point mérite tous les reproches, elle a besoin d'être modifiée, corrigée, amendée.

Je crois que la Chambre dans sa majorité votera, mais peut-être pas sans quelque inquiétude et sans quelques réserves — à titre d'expérience — le principe de l'obligation. En effet, je vois que de ce côté-ci (*la droite*), comme de ce côté-là (*la gauche*), on accepte l'obligation, et qu'on la déclare nécessaire. Eh bien! je trouve qu'on va trop vite, qu'on est imprudent. Il y avait autre chose à faire, en prenant l'exemple de pays voisins, qui n'est pas à dédaigner.

Je crains que vous ne fassiez fausse route, que vous ne vous engagiez dans une aventure; et c'est au fond le sentiment d'une foule de personnes qui s'expriment sur cette loi avec quelque appréhension et avec quelque inquiétude. Vous pouvez la faire; vous pouvez voter l'obligation; mais si vous l'admettez dans les conditions où on vous l'a proposée, avec toutes les dispositions par lesquelles on la réalise et on la traduit, si vous votez ce projet sans l'amender fortement, sans l'examiner sérieusement dans toutes ses dispositions, sans lui faire subir des retouches nécessaires, je n'hésite pas à dire que votre loi sera caduque, qu'elle restera lettre morte; nos finances n'en souffriront pas et, c'est peut-être ce qui rassure M. le ministre des finances, (*Sourires*) la loi ne s'exécutera pas; ce sera une loi qui aura proclamé un principe, — il y en a déjà beaucoup en France ,— et qui n'en aura pas rendu l'exécution possible et facile.

Quel sera alors le bénéfice de la loi? Je ne dis pas pour demain, avant qu'elle soit mise en exécution; cela serait misérable... Bien que les hommes politiques n'aient pas toujours la vue très étendue, qu'ils regardent les nécessités de demain, il faut peut-être regarder un peu plus loin ; il faut regarder après-demain, chercher à faire une œuvre qui vive et qui soit vraiment une œuvre d'apaisement, parce qu'elle correspondra à l'état de la conscience publique et qu'elle sera acceptée par tout le monde. (*Très bien! très bien!*)

Je ne demande pas mieux; nul dans cette Chambre ne demande mieux que de vous y aider; vous avez fait appel à tout le monde; tout le monde est prêt ici à collaborer à cette loi, non pas dans un esprit de parti, mais dans un esprit beaucoup plus élevé. (*Très bien! très bien! au centre et à droite.*) Cela ne nous empêche pas de vous dire avec netteté les reproches que nous avons à adresser à votre loi; c'est notre droit, c'est notre devoir. Et vous ne nous accuserez pas de faire obstruction aux grands desseins que vous nous apportez; nous manquerions au contraire à notre devoir, si nous ne nous expliquions pas avec cette franchise et cette netteté. Quand le principe aura été voté, s'il doit l'être, vous ne serez donc pas surpris que nous discutions avec vous, pied à pied, les dispositions de cette loi (*Applaudissements au centre.*) et que nous nous efforcions de la rendre pratique et acceptable pour l'immense majorité de nos concitoyens. *(Vifs applaudissements au centre et sur divers bancs à droite. — L'orateur, en regagnant son banc, reçoit de nombreuses félicitations.)*

La Chambre des députés, après avoir voté l'article 1er du projet, adopta une résolution proposée par M. de Gailhard-Bancel, qui invitait le ministre du commerce à prendre l'avis des chambres de commerce, des sociétés d'agriculture, des syndicats, etc...

Le projet ne revint pas en discussion avant les élections générales de 1902.

OBSERVATIONS A L'OCCASION DU VOTE DES CONTRIBUTIONS DIRECTES

(IMPOT SUR LE REVENU)

4 juillet 1901

La commission du budget avait proposé de voter encore une fois, pour 1902, le projet de loi concernant les quatre contributions directes en prenant acte de la promesse du gouvernement de mettre en discussion, à bref délai, l'impôt sur le revenu.

Dans la séance du 4 juillet 1901, M. Fernand Brun, M. Magniaudé et M. Camille Pelletan s'élevèrent contre la décision de la commission et soutinrent que les députés radicaux, ayant été élus sur cette question, ne pouvaient, sans manquer à leurs engagements, consentir à un nouvel ajournement.

Le ministre des finances, M. Caillaux, s'opposa à ce qu'on abordât, à l'occasion du vote des contributions directes, l'examen d'une réforme qui devait donner lieu à de longues discussions et qui soulevait de graves objections.

M. Ribot, en expliquant le vote de ses amis, appuya en ces termes le ministre des finances :

MESSIEURS,

Je monte à la tribune non pour faire un discours, mais uniquement pour expliquer mon vote et celui de mes amis.

Nous n'avons aucune hésitation à voter contre

toutes les propositions d'incorporation au budget d'impôts sur le revenu, quels qu'ils soient.

Nous avons une première raison qui suffit, c'est qu'à l'heure où nous sommes de pareils votes ne seraient à nos yeux que de pures manifestations. (*Très bien! très bien! au centre et sur divers autres bancs.*)

En effet, il est indispensable que l'impôt direct soit voté avant notre séparation, et l'imminence des élections aux conseils généraux, dont la date a peut-être été fixée hâtivement, mais qui ne peuvent pas être reculées, nous oblige à voter aujourd'hui ou demain les contributions directes. Nous les voterons donc.

Nous avons une seconde raison, et je n'ai aucun motif de ne pas la dire. Nous avons écouté le langage du ministre des finances et nous sommes heureux pour notre part de nous y associer. (*Ah! ah! à gauche.*) Mais parfaitement!

M. Hubbard. — Vous vous associez même à ses engagements?

M. Ribot. — M. le ministre des finances a parlé avec beaucoup de netteté, et je puis ajouter avec courage, des illusions que l'on entretient dans la Chambre, et surtout au dehors. (*Très bien! très bien! au centre.*) Il a montré que notre système d'impôts n'était pas parfait, en quoi il se rencontre avec tout le monde. Il y a certainement, dans un régime qui remonte si haut, des défauts, défauts que nous nous abstenons de corriger en substituant aux réformes pratiques des formules sonores et en aboutissant constamment à des avortements. (*C'est cela! très bien! au centre!*) Il eût été plus pratique de prendre une à une les diverses contributions directes, de les réformer, d'en corriger les inégalités; nous aurions fait ainsi une besogne que le pays aurait appréciée.

M. le ministre des finances, tout en signalant les défauts de notre système d'impôts, reconnaît qu'il a cet immense avantage d'exister depuis une longue série d'années et de donner à la France, qui a besoin d'un budget considérable, des ressources qu'aucun des systèmes que nous voulons imiter, et notamment le système allemand, n'a pu donner.

C'est qu'en effet, il n'y a pas de pays où l'impôt direct soit, je ne veux pas dire plus lourd, mais plus productif, et en même temps plus facilement supporté qu'en France. (*C'est vrai! — Très bien! au centre.*)

Nous donnons à l'Etat, à l'Etat seul — je ne parle pas en ce moment des impôts des communes et des départements — près de 600 millions provenant de l'impôt direct. Eh bien! allez en Allemagne, allez même en Angleterre, et vous verrez ce qui s'y passe. On parle de l'*income-tax;* mais dans les époques les plus difficiles, aux époques de guerre, l'*income-tax* donne à peine le revenu que nous tirons de ces différentes sources de l'impôt direct. (*Applaudissements au centre. — Bruit à gauche et à l'extrême gauche.*)

Je comprends très bien que M. le ministre des finances ne veuille pas plus que ses prédécesseurs s'engager d'un cœur léger dans une aventure, faire table rase de tous ces impôts directs, les supprimer en bloc, comme on lui en prêtait l'intention, et les remplacer par un impôt unique. Cette intention n'est certainement pas la sienne.

A l'extrême gauche. — Il l'a dit cependant! Il s'y est engagé devant la commission du budget.

M. Hubbard. — J'ai pris acte de cet engagement.

M. Ribot. — Je ne suis pas membre de la commission du budget, mais je ne crois pas que M. le ministre des finances, à moins qu'il ne vienne le dire à cette tribune, considère comme possible de supprimer 600 millions d'impôts directs et de les remplacer par un impôt sur le revenu, quel qu'il soit, surtout s'il est fondé sur la déclaration. Non! je ne crois pas que M. le ministre des finances prenne une pareille responsabilité, et il en a donné la raison tout à l'heure en quelques mots : il vous a dit, messieurs, que ce pays était un pays de petites fortunes ou de fortunes moyennes. Eh bien! est-ce que vous croyez que vous pourrez d'un trait de plume, du moins sans produire partout un trouble profond, rejeter un impôt de 600 millions sur quelques fortunes, sur celles qui sont au sommet et qui peuvent le plus facilement se dérober? Vous en savez quelque chose, n'est-ce pas, monsieur Berteaux? (*Applaudissements au centre et à droite. — Bruit à gauche.*)

M. Maurice Berteaux. — Puisque vous me mettez personnellement en cause, monsieur Ribot, je vous répondrai que ces grosses fortunes dont vous parlez ne se dérobent pas aussi facilement que vous le croyez, et cela pour beaucoup de raisons. Et si elles font cette sorte de Coblentz des capitaux, elles en sont punies elles-mêmes, et justement punies, comme cela est arrivé avec le krach des banques allemandes. (*Applaudissements à l'extrême gauche.*)

M. Ribot. — J'aurais voulu pour ma part qu'au lieu d'aborder ce débat à la fin d'une session et d'une législature, ce qui nous condamne à nous traîner dans les redites et les formules vagues, j'aurais voulu, dis-je, que nous pussions discuter à fond la question avec M. Aimond, qui a fait un rapport très intéressant. Je regrette profondément, avec M. Pelletan, que ce débat ne puisse être abordé utilement.

M. Hubbard. — Mettez-le à l'ordre du jour!

M. Boutard. — Il y a vingt-cinq ans que vous dites cela, monsieur Ribot. Vous avez été au pouvoir pendant longtemps. Qu'est-ce que vous avez fait?

M. Ribot. — S'il y a des responsabilités engagées dans ces retards successifs, dans ces aveux d'impuissance de la Chambre, en tout cas, ce ne sont pas les nôtres. Nous n'avons pas fait miroiter aux yeux des électeurs des promesses irréalisables, nous n'avons pas promis d'impôt sur le revenu pour cette législature. (*Applaudissements au centre.*) Mais ceux qui l'ont promis, ceux qui ont engagé leur responsabilité vis-à-vis du suffrage universel, donnent un détestable exemple en oubliant, le lendemain du jour où ils sont élus, les promesses qu'ils ont faites, et en ne les tirant de l'oubli qu'au moment où il apparaît manifestement qu'il est impossible d'aboutir. (*Bruit à l'extrême gauche. — Nouveaux applaudissements au centre.*)

M. Klotz. — Je demande la parole.

M. Ribot. — Messieurs, le régime parlementaire souffre précisément de cette pratique qui est ici beaucoup trop ancienne. Mais à qui la faute? A qui incombe la responsabilité? Nous assistons en spectateurs à ce débat qui s'est engagé à cette tribune où nous voyons M. Merlou et M. Pelletan se rejeter les accusations de l'un à l'autre...

M. le rapporteur général. — Il n'y a pas là d'accusations.

M. Ribot. — Nous n'avons pas à intervenir dans ce débat, mais la faute, permettez-moi de le dire, elle est à tout le monde, à tous ceux du moins qui ont promis l'impôt sur le revenu. Car vous ne pouvez pas exciper de votre ignorance, vous ne pouvez pas dire que vous vous êtes trompés! Quand on a fixé l'ordre du jour de la fin de cette législature, tout le monde a parfaitement compris que l'impôt sur le revenu était relégué dans les contingents futurs, dans les contingents électoraux. (*Rires au centre.*)

M. le président du conseil est allé à Toulouse, il y a une dizaine de mois; il y a tracé, avec l'autorité qui lui appartient, le programme de la fin de la législature et il a demandé à la Chambre de s'associer à lui pour arrêter ce programme.

M. Astier. — Et la Chambre l'a suivi! C'est déjà quelque chose.

M. Ribot. — La Chambre l'a suivi, en effet.

Il a paru à M. le président du conseil qu'il y avait quelque chose de plus urgent que d'établir l'impôt général sur le revenu : c'était de faire une loi sur les congrégations. (*Rires au centre.*) M. le président du conseil avait une excellente raison de faire passer les congrégations avant l'impôt sur le revenu, personne ne l'a oublié. C'est qu'en effet M. Waldeck-Rousseau, alors qu'il n'était pas encore président du conseil, avait mené la campagne la plus énergique, je pourrais dire la plus violente, dans le pays, contre l'impôt sur le revenu tel que vous l'entendez. (*Applaudissements au centre et à droite.*) Il avait dit que l'impôt progressif et général sur le revenu... (*Interruptions à l'extrême gauche.*)

Je ne saisis pas le sens de ces interruptions.

M. Marcel Sembat. — Je disais à mon collègue, M. Doumergue : « Voilà du Ribot de derrière les fagots! » (*On rit.*)

M. Gaston Doumergue. — Et j'y applaudis!

M. Ribot. — Je vous remercie, messieurs. (*Nouveaux rires.*)

M. le président du conseil disait que l'impôt général sur le revenu était la destruction des principes de la Révolution française; et il ajoutait : « C'est la pierre de touche, » — je crois qu'il commettait là quelque exagération. (*Sourires.*)

M. Aimond. — Nous vous répondrons avec M. Méline, tout à l'heure!

M. Ribot. — Il ajoutait : « C'est la pierre de touche; c'est là qu'on reconnaît celui qui est véritablement soucieux de maintenir les principes tutélaires, et celui qui est disposé à s'abandonner au flot des aventures révolutionnaires. » (*Très bien! et rires ironiques au centre. — Mouvements divers.*)

C'était là le langage de M. le président du conseil; et il concluait : « C'est là qu'il faut se faire tuer, c'est là qu'il faut périr, si on ne doit pas être vainqueur. »

Je trouve que, dans ces questions, qui prêtent à la discussion, et en voyant surtout ce qui se passe à l'étranger, il y avait quelque exagération dans cette attitude de M. le président du conseil; mais enfin, vous conviendrez, messieurs, qu'il lui était difficile de mettre en tête de son programme cet impôt général sur le revenu, dont il parlait avec tant d'irrévérence et tant de conviction. (*Applaudissements et rires au centre et à droite.*) D'autant plus que je ne doute pas que M. le président du conseil, en cette matière comme dans toutes les autres, ne soit resté fidèle, ainsi qu'il l'a dit, à ses principes, et qu'il ne soit décidé à ne faire aucune concession pour garder la majorité. (*Bruit à l'extrême gauche. — Applaudissements au centre.*)

Voilà ce qui s'est passé, messieurs; vous avez su ce que vous vouliez faire, vous l'avez fait en pleine connaissance de cause. Vous avez voulu expulser de ce pays quelques congrégations : cela vaut peut-être l'impôt sur le revenu! (*Sourires au centre et à droite.*) Ne vous en plaignez pas à cette heure, et surtout, pour votre dignité et pour celle de la Chambre, ne cherchez pas à donner le change par de vaines et illusoires promesses. (*Applaudissements au centre.*)

Qu'est-ce que c'est que cet ordre du jour que M. Merlou nous apporte Je n'en ai pas très bien entendu la lecture, — mais pourtant je l'ai salué, à son apparition, et de confiance, comme une très vieille connaissance. (*On rit.*)

Oui, c'est convenu, à la fin d'une législature, on vote toujours qu'on est très pressé de se mettre d'accord sur l'impôt sur le revenu, ce qui ne veut rien dire du tout, attendu que tout le monde est partisan de l'impôt sur le revenu. Mais il s'agit de le définir et de s'entendre sur l'application.

M. Merlou ajoute que l'administration devra, dans l'intervalle des vacances, en même temps qu'elle poursuivra l'enquête sur les retraites ouvrières, faire une autre enquête sur la fortune des particuliers, faire des statistiques, dresser des fiches — on a dit : « le casier fiscal. » Ce seront des vacances assurément laborieuses, (*On rit.*) et je crains que le Parlement ne soit réuni que très tard, car il faudra que le ministère ait le temps de faire cette double enquête, et peut-être ne serons-nous réunis qu'en décembre. (*Rires et applaudissements au centre.*)

Qui trompe-t-on? Est-ce sérieux? Après avoir, il y a trois ans, obtenu les suffrages de ce pays en lui disant : « Nous allons dégrever à la prochaine législature tous ceux qui ne possèdent pas 2,500 fr. de revenu, » trois ans après, vous venez lui dire que le ministre des finances n'est pas suffisamment renseigné et qu'il faut qu'il se livre encore à une petite enquête? (*Nouveaux rires et applaudissements sur les mêmes bancs.*)

En vérité, ce n'est digne ni de vous, ni de la Chambre, ni du pays. Si vous ne pouvez pas faire l'impôt sur le revenu, — et vous ne le pouvez pas, — dites-le franchement! laissez à vos successeurs le soin de faire ce que vous n'avez pas pu faire vous-mêmes; mais ne cachez pas votre impuissance derrière ces formules qui ne trompent personne.

Bien entendu, nous ne pourrons pas nous associer au vote d'un pareil ordre du jour. Il faut ici que tout soit net, que tout soit compris par le pays, il ne faut pas que nous comptions sur des formules vagues et illusoires, il faut que nous votions sur des textes et que nous prenions la responsabilité de les appliquer.

Si vous aviez fait l'impôt sur le revenu il y a trois ans, nous verrions ce que le pays en penserait aujourd'hui; mais ne lui donnez pas encore une vaine formule après toutes les autres. Je le répète, ce n'est pas une politique que vous puissiez défendre sérieusement à cette tribune. (*Vifs applaudissements au centre et à droite. — L'orateur, en regagnant son banc, reçoit les félicitations de ses amis.*)

La proposition de disjonction de l'impôt sur le revenu, faite par la commission du budget, fut votée par 354 voix contre 216.

OBSERVATIONS

A PROPOS DE L'ENVOI DE LA FLOTTE

A MYTILÈNE

4 novembre 1901

Un conflit s'était élevé, au mois d'août 1901, entre notre ambassadeur à Constantinople et le sultan au sujet du refus de ce dernier de donner satisfaction à la Compagnie des quais de Constantinople et à deux créanciers français du gouvernement ottoman.

Notre ambassadeur quitta Constantinople et l'ambassadeur de Turquie en France fut invité à s'éloigner de Paris.

Ces mesures n'ayant pas suffi à vaincre les résistances du gouvernement ottoman, une division de l'escadre de la Méditerranée quitta brusquement Toulon, le 30 octobre, sous les ordres du contre-amiral Caillard, et occupa Mytilène.

Un arrangement intervint entre le gouvernement français et le sultan.

Dans la séance du 4 novembre 1901, M. Sembat interpella le ministre des affaires étrangères.

Au moment du vote, M. Ribot expliqua que ses amis étaient disposés à se rallier à un ordre du jour de M. d'Agoult ainsi conçu : « La Chambre, comptant sur le gouvernement pour faire respecter les droits résultant des traités et capitulations, passe à l'ordre du jour. »

La Chambre des députés vota par 302 voix contre 241 la priorité en faveur de l'ordre du jour suivant de MM. Chastenet et G. Rivet : « La Chambre, confiante dans le gouvernement pour faire respecter les intérêts et l'honneur de la France, passe à l'ordre du jour. »

Cet ordre du jour fut ensuite adopté.

M. Ribot s'exprima en ces termes :

Je tiens à expliquer en quelques mots mon vote et celui d'un certain nombre de mes amis.

Il ne s'agit pas ici d'un débat de politique intérieure; il y a d'autres intérêts qui sont en jeu, que nous ne pouvons pas oublier, sur quelque banc de cette assemblée que nous siégions.

M. ALEXANDRE ZÉVAÈS. — Les intérêts de Tubini!

M. RIBOT. — J'ai suivi attentivement la discussion qui a eu lieu, et j'ai constaté, avec une certaine tristesse, qu'on essaye de faire des distinctions dans ce qui est, à mes yeux, le patrimoine indivisible de la nation française. (*Très bien! très bien!*)

Il ne s'agit pas seulement, comme le dit M. Sembat, d'apporter à cette tribune des déclarations que l'humanité commande, et qui sont conformes aux traditions généreuses de la France. Je suis autant que lui décidé à soutenir la cause des Arméniens avec l'Europe, si l'Europe veut se souvenir de son devoir. (*Applaudissements au centre et sur divers bancs.*) Mais ce n'est pas seulement les droits de l'humanité que la France a à défendre; elle a à défendre, comme je l'ai dit, ses droits, tous ses droits, (*Applaudissements sur les mêmes bancs.*) les droits qui résultent de tous les traités. Elle a à défendre les Capitulations; elle a à défendre, je le dis hautement, ses missionnaires, qui, eux aussi, représentent là-bas la France. (*Applaudissements ironiques à l'extrême gauche. — Applaudissements à droite et au centre.*)

M. ALEXANDRE ZÉVAÈS. — Je remercie M. Ribot de ses déclarations. Nous savons ce que ses paroles signifient.

M. LE PRÉSIDENT. — Je vous prie de ne pas interrompre, monsieur Zévaès.

M. ALEXANDRE ZÉVAÈS. — Elles montrent la portée cléricale de l'acte qu'on nous demande de ratifier.

M. LE PRÉSIDENT. — Je vous rappelle à l'ordre.

M. RIBOT. — Mes déclarations sont parfaitement nettes et je pense que les applaudissements de la Chambre ne laissent aucun doute sur le sens véritable de mes paroles. Oui, la France a un patrimoine que lui a légué le passé, que des traités ont consacré et que nous ne devons pas abandonner. (*Applaudissements.*)

Regardez donc les efforts que font d'autres puissances pour déraciner de l'Orient l'action séculaire de ces religieux que vous pouvez détester, mais qui ont été les pionniers de l'influence française et qui en sont encore aujourd'hui les défenseurs. (*Applaudissements au centre et à droite.*)

Je ne m'occupe pas de la robe qu'ils portent; je regarde l'œuvre qu'ils accomplissent, soit à Beyrouth, soit ailleurs. Tous les Français qui sont allés là-bas se sont inclinés devant cette œuvre; tous les ministres des affaires étrangères, M. Delcassé comme ses prédécesseurs, — et je l'en loue, — ont défendu ce patrimoine de la France. (*Applaudissements sur un grand nombre de bancs.*)

Par conséquent, je n'admets pas cette distinction qu'on veut faire et qui ne tendrait à rien moins qu'à diminuer, à mutiler ce patrimoine. Ce que nous devons défendre, ce sont les droits de la France, tous ses droits résultant des traités. (*Très bien! très bien!*)

De plus, il faut que la France soit la première à dire aux autres nations de ne pas oublier qu'il y a une Europe, qu'un congrès s'est tenu à La Haye, que la France y a joué un rôle digne de son passé et qu'il y a, là aussi, un patrimoine que nous avons le devoir de ne pas laisser amoindrir.

C'est ce que M. d'Agoult a dit en excellents termes, à mon sens, dans l'ordre du jour qu'il soumet à l'approbation de la Chambre. Je voudrais que la Chambre votât cet ordre du jour; il dit que nous comptons sur le gouvernement pour faire respecter tous nos droits résultant des traités, ainsi que les droits de l'humanité. Nous n'avons pas confiance d'une manière générale dans la politique du gouvernement. (*Applaudissements au centre et à droite. — Interruptions à l'extrême gauche.*)

M. Jourde. — Cela n'est pas diplomatique.

M. Ribot. — Peu m'importe; je ne fais pas de diplomatie; je dis ma pensée, j'en ai le droit. Je ne voudrais pas qu'une parole équivoque semblât impliquer de notre part une confiance qui n'est pas dans notre esprit, qui n'a jamais été dans nos actes.

Nous restons ce que nous étions hier, opposés à la politique générale du gouvernement, convaincus qu'elle a préparé beaucoup de difficultés dont souffre notre pays. Mais ce n'est pas la question.

En ce moment, nos vaisseaux sont en route, vous ne devez pas l'oublier. Vous ne devez pas, à cette heure, voter une motion qui serait le désaveu de l'action de M. le ministre des affaires étrangères! (*Très bien! très bien!*)

C'est pourquoi, messieurs, nous vous demandons de dire, dans un vote qui peut réunir la très grande majorité de cette assemblée, que la Chambre compte sur le gouvernement pour faire respecter tous les droits qui résultent des traités et tous les intérêts de la France. (*Vifs applaudissements au centre et à droite.*)

DISCOURS

SUR UN PROJET D'EMPRUNT

(AFFAIRES DE CHINE)

18 novembre 1901

Le gouvernement avait déposé un projet de loi ayant pour objet une émission de rente 3 pour 100 perpétuelle, pour payer les dépenses de l'expédition de Chine et pour faire l'avance aux missionnaires, aux sociétés financières et aux fonctionnaires français des indemnités que la Chine s'était engagée à payer par annuités.

La commission du budget modifia ce projet en n'accordant qu'un emprunt de 210 millions de francs, au lieu des 265 millions que réclamait le gouvernement.

Cette différence provenait de ce que la commission refusait d'imputer sur les fonds de l'emprunt les indemnités qui pouvaient être dues à des sociétés financières ou à des congrégations religieuses.

M. Ribot prit la parole pour combattre l'avis de la commission. Il répondit au rapporteur, M. G.-A. Hubbard.

Le début de son discours donna lieu à un incident très violent. L'extrême gauche émit la prétention de l'empêcher de parler, mais, après une suspension de séance, M. Ribot put continuer son discours au milieu d'un profond silence.

Voici le texte de ce discours :

Messieurs,

J'ai demandé la parole, lorsque notre honorable collègue M. d'Estournelles était à la tribune. Il me semblait surprenant, — j'espère m'être trompé, — que M. d'Estournelles, qui a représenté la politique de la France à l'étranger pût, à un degré quelconque, accepter la solidarité des vues qui ont été développées dans le rapport de l'honorable M. Hubbard. Ce rapport est un acte qui, en lui-même, n'aurait qu'une importance relative, s'il n'avait pas été apporté à cette tribune au nom d'une grande commission de la Chambre. Il est impossible de ne pas formuler ici une protestation. C'est ce que je vais faire. (*Applaudissements au centre.*)

M. BERTRAND. — Cette protestation a déjà été formulée dans la commission du budget.

M. RIBOT. — J'en suis sûr, monsieur Bertrand; et j'espère que, malgré les paroles que j'ai cru entendre, l'honorable M. d'Estournelles sera d'accord avec nous pour répudier ce qui est écrit dans ce rapport, que je regrette d'avoir vu publier au nom de la Chambre. (*Exclamations à l'extrême gauche. — Bruit.*)

M. MAURICE BERTEAUX. — C'est intolérable!

M. RIBOT. — J'ai le droit de parler ainsi.

M. LE PRÉSIDENT. — M. Ribot exprime un regret. Il est dans son droit.

M. BERTEAUX. — C'est un regret très inconvenant. (*Protestations au centre. — Applaudissements à l'extrême gauche.*)

M. LE PRÉSIDENT. — Il n'y a rien d'inconvenant dans les paroles de M. Ribot.

M. BERTEAUX. — Elles sont inconvenantes!

A l'extrême gauche. — Parfaitement!

M. LE PRÉSIDENT. — Je suis seul juge. M. Ribot a parlé en son nom personnel; il a exprimé un regret et il n'y a rien d'inconvenant dans ses paroles.

M. LE RAPPORTEUR. — Il faudrait, monsieur Ribot, indiquer les passages du rapport que vous blâmez, pour que je puisse vous répondre.

M. Ribot. — Je vais y venir.

Il ne s'agit pas ici d'une question de courtoisie personnelle; il s'agit de quelque chose de beaucoup plus haut et de beaucoup plus grave. Vous avez apporté à cette tribune, n'ayant pas mandat de la Chambre — vous l'avez vous-même reconnu — usurpant ce mandat, un désaveu de la politique traditionnelle de la France dans des termes que vous regretterez vous-même, monsieur Hubbard... (*Exclamations à gauche et à l'extrême gauche. — Applaudissements au centre et à droite.*)

M. le rapporteur. — Lisez donc le passage!

M. Ribot. — Je suis libre de ma discussion et vous ne m'empêcherez pas de dire ce que j'ai à dire.

M. le président. — Monsieur Ribot lira ce qu'il croira devoir lire.

M. Maurice Berteaux. — Monsieur le président, faites respecter la commission.

M. le président. — M. Ribot n'a rien dit d'inconvenant, je le répète.

M. Maurice Berteaux. — Et si on lui donnait une paire de gifles! (*Exclamations et bruit.*)

M. le rapporteur. — Vous n'êtes pas le censeur de la Chambre, monsieur Ribot.

M. le président. — Monsieur Berteaux, si vous ne retirez pas vos paroles... (*Bruit.*)

M. Marcel Sembat. — Je m'associe aux paroles de M. Berteaux.

M. le président. — Une parole insultante a été prononcée par vous, monsieur Berteaux...

M. Coutant. — Nous allons tous la répéter!

M. le président. — ... et vous êtes trop habitué à la courtoisie qu'on se doit entre collègues pour ne pas la regretter et la retirer.

A l'extrême gauche. — Nous l'approuvons tous.

M. le président. — Monsieur Berteaux, je vous supplie de reprendre possession de vous-même.

M. MAURICE BERTEAUX. — Je demande la parole pour un fait personnel.

M. RIBOT. — Cela ne compte pas, messieurs! (*Applaudissements au centre et à droite. — Exclamations à l'extrême gauche.*)

M. LE PRÉSIDENT. — M. Ribot a dit à M. Hubbard : « Je suis sûr que vous regretterez vos paroles. » Il n'y a rien là que de parlementaire. Vous avez entendu, messieurs, l'interruption de M. Berteaux; elle lui a échappé. Je le supplie de la produire sous une forme digne de lui et de l'assemblée.

M. MAURICE BERTEAUX. — Je demande la parole.

M. LE PRÉSIDENT. — Vous l'avez, monsieur Berteaux, et je vous adjure de vous exprimer dans une forme parlementaire. (*Bruit à l'extrême gauche.*)

M. MARCEL SEMBAT. — Il y a vingt-quatre heures que M. Ribot préméditait son insolence! (*Bruit.*)

M. MAURICE BERTEAUX. -- Je viens, en pleine possession de mon sang-froid, déclarer à la Chambre que je ne retire pas un mot de ce que j'ai dit. (*Applaudissements à l'extrême gauche et à gauche. — Bruit.*)

J'ai assisté, peiné et indigné, aux attaques injurieuses... (*Nouveaux applaudissements sur les mêmes bancs.*)

M. RIBOT. — Mais non, monsieur Berteaux.

M. WALTER. — C'est une insolence de procureur! (*Bruit.*)

M. MAURICE BERTEAUX. — ... que M. Ribot, avec cette habitude d'insinuations perfides (*Nouveaux applaudissements.*) que la Chambre a pu apprécier depuis longtemps, a dirigées contre la majorité d'une commission qui venait ici accomplir son devoir, tout son devoir. (*Bruit.*)

Vous ne voudriez peut-être pas, monsieur Ribot, que nous soutenions avec vous les congrégations, les jésuites auxquels nous devons l'expédition de Chine?

(*Applaudissements à l'extrême gauche.*) C'est peut-être là la théorie que vous apporterez devant la Chambre; il vous appartient de la défendre, mais vous n'avez pas le droit d'insulter la majorité de la commission du budget. (*Exclamations et protestations au centre. — Bruit.*)

Et quand sous l'œil bienveillant du président...

M. LEVRAUD. — ... complice!

M. COUTANT. — ... partial!

M. LEVRAUD. — ... du président de la droite!

M. MAURICE BERTEAUX. — ... vous avez à différentes reprises renouvelé vos attaques, j'ai eu dès lors le droit de dire que si la commission n'est point protégée par celui qui a ici le mandat de faire respecter la dignité de la Chambre, il y a d'autres moyens, dans ce cas, que je serais prêt, pour ma part, à employer. (*Exclamations au centre et à droite. — Vifs applaudissements à l'extrême gauche et sur plusieurs bancs à gauche. — Bruit.*)

M. LE PRÉSIDENT. — La Chambre tout entière est témoin que M. Ribot avait dit à M. Hubbard : « Je suis sûr que vous regretterez vos paroles... (*Bruit à gauche.*)

Plusieurs voix à gauche. — Qu'avait-il dit auparavant?

M. LE PRÉSIDENT. — M. Ribot avait dit auparavant qu'il regrettait d'avoir vu certaine opinion dans un rapport publié au nom de la Chambre. (*Rumeurs et bruit à gauche.*)

Vous ne m'empêcherez pas, messieurs, d'accomplir mon devoir. (*Applaudissements au centre et à droite.*)

M. Berteaux a dit alors à M. Ribot : « Si l'on vous donnait une paire de gifles! » (*Vives exclamations à droite et au centre.*)

J'ai prié, vous avez vu avec quelle bienveillance et quelle longanimité, M. Berteaux de retirer ses paroles. Il est venu à la tribune les aggraver. (*Bruits à l'extrême gauche.*)

M. Antide Boyer. — Nous sommes tous solidaires de M. Berteaux.

M. le président. — Je consulte la Chambre sur l'application de l'article 123 du règlement. (*Applaudissements au centre et à droite. — Vives protestations à l'extrême gauche et à gauche.*)

M. le rapporteur. — Je demande la parole sur l'application. (*Bruit prolongé.*)

M. le président. — Je consulte la Chambre sur l'application de la censure à M. Berteaux.

(La Chambre, consultée, prononce la censure.) (*Bruit prolongé à l'extrême gauche. — Vifs applaudissements au centre et à droite.*)

M. Eugène Fournière. — M. Ribot n'a pas été censuré; il ne parlera pas; nous ne supporterons pas ses insolences.

M. le président. — Le jour où des paroles comme celles que nous avons entendues pourront être ici librement prononcées, il n'y aura plus dans ce pays de gouvernement de discussion. (*Vifs applaudissements au centre et à droite.*)

La parole est à M. Ribot. — (*Applaudissements sur les mêmes bancs. — Bruit à l'extrême gauche.*)

A l'extrême gauche. — Il ne parlera pas!

M. Walter. — A bas l'Empire! (*Agitation.*)

M. le président. — Le pays jugera ces scènes, qui sont absolument contraires aux intérêts de la République. (*Applaudissements.*)

La parole est à M. Ribot.

A l'extrême gauche. — Non! non!

M. Ribot. — Si j'étais pour quelque chose... (*Interruptions et bruit prolongé à l'extrême gauche. — Applaudissements au centre.*)

M. Eugène Fournière. — C'est à la Chambre que vous avez manqué de respect en manquant de respect à une de ses commissions. Il y a des dédains qui sont pires que des injures. Il faut quitter ces airs-là avec nous.

A l'extrême gauche. — Faites des excuses!

M. LE PRÉSIDENT. — Messieurs, c'est au nom des institutions parlementaires que je vous prie d'écouter M. Ribot.

M. RIBOT. — Messieurs... (*Bruit à l'extrême gauche. — Protestations au centre et à droite.*)

Voulez-vous me permettre de parler?

A l'extrême gauche. — Non! non!

M. ALLEMANE. — Faites des excuses!

M. LE PRÉSIDENT. — Je proteste au nom des institutions parlementaires, contre de pareilles atteintes à la liberté de la tribune. (*Vifs applaudissements au centre et à droite.*) Je prie la Chambre de revenir aux affaires du pays. (*Nouveaux applaudissements.*)

M. RIBOT. — Si j'étais pour quelque chose... (*Bruit continu à l'extrême gauche.*)

M. RENÉ VIVIANI. — C'est la faute du président. Sans lui, l'incident ne serait pas arrivé.

M. COUTANT. — C'est le président d'une coterie! (*Vives protestations au centre, à droite et sur divers bancs à gauche.*)

M. JULES DANSETTE. — Nous userons de représailles.

M. LE PRÉSIDENT. — Veuillez ne pas prononcer de pareilles paroles, monsieur Dansette, et garder le silence.

M. CHARLES BOS. — Nous attendons vos excuses, monsieur Ribot.

M. RIBOT. — Laissez-moi parler alors, monsieur Bos, et m'expliquer sur l'incident.

Au centre. — Parlez! parlez!

M. LE PRÉSIDENT. — M. Ribot demande à s'expliquer sur l'incident. Veuillez l'écouter, messieurs.

M. MAURICE BINDER. — Invitez M. Waldeck-Rousseau à faire taire ses amis; il a assez d'influence sur eux pour obtenir leur silence.

M. LE PRÉSIDENT. — Monsieur Binder, je vous prie de garder le silence.

M. ALLEMANE. — Monsieur le président, vous avez laissé M. Ribot insulter un collègue. (*Dénégations au centre et à droite.*)

M. CHARLES-GRAS. — Oui, M. Ribot a été le provocateur.

M. LE PRÉSIDENT. — La parole est à M. Ribot. (*Bruit à l'extrême gauche.*)

M. EUGÈNE FOURNIÈRE. — Nous aussi, nous avons la parole et nous la gardons. (*Exclamations au centre et à droite.*)

M. RIBOT. — Vous êtes cent à m'empêcher de parler.

M. GUSTAVE ROUANET. — Il ne fallait pas laisser appliquer la censure à M. Berteaux. (*Très bien! très bien! à l'extrême gauche.*)

M. LE PRÉSIDENT. — M. Ribot va s'expliquer.

M. EUGÈNE FOURNIÈRE. — Trop tard.

M. ALLEMANE. — Vous avez laissé passer la provocation.

M. LE PRÉSIDENT. — Ce que vous appelez la provocation était conçu en des termes parlementaires. (*Très bien! très bien! au centre et à droite.*)

A l'extrême gauche. — Non! non!

M. LE PRÉSIDENT. — L'orateur a exprimé un regret personnel, rien de plus. (*Exclamations à l'extrême gauche.*)

M. WALTER. — Ce n'est pas un enfant : il savait ce qu'il faisait.

M. MAURICE BINDER. — Le gouvernement peut être fier de sa majorité.

M. LE PRÉSIDENT. — Monsieur Binder, je vous prie encore une fois de garder le silence.

M. RIBOT. — Je maintiens le droit de la tribune. (*Exclamations et bruit à l'extrême gauche. — Vifs applaudissements au centre et à droite.*)

Je maintiens nos libertés contre la tyrannie sec

taire qui, désespérant d'apporter des raisons, apporte des injures et des violences. (*Applaudissements répétés sur les mêmes bancs. — Bruit à l'extrême gauche et à gauche.*)

J'en appelle au pays. Le pays jugera. Il verra que, par des violences préméditées, on m'empêche, moi, ancien ministre des affaires étrangères, de dire à cette tribune, sur cette question, ce que j'avais à dire. (*Bruit prolongé à l'extrême gauche. — Vifs applaudissements au centre et à droite.*)

On me fait un crime d'avoir senti vivement le tort que certaines paroles peuvent faire à la France, à la politique française. On étouffe ma voix. Eh bien! prenez-en la responsabilité; je ne vous l'envie pas. (*Applaudissements prolongés au centre et à droite. — Bruit à l'extrême gauche.*)

M. LE PRÉSIDENT. — Je proteste à mon tour contre la violence qui est faite à l'assemblée. (*Applaudissements répétés au centre, à droite et sur un grand nombre de bancs à gauche. — La Chambre devient tumultueuse.*)

(*M. le président se couvre et quitte le fauteuil.*)

(La séance est suspendue à cinq heures et demie et reprise à six heures dix minutes.)

M. LE PRÉSIDENT. — La séance est reprise. Je pense que dans l'intérêt de la République, (*Exclamations à l'extrême gauche.*) la Chambre écoutera silencieusement la suite du débat. (*Applaudissements.*)

La parole est à M. Ribot.

A l'extrême gauche. — La République a changé de côté!

M. PERREAU. — Vous n'en avez pas le monopole.

M. LE PRÉSIDENT. — La parole est à M. Ribot.

M. RIBOT. — Messieurs, il y a dans ce débat une question financière et une question de politique générale. La question financière, je ne veux pas la traiter en ce moment, elle est au second plan; on pourrait examiner — nous le ferons peut-être à propos de la discussion du budget — si les nécessités de la trésorerie commandent en ce moment de faire un emprunt, une émission publique. On peut se demander surtout, si dans la dernière combinaison qu'apporte la commission, l'amortissement de la dette perpétuelle qu'on nous demande de créer est véritablement assuré. M. le ministre des finances a écrit, dans son exposé des motifs, une phrase que je retiens : « Nous n'avons pas, — dit-il, — le droit moralement d'augmenter la dette perpétuelle de la France » et il proposait, en effet, à la commission d'émettre un emprunt amortissable en trente-trois années puisque l'émission dans le public de titres de rentes perpétuelles était compensée par une annulation correspondante de rentes appartenant à la Caisse des dépôts et consignations. Qu'a fait la commission? Elle a maintenu l'appel direct au public, l'émission publique de rentes, et elle n'a pas assuré la contre-partie.

M. LE RAPPORTEUR. — C'est une erreur!

M. RIBOT. — Permettez-moi de vous l'expliquer en deux mots.

Elle n'a pas, dis-je, assuré la contre-partie. Qu'a-t-elle fait en effet? Nous avons vis-à-vis de la Caisse des dépôts et consignations une dette qui est déjà assez ancienne, qu'on unifie dans le projet de budget, qui est de 783 millions ; cette dette doit être complètement amortie en 1923, c'est-à-dire dans vingt-deux ans. La commission fait une tranche de 210 millions dans cette somme et elle dit : « Ces 210 millions, nous allons les amortir non en dix-huit ans, mais en trente-trois ans, au moyen des annuités chinoises; » de telle sorte que le résultat un peu paradoxal, mais très certain, de la combinaison de la commission est de retarder de douze ans l'amortissement des 210 millions.

Je sais qu'on me répondra : les 48 millions qui

serviront à l'amortissement du reste de notre dette, deviendront libres dans dix-huit ans, au lieu de vingt-deux et alors le successeur de M. le ministre des finances ou peut-être lui-même (*Sourires.*) pourra les appliquer à l'amortissement de la rente perpétuelle.

Je vous ferai remarquer tout simplement que dans dix-huit ans, l'emprunt que nous allons émettre en ce moment, de 210 ou de 265 millions, aura été incorporé définitivement à la dette perpétuelle...

M. LE RAPPORTEUR. — Qu'en savez-vous?

M. RIBOT. — ... qu'on n'ira plus rechercher à cette époque son origine et comme l'engagement n'est pas pris immédiatement de placer l'amortissement à côté de la surcharge de dette, il y a tout risque que ces 48 millions, qui deviendront libres en 1919, aient été dévorés bien à l'avance par les dépenses qui grossissent sans cesse.

M. LE RAPPORTEUR. — Qu'importe? L'amortissement continue.

M. RIBOT. — En tous cas, ce que vous offrez, ce sont des contingents futurs, des espérances réalisables dans dix-huit ans, beaucoup moins sûres, à mon sens, que la réalisation des indemnités chinoises, si aléatoires qu'elles paraissent à certains membres de cette assemblée. Donc vous présentez une opération qui, au point de vue de nos finances, vaut infiniment moins que celle de M. le ministre des finances. (*Très bien! très bien! au centre.*)

M. LE RAPPORTEUR. — Reprenez son projet.

M. RIBOT. — Si vous voulez que nous nous engagions à amortir l'emprunt en trente-trois ans...

M. LE RAPPORTEUR. — C'est ce que nous voulons!

M. RIBOT. — Vous le voulez, mais vous faites tout le contraire, puisque la combinaison consiste à retarder de douze ans l'amortissement des 210 millions qui auraient dû être amortis en 1923. (*Très bien! très bien! au centre.*)

Je ne veux pas insister sur cette question, parce que je crois qu'elle passe au second plan; il s'en présente une autre beaucoup plus importante, plus haute que celle de la forme de l'emprunt et même que celle de l'amortissement, c'est la question politique. Vous l'avez soulevée ; je ne conteste pas votre droit d'apporter à la tribune une politique, mais vous ne me refuserez pas le droit de défendre ici, — peut-être avec vivacité, mais avec une conviction à laquelle je veux bien croire que vous rendrez hommage, — la politique que j'ai défendue, qui a été la mienne, mais aussi qui a été celle de la France à toutes les époques, qui a été celle de la Convention et de la Révolution française. (*Très bien! très bien!*)

M. LE RAPPORTEUR. — Comment ! la Convention, en Chine! Vous travaillez à faire des légendes!

M. RIBOT. — Pour que vous ayez le plaisir de les détruire!

M. LE RAPPORTEUR. — Avant qu'elles soient nées, dans l'œuf!

M. RIBOT. — Ce n'est pas une légende, ou en tout cas c'est une légende singulièrement vivante. En effet, je pourrais vous rappeler les paroles de Danton...

M. LE RAPPORTEUR. — Lesquelles? Est-ce qu'il s'agissait de congrégations?

M. RIBOT. — La Convention n'a voulu confondre nulle part la politique intérieure qui nous divise avec la politique extérieure de la France; elle n'a jamais voulu toucher à des éléments d'influence que la France n'a pas le droit d'abdiquer. Je puis dire que c'est la politique française à toutes les époques, puisqu'au moment même où ici sévissaient les divisions les plus ardentes, dans cette enceinte, Gambetta, avec une éloquence et une vue supérieures, disait qu'il ne faut pas mêler la politique intérieure à la défense des intérêts français. (*Applaudissements au centre et à droite.*)

M. LE RAPPORTEUR. — C'est vous qui l'avez renversé! (*Très bien! très bien! à l'extrême gauche et sur plusieurs bancs à gauche.*)

Je vous renvoie à vos discours du temps!

M. RIBOT. — C'était la politique du parti républicain d'il y a vingt ans, qui avait assez d'ouverture d'esprit, qui avait assez étudié l'histoire du pays, qui s'était assez pénétré des intérêts français, pour ne pas risquer de sacrifier à des divisions passagères ce qui est le patrimoine permanent et indestructible de la France. (*Très bien! très bien! au centre.*)

Mais il ne s'agit pas d'une question cléricale, permettez-moi de le dire. (*Interruptions à gauche et à l'extrême gauche.*)

M. LE RAPPORTEUR. — La voilà, la légende! (*Bruit à droite et au centre.*)

M. LE PRÉSIDENT. — Je vous rappelle, monsieur le rapporteur, qu'on vous a écouté silencieusement.

M. LE RAPPORTEUR. — Je demande la parole.

M. LASIES. — Vous ne voulez pas, monsieur Hubbard, qu'on vous arrête dans votre exposé, mais vous interrompez constamment vos adversaires.

M. RIBOT. — Eh bien! oui, cela est vrai, la France a revendiqué en Extrême-Orient — comme elle revendique en Orient, comme elle vient de le faire encore dans l'arrangement intervenu avec le sultan — le droit de protéger les intérêts catholiques en Chine. Est-ce donc par des motifs confessionnels, par des préférences dictées par je ne sais quel esprit catholique ou clérical? Non. Les hommes qui ont fait cette politique étaient absolument dégagés de toutes ces préoccupations, ils ont voulu garder là-bas un élément d'influence, un élément d'action. (*Très bien! très bien! au centre.*)

Et vous voulez les enlever tous, les uns après les

autres! car vous n'êtes pas moins hostiles à ce que vous appelez les grandes compagnies financières qui vont là-bas construire des chemins de fer qui doivent soutenir et développer notre influence, comme ce chemin de fer d'Han-Kéou, qui est en réalité le grand Central de la Chine, (*C'est vrai! — Très bien! au centre.*) que notre diplomatie n'a pu faire décréter par la Chine qu'à la suite de longues et difficiles négociations. Ç'a été une victoire de notre diplomatie, parce que nous avons le plus grand intérêt à ce qu'il y ait de Pékin à Han-Kéou, de Han-Kéou à Canton — ce qui se fera bientôt — et de Canton jusqu'au Yunnan pour se souder à nos lignes, une grande artère traversant toute la Chine. (*Applaudissements sur divers bancs.*)

Vraiment — je ne veux pas vous blesser — mais dans un Parlement étranger, nous n'aurions même pas besoin de discuter cela! (*Très bien! très bien!*) Voyez ce que font les étrangers, voyez avec quelle âpreté l'empereur d'Allemagne, partout, en Chine, en Orient, cherche à nous supplanter ou à partager avec nous ce domaine d'influences que nous nous sommes réservé. (*Applaudissements au centre.*) Demandez donc aux étrangers si c'est là un avantage négligeable pour leur diplomatie que d'avoir à faire ces lignes qui sont aujourd'hui les grands facteurs de civilisation, et en même temps d'influence, pour les nations modernes. La politique a changé, elle s'est transformée. Aujourd'hui ceux de nos compatriotes qui font ces entreprises sont les pionniers des intérêts français.

Vous voulez éliminer l'élément religieux, parce que vous n'aimez pas les religieux, parce que leurs doctrines sont contraires aux vôtres. Et vous dites en même temps : « Nous allons décourager les grandes entreprises, nous ne les protégerons qu'à regret; quand nous aurons reçu des indemnités pour elles, nous marchanderons, nous discuterons; nous trouverons des arguments juridiques à leur opposer. Messieurs, ces arguments seraient peut-être plus à leur place devant un tribunal qu'à cette tribune, où doivent se débattre les intérêts français en dehors de toutes ces subtilités.

On ajoute qu'il vaudrait beaucoup mieux que les catholiques en Chine fussent protégés par un nonce du pape, et qu'on ne mêlât pas le spirituel au temporel. Mais vous ne savez donc pas ce qui s'est passé! C'est de l'histoire contemporaine! Il y a dix ou quinze ans on a voulu à Rome créer là-bas un nonce qui aurait été le nonce de toute la chrétienté. Et c'est le gouvernement français, c'est M. de Freycinet, ministre des affaires étrangères, qui a dû presser de la manière la plus vive sur la cour de Rome pour obtenir que la France restât chargée des intérêts catholiques, de cette protection qui était une partie de son patrimoine. (*Très bien! très bien! au centre et à droite.*)

Vous ne voyez pas non plus que dans cette affaire les puissances étrangères travaillent dans ce sens. Ne savez-vous donc pas qu'il y a douze ans un homme qui n'était pas un sentimental, et qui n'était pas non plus, je pense, un clérical, M. de Bismarck, l'homme des réalités et des réalités quelquefois brutales, a voulu que l'Allemagne prît en mains la protection de ses propres missionnaires? Il a disputé à la France la protection de qui? de Mgr Hanzer, un évêque catholique qui était aussi un congréganiste — qui appartenait à un ordre expulsé d'Allemagne; (*Applaudissements et rires au centre et à droite.*) il a montré là que le ministre des affaires étrangères d'un grand pays doit toujours se dégager des passions du jour et des vues de la politique intérieure... Certes, M. de Bismarck était un grand lutteur; il avait entrepris la lutte avec le Vatican...

M. Lasies. — Il a été vaincu!

M. Ribot. — ... il voulait amener à composition la cour de Rome; et cependant même au moment de ces luttes, il avait l'esprit assez dégagé pour comprendre qu'il était de l'intérêt, de la grandeur de l'Allemagne de soutenir là-bas ces missions catholiques.

Et l'Italie? N'avez-vous pas vu ces jours derniers dans le Livre vert qui vient d'être distribué au Parlement italien que, ne pouvant obtenir directement de la papauté la protection de ses missionnaires nationaux, cette puissance a eu recours à une combinaison ingénieuse qui consistait à créer une société italienne de protection des missionnaires italiens et des écoles italiennes; et l'Italie a lutté pour obtenir que notre représentant abandonnât à cette société la protection de ses nationaux. Voilà la vérité, messieurs, et soyez sûrs que vous travaillez en ce moment, non pas...

M. Charles Dumont. — Voulez-vous me permettre un mot, monsieur Ribot?

M. Ribot. — Volontiers.

M. Charles Dumont. — Monsieur Ribot, vous pouvez être sûr que, pour ma part, c'est après de longues et sincères études que j'ai essayé de me faire une opinion sur la question chinoise. Vous venez de citer le cas de Mgr Hanzer. Vous savez que Mgr Hanzer, évêque du Chan-Toung méridional, a répudié, en 1897, le protectorat français; il a réclamé le protectorat allemand que M. Brandt, ambassadeur d'Allemagne, lui a accordé. La conséquence a été l'annexion de Kiao-Tchéou.

Qu'en est-il résulté pour les missionnaires et les Européens? Mgr Hanzer a avoué que les mandarins chinois, et en particulier Li-Hung-Tchang, lui ont déclaré que si les persécutions avaient été rares et tout à fait partielles jusqu'à l'annexion de Kiao-Tchéou, à partir de ce moment, après l'insulte et la mutilation imposée à la Chine, elles deviendraient générales et ardentes. Nous essaierons, lors de la discussion du budget du ministère des affaires étrangères, de vous montrer que voilà une des causes de l'insurrection des Boxers. (*Applaudissements à gauche.*)

Vous venez de parler du protectorat français. La seconde cause peut-être de l'insurrection des Boxers c'est l'acte du 15 mars 1899 — acte de la politique romaine, qui a constitué, hélas! avec la signature et sous la responsabilité de la France, comme un Etat dans l'Etat, l'Eglise catholique en Chine en donnant aux évêques le rang de mandarins et d'importantes prérogatives.

A partir de la signature de cet acte, comme une traînée de poudre, à travers tout l'empire, de mandarin à mandarin, le mot d'ordre s'est répandu : « Haine à l'étranger! Massacre à l'étranger! » Voilà la vérité. (*Applaudissements à gauche et à l'extrême gauche.*)

M. Eugène Fournière. — Oui! c'est la vérité! (*Bruit.*)

M. Ribot. — Il résulte de ce que vient de dire M. Dumont que l'Allemagne qui est un pays protestant, qui n'est pas inféodée aux missions catholiques, aux jésuites, comme on dit de ce côté de la Chambre (*l'extrême gauche*), l'Allemagne considère qu'il est pour elle d'un intérêt général de défendre ses missions, de les protéger, de ne pas laisser la France les protéger à sa place. Elle sent donc qu'il y a là un élément d'influence qu'il ne faut pas négliger.

M. Gustave Rouanet. — C'est le prix de la capitulation du centre catholique au Reichstag!

M. Ribot. — Je regretterais que cela ne fût pas compris de la Chambre. Cela est assurément compris du gouvernement, car la politique que je défends à cette tribune est celle qu'il pratique, parce que c'est celle de la France elle-même; ce n'est pas la politique d'un cabinet, c'est celle de tous les cabinets qui se sont succédé. Voyez encore ce qui s'est passé pour les écoles d'Asie Mineure : est-ce qu'on s'est préoccupé de rechercher s'il y avait, parmi nos protégés, des Allemands ou des Italiens? Est-ce que personne a songé à répudier cette clientèle et à refuser de défendre les droits que nous avons fait reconnaître par le traité de Berlin?

Vous admettrez bien, messieurs, que de pareilles questions sont assez graves pour n'être pas introduites, en quelque sorte incidemment, à l'occasion d'une question de finances, d'une émission de rentes de 200 millions, et quand je parlais tout à l'heure avec un peu de vivacité — vivacité assurément bien excusable — et que je reprochais à M. le rapporteur, dans des termes que je crois avoir été parlementaires, (*Interruptions à l'extrême gauche et sur divers bancs à gauche.*) d'avoir introduit cette question, de s'être donné le mandat — car il ne l'avait certainement pas reçu de la Chambre... (*Nouvelles interruptions à l'extrême gauche.*) — Il le dit lui-même dans son rapport : « Nous n'avions pas le mandat d'examiner toutes ces grandes questions ; nous avions un mandat limité. » Néanmoins vous les avez examinées...

M. MAURICE ROUVIER. — Nous ne les avons pas discutées!

M. RIBOT. — Alors, monsieur Rouvier, laissez-moi vous dire que cela est encore plus grave. (*Très bien! très bien! au centre.*)

M. MARCEL SEMBAT. — Vous n'étiez pas présent; vous n'êtes venu qu'à la seconde séance.

M. Hubbard a lu son rapport depuis A jusqu'à Z; quiconque dit le contraire dit un mensonge. (*Exclamations au centre. — Bruit.*)

M. LE PRÉSIDENT. — Personne ne dit le contraire.

M. MARCEL SEMBAT. — La commission du budget

tout entière est responsable de ce qu'a dit M. Hubbard. (*Bruit.*) Que ceux qui ont pris une responsabilité l'acceptent! (*Très bien! très bien! à l'extrême gauche.*)

M. MAURICE ROUVIER. — Il est vrai que la commission a adopté le projet de M. Hubbard; mais il est non moins vrai qu'à aucun moment la discussion dans la commission — et cette discussion a duré plusieurs séances — n'a porté sur le côté politique de l'opération. (*Mouvements divers.*)

M. MARCEL SEMBAT. — Lors de la lecture du rapport de M. Hubbard, il y a eu une discussion qui a duré tout l'après-midi. Ceux qui disent le contraire n'étaient pas présents ou disent sciemment le contraire de la vérité. (*Exclamations au centre. — Très bien! très bien! à l'extrême gauche.*)

Il faut parler franchement ici.

M. ANDRÉ BERTHELOT. — Il ne faut pas qu'il subsiste un doute sur les conditions dans lesquelles le rapport a été présenté au nom de la commission du budget. J'y ai une part de responsabilité personnelle.

Quand le rapport de M. Hubbard a été lu, un grand nombre de ses amis de la gauche avancée lui ont demandé d'en atténuer les termes.

M. LE RAPPORTEUR. — Je l'ai fait.

M. ANDRÉ BERTHELOT. — J'ai alors soutenu devant la commission du budget ce qui est mon opinion, — à savoir que les rapports présentés au nom de la commission du budget, dans les considérations générales qui ne visent pas directement un article, n'expriment que l'opinion du rapporteur. (*Réclamations à l'extrême gauche.*)

M. CAMILLE PELLETAN. — Ce n'est pas une vérité absolue.

M. ANDRÉ BERTHELOT. — On peut avoir une autre opinion, mais c'est dans ces termes qu'un certain nombre de mes amis et moi avons accepté le rapport de notre ami M. Hubbard. Nous n'avons jamais entendu émettre une opinion sur les questions relatives à l'expédition de Chine et sur l'organisation intérieure de l'empire chinois dans ses rapports avec l'Europe. (*Très bien! très bien sur divers bancs — Mouvements divers.*)

M. Allemane. — C'est un *distinguo!*

M. Ribot. — Je prends acte des déclarations de M. Berthelot. Elles atténuent la portée du rapport dans sa partie politique; j'en suis très heureux pour ma part.

Le rapport, néanmoins, subsiste, et je ne puis m'empêcher de faire une réflexion à laquelle la Chambre s'associera, j'en suis sûr. Il est parfaitement dans nos usages parlementaires de laisser au rapporteur une grande latitude pour le développement des considérations de son rapport; mais vous comprendrez, messieurs, que quand il s'agit d'une question aussi grave, qui engage toute notre politique, non seulement celle d'aujourd'hui, mais ce que vous appelez vous-mêmes la politique traditionnelle de la France, ce n'est pas un rapporteur qui peut la trancher de son autorité privée; que la commission aurait pu tout au moins l'examiner, et que dans des questions qui touchent à des intérêts aussi vitaux on ne peut pas apporter des opinions personnelles à la tribune sous le couvert de la commission. (*Très bien! très bien! au centre. — Interruptions à l'extrême gauche.*)

J'avais donc raison — vous me justifiez après coup — quand j'exprimais le regret que le rapport figurât ainsi avec l'autorité morale de la commission tout entière.

M. Pourquery de Boisserin. — Si vous aviez exprimé cette idée dans les termes que vous venez d'employer, monsieur Ribot, vous n'auriez pas soulevé de protestations; vous avez été véritablement provocateur. (*Exclamations au centre.*)

M. Ribot. — J'ai expliqué ce qu'a été la politique de la France; je l'ai fait brièvement, parce que je suis sûr que M. le rapporteur s'est trop avancé quand il a dit qu'il était en accord complet de vues avec le gouvernement. Je pense qu'il n'a entendu parler que de la question financière? (*Très bien! très bien! au centre.*)

M. le rapporteur. — Oui, sur la question financière, je suis absolument d'accord avec le gouvernement. D'ailleurs nous n'avons vu à la commission que M. le ministre des finances. Je ne crois même pas que M. le ministre des affaires étrangères ait assisté au débat d'aujourd'hui.

M. Ribot. — Je voudrais, en effet, voir ici M. le ministre des affaires étrangères; je suis sûr qu'il serait avec moi en ce moment. (*Très bien! très bien! au centre et sur divers bancs.*)

M. le rapporteur. — Il devrait être ici, puisqu'on discute un traité avec la Chine.

M. Ribot. — Mais il y a dans le rapport autre chose que cette condamnation sommaire de notre politique traditionnelle, que cette répudiation de ce qu'a été la politique de tous les hommes d'Etat de ce pays-ci : on veut que la France se réduise au rôle d'un Etat neutre qui n'aura plus à faire là-bas, en Extrême-Orient et probablement en Orient, la politique que les grandes nations, qui sont dans la voie ascensionnelle, qui montent et ont conscience de leur développement comme l'Allemagne et l'Italie, revendiquent avec tant d'âpreté et de décision. Vous voulez que la France s'isole, qu'elle sorte non seulement de ses traditions, mais en quelque sorte de l'Europe. (*Réclamations sur divers bancs à gauche.*)

A l'extrême gauche. — Nous voulons qu'elle sorte de l'ornière.

M. Ribot. — Car enfin, qu'avez-vous dit dans ce rapport? Que la France avait eu tort d'aller en

Chine, de s'associer à cette expédition, faite non pas par elle seule, mais par l'Europe tout entière. C'est la conclusion qui se dégage de votre rapport à toute minute, c'est le désaveu de ce que le gouvernement a fait avec l'assentiment de cette Chambre. (*Interruptions à l'extrême gauche. — Applaudissements au centre.*)

Véritablement, quel rôle entrevoyez-vous donc pour ce grand pays qui s'appelle la France? Comment! vous laisserez l'empire d'Allemagne envoyer là-bas un maréchal avec des troupes allemandes et sa flotte qu'elle augmente tous les jours! Vous laisserez l'Angleterre, l'Italie y aller! Vous laisserez les Etats-Unis, qui ne sont pas assurément une puissance ultra-cléricale, envoyer aussi en Chine, à Pékin, non pas une armée, mais la représentation de leur armée et le drapeau aux étoiles et aux raies écarlates! Et nous, Français, parce que nous avons des missionnaires là-bas, vous ne voulez pas que nous y allions? vous entendez que nous restions indifférents à ce qui s'y passe? (*Vifs applaudissements au centre et à droite.*)

Sur divers bancs à gauche. — Personne n'a dit cela.

M. Ribot. — Le rapport tout entier le dit.

M. Charles Dumont. — Personne ne l'a jamais dit.

M. Ribot. — Alors nous sommes d'accord et je ne discute plus. Nous avons eu raison d'aller en Chine — c'est là votre pensée?

M. Charles Dumont. — Oui, pour délivrer les légations. Mais nous ne voulons plus de la politique qui a amené le soulèvement des Boxers.

M. Ribot. — Vous avez lu dans le rapport...

M. le rapporteur. — Lisez le passage que vous attaquez, c'est ce que je vous demande.

M. Ribot. — Non, je ne veux pas le lire.

En effet, permettez-moi de vous le dire, non seulement c'est le désaveu de l'expédition, mais il y a des choses douloureuses dans ce rapport, quand vous parlez de ces alternatives de crainte et d'espoir qui sont venues de Pékin et que vous laissez entendre que peut-être notre légation et nos nationaux n'ont pas couru là les dangers qu'on a cru et que nos nerfs ont été excités trop vite. Croyez-vous que c'est là une façon de défendre les hommes qui ont tenu le drapeau de la France là-bas avec tant de courage? (*Applaudissements au centre et à droite.*)

Et comment voulez-vous que la France soit servie avec dévouement, jusqu'à la mort, si nous ne sommes pas unanimes ici pour rendre hommage à ceux qui l'ont défendue? (*Vifs applaudissements.*)

Et puis, qu'est-ce encore que cette allusion que vous faites au rôle de notre armée là-bas, quand vous dites qu'il faut baisser le voile? Pourquoi baisser le voile? Elle n'a rien fait que d'honorable et dont nous ayons le droit d'être fiers. (*Nouveaux applaudissements.*)

Et faut-il que pour nous relever de ce jugement que nous portons sur nous-mêmes nous en soyons réduits à lire cette correspondance entre le maréchal de Waldersee et le général Voyron qui est toute à l'honneur de l'armée française? (*Vifs applaudissements au centre, à droite et sur divers bancs à gauche.*)

Non! écoutez-moi : vous avez eu tort d'écrire cela dans votre rapport. Non! ce n'est pas une question personnelle, ce n'est pas une question de rivalité de parti; c'est au nom de la France, au nom des intérêts français que j'ai fait ces observations à cette tribune, j'avais le devoir de les faire. (*Nouveaux applaudissements.*)

Maintenant nous arrivons aux distinctions et aux sous-distinctions que vous avez faites. Voyons ce qu'elles valent.

Le gouvernement avait proposé un emprunt de

265 millions, pour y comprendre tous ceux qui avaient droit à une indemnité, l'Etat, les sociétés et les particuliers. C'était — on peut discuter sur cette question, elle est ouverte, — la tradition française, elle était peut-être trop généreuse, — vous le trouvez peut-être ainsi, — de faire passer les particuliers avant l'Etat; l'Etat ne prenait que ce qui restait, après avoir indemnisé ses nationaux. (*Très bien! très bien!*) C'est la vieille tradition française, vous pouvez trouver qu'elle est trop large, dire que l'Etat pense d'abord à lui, qu'il fait un emprunt pour monnayer une indemnité qui lui appartient, qu'il laisse les autres suivre les hasards de la créance, s'il y a des hasards. Cela peut se défendre; on peut discuter sur cette question, non pas qu'elle ait l'intérêt que vous pensez.

Vous dites : « Ce sera bon pour les missionnaires, ce sera une leçon pour eux, peut-être auront-ils des papiers qui ne vaudront plus rien s'il y a de nouvelles insurrections en Chine, et alors ils seront bien sages, bien calmes, bien tranquilles, ils ne susciteront pas de difficultés. »

Permettez-moi de vous dire que c'est un bien singulier raisonnement et que l'Etat français, quand il remet à des victimes de l'insurrection chinoise des bons chinois, quand il les remet lui-même, il assume la garantie morale du payement.

Si la Chine ne payait pas, croyez-vous qu'une Chambre française n'inviterait pas le ministre des affaires étrangères... (*Interruptions à l'extrême gauche et à gauche.*)

M. LE RAPPORTEUR. — La voilà, la couverture des congrégations demandée par vous.

M. ALLEMANE. — Alors il faudrait recommencer la guerre.

M. RIBOT. — Il ne s'agit pas des congrégations, mais de tous les Français. Nous n'en sommes pas encore en ce moment à la grande distinction que vous faites; elle vient en second lieu, entre les Français qui sont des personnes privées et ceux qui sont des personnes morales. Nous allons la retrouver tout à l'heure; je ne l'abandonne pas, soyez-en sûr. Il s'agit en ce moment de savoir si la France payera directement les indemnités à ceux pour lesquels elle les a demandées ou si elle leur remettra des bons chinois, voilà la question.

Je me borne à cette simple observation que, quand la France a demandé et obtenu, avec la force des armes, des indemnités pour ses nationaux, si ces indemnités n'étaient pas payés, sa garantie morale serait en jeu et elle serait obligée d'intervenir. (*Applaudissements au centre et à droite.*)

Mais enfin je comprends que cette question puisse être résolue dans un sens ou dans l'autre, que vous disiez : « L'Etat ne fera un emprunt que pour ce qui le concerne. » Ce que je ne comprends pas, c'est que, quand vous avez posé un principe, vous ne puissiez pas vous y tenir; que vous fassiez ce que vous auriez pu appeler une cote mal taillée et ce que je considère, moi, comme la violation de toutes les règles en cette matière. Vous dites : « L'Etat fera un emprunt pour lui, il n'en fera pas pour les victimes de l'insurrection; cependant il en fera un pour les particuliers qui ont été victimes. »

Je ne parle pas des fonctionnaires, car l'Etat, dans tous les cas, leur doit une indemnité sur son propre Trésor en leur qualité de fonctionnaires; mais les Français établis en Chine qui auront été brûlés, assassinés, atteints dans leurs biens, nous émettons du 3 pour 100, — c'est le projet de la commission, — pour les indemniser. Cependant s'il s'agit des chemins de fer de Han-Kéou-Pékin, et à plus forte raison des moines, alors, principe nouveau, l'Etat n'intervient plus.

Pourquoi une pareille distinction? L'a-t-on faite dans le protocole? On a visé les indemnités réclamées par les particuliers et par les sociétés, et on les a associés complètement. Jamais vous ne trouverez dans l'histoire des réclamations nombreuses que la France a fait valoir une pareille distinction.

D'après le rapport, quand un particulier a été lésé, il faut que l'État le protège jusqu'à emprunter pour son compte; et une société, parce qu'elle comprend des capitalistes, n'aurait pas droit à la même protection? Quel est ce droit public nouveau que l'on essaie d'instaurer dans ce pays? (*Applaudissements au centre.*)

C'est au nom de considérations et de jugements sévères contre ceux qui trafiquent de leurs capitaux en Chine...

M. Gustave Rouanet. — Des capitaux franco-belges.

M. Ribot. — ... que vous allez décourager ces grandes entreprises? Ne voyez-vous pas que les meilleurs éléments de notre action dans tous les pays du monde, ce ne sont pas ces petits particuliers qui vont, eux, satisfaire leurs intérêts, mais bien plutôt ces grandes sociétés que le ministre des affaires étrangères considère comme les meilleurs auxiliaires de son action? (*Interruptions à l'extrême gauche. —Très bien! très bien! au centre.*)

Que voulez-vous que fasse alors un ministre de France? Nous en avons eu un naguère à Pékin qui ne passe pas pour avoir été, ni dans cette Chambre ni ailleurs, inféodé à des influences cléricales. Est-ce que vous doutez de lui, après avoir douté de moi, monsieur Hubbard? Notre ministre de Chine, s'il est tout seul là-bas, s'il a le drapeau de la France sur le pavillon qu'il habite, mais s'il ne doit plus avoir de relations avec les missionnaires ni avec les grandes sociétés constituées pour faire des chemins de fer, ni avec les compagnies de navigation, ni avec personne...

M. le rapporteur. — Je n'ai pas dit un mot de

cela, monsieur Ribot. Vous êtes toujours à côté de la question. C'est encore une légende.

M. Ribot. — ... Je vous demande ce que deviendra le rayonnement de la France. (*Applaudissements au centre.*)

Je dis qu'il faut prendre une décision nette : ou bien on n'indemnisera personne avec les fonds du Trésor, ou bien on indemnisera sans distinction tous ceux pour qui on a demandé l'indemnité, tous ceux qui ont souffert sous le pavillon de la France. (*Applaudissements sur les mêmes bancs.*)

M. Gustave Rouanet. — Les Belges ne sont pas sous le pavillon de la France.

M. Ribot. — J'arrive à la deuxième distinction, car nous en sommes à une série de distinctions que peut-être l'esprit plus aiguisé des Chinois pourrait nous envier. Dans cette catégorie, qui ne participe pas à l'émission par le Trésor, qui va, à ses risques et périls, recouvrer l'indemnité chinoise, on fait une deuxième distinction et on dit : « Nous ne voulons pas comprendre les sociétés qui ne jouissent pas en France de la personnalité morale. » On nous dit que cela est impérieusement imposé par le droit public français.

Je pourrais vous répondre que le droit public français est tout autre, tout autrement large, autrement généreux. Tout ce qui défend l'influence de la France au dehors, nous l'abritons sous notre drapeau (*Très bien! très bien! au centre.*) et nous n'exigeons pas de ces sociétés de fait la production de leurs lettres patentes, qu'on a pu leur refuser en France. L'ancienne monarchie ne l'a pas fait; nous, républicains, nous ne l'avons pas fait davantage. Pourquoi? Parce que le fait, c'est l'agrandissement de l'influence française; ce sont les services rendus; (*Bruit à l'extrême gauche.*) le fait, ce sont les souffrances; (*Applaudissements au centre et à droite.*) c'est la protection accordée par nous et que nous ne pouvons pas retirer après coup; le fait, c'est que nous avons réclamé ces indemnités, qu'elles sont dans nos mains ou vont y être, que nous ne pouvons pas nous les approprier, les mettre dans le Trésor français — car c'est là ce que vous proposez dans votre dispositif — sans manquer aux engagements pris. Vous ne pouvez pas exiger de la Chine des indemnités pour des sociétés que nous protégeons et ensuite dire, quand il s'agit de distribuer ces indemnités : « Pardon! il y a erreur de droit; le ministère des affaires étrangères s'est avancé à la légère; il faut vérifier si ces hommes qui ont souffert, qui ont été incendiés, assassinés sont en règle avec la législation française. » (*Interruptions et bruit à l'extrême gauche.*)

Vous faites une concession et vous dites : « Les religieux pourront réclamer pour leurs biens particuliers s'ils ont été atteints; mais les personnes morales irrégulièrement constituées ne le pourront pas. »

En vérité, je vous remercie de la concession! Il m'importe bien peu qu'un jésuite, un mariste ou je ne sais quel religieux obtienne une indemnité pour ses vêtements personnels, pour des objets à son usage personnel ou son bréviaire, si les hôpitaux qui ont été incendiés, si les écoles qui ont été détruites ne sont pas relevés. (*Vifs applaudissements au centre et à droite.*)

Le voilà, l'intérêt français!

Remarquez que tous les autres pays agissent de même. M. d'Agoult voulait lire, tout à l'heure, une dépêche qui est affichée dans les couloirs, dans laquelle il est dit que la Russie réclame une indemnité parce qu'on a détruit des œuvres russes orthodoxes et qu'elle veut établir dans Pékin un grand centre d'œuvres orthodoxes pour développer son influence et son action.

Croyez-vous que les gouvernements étrangers vont

s'embarrasser de toutes ces subtilités que vous apportez à la tribune, vont demander des consultations à des avocats, à des jurisconsultes? Non, ils ont la notion claire de leurs intérêts. (*Applaudissements au centre.*)

Je conclus. Je suis prêt pour ma part, malgré les objections financières que j'ai au fond de l'esprit, — car l'intérêt financier est pour moi secondaire dans ce débat, — je suis prêt à voter avec le gouvernement, mais je lui demande d'expliquer clairement à quel système il donne sa préférence.

Les indemnités seront-elles garanties toutes par des émissions de 3 pour 100 perpétuel? Ou ne garantirez-vous aucune indemnité particulière? (*Très bien! très bien!*)

Les deux systèmes peuvent se soutenir. Mais la première pensée du gouvernement avait été qu'il fallait être plus large, qu'il fallait être plus généreux et donner la garantie de la France à tous les intérêts français qui ont été lésés.

Je souhaite que le gouvernement n'abandonne pas sa proposition, mais ce que je lui demande, c'est de nous dire clairement s'il accepte les distinctions insoutenables, injustifiables, dangereuses au plus haut point ,qui ont été faites par la commission. Ce que je lui demande, c'est de dire s'il s'associe à ce vote de la commission, qui consiste à exclure des indemnités toutes les sociétés qui, en France, ne justifieraient pas de leur existence légale, mêlant ainsi le droit français à ce qui est le droit international public, et faisant une véritable confusion.

Voilà les questions que je pose.

Si le gouvernement veut bien les résoudre dans le sens que j'indique, et qui est le sens vrai et le sens français de la question, je demanderai à mes amis de voter cet emprunt et d'affirmer ainsi les droits de la France et cette politique traditionnelle qu'on a traitée si légèrement et qui reste un des facteurs essentiels de la grandeur de la République. (*Applaudissements répétés et prolongés au centre, à droite et sur divers bancs à gauche. — L'orateur, en regagnant sa place, reçoit de nombreuses félicitations.*)

Après avoir entendu le ministre des finances et le président du conseil, la Chambre des députés, dans la séance du 25 novembre, adopta l'article 1er du projet fixant à 265 millions le chiffre de l'emprunt.

DISCOURS SUR LES FINANCES

5 décembre 1901

La discussion générale du projet de budget de 1902 commença le 2 décembre 1901. M. Ribot prononça, dans la séance du 5 décembre, en réponse à M. Merlou, rapporteur général de la commission, un discours où il fit un exposé de notre politique financière depuis 1883 et un examen approfondi de la situation actuelle des finances.

Il indiqua les causes du déficit qui s'était produit dans le rendement des impôts et critiqua, au point de vue de ses résultats financiers, la loi récente sur le régime des boissons.

Il défendit notre système d'impôts et montra la progression constante des revenus publics correspondant au développement de la richesse publique. Malheureusement la progression des dépenses est plus rapide que celle des recettes, de sorte que l'équilibre est impossible et que l'avenir est plein de menaces.

Voici le texte de ce discours :

MESSIEURS,

Dans ces dernières années, je me suis abstenu de prendre la parole dans la discussion du budget; mais j'ai cru qu'à un moment critique et dangereux pour nos finances, ceux qui siègent dans les Chambres depuis longtemps, qui ont contribué à préparer autrefois des budgets, qui ont pu acquérir quelque expérience, ont le devoir de s'expliquer sur la situation financière. (*Très bien! très bien!*) C'est pourquoi j'ai demandé la parole. (*Parlez!*)

Je m'expliquerai — la Chambre le sait d'avance — sans faiblesse et sans complaisance, mais aussi sans exagération. Il faut dire la vérité telle qu'elle est, laisser parler les faits et les chiffres, voir la situation avec sincérité et tâcher de la faire comprendre au pays.

Nous sommes, je le répète, à un moment critique, qui peut devenir dangereux. On s'aperçoit, dans le grand public, d'après les bulletins mensuels de M. le ministre des finances, qu'il y a quelque chose d'inquiétant dans les moins-values des impôts. Ces chiffres, qui reviennent tous les mois, sont un appel constant à l'attention du grand public, et un appel aussi à sa vigilance et à ses préoccupations.

Cependant, s'il n'y avait que cette moins-value des impôts pendant les dix premiers mois de l'année, je ne serais pas pour ma part inquiet comme je le suis. C'est qu'en effet cette moins-value, elle avait été prévue par le rapporteur général du budget de 1901, mon honorable ami M. Guillain.

Il n'était pas difficile de prévoir qu'au lendemain d'une grande exposition universelle, et après des plus-values très notables qui s'étaient accumulées dans une série de budgets, il y aurait un temps d'arrêt dans la fortune publique, dans le développement des recettes. Cela se produit dans tous les budgets du monde, et non pas seulement en France. Le malheur, c'est que par une pratique trop longue dans ce pays, nous avons besoin de plus-values constantes; si la fortune nous trahit une année, c'est le déficit qui entre à pleines voiles dans nos budgets. (*Très bien! très bien! au centre.*)

Nous avons pris l'habitude de tirer des lettres de change sur les plus-values futures et quand les plus-values se dérobent, on vient à cette tribune constater que le déficit est entré dans le budget, comme il y est entré cette année.

C'est là la mauvaise situation de nos finances; ce

sont les engagements de dépenses trop considérables que nous avons pris; c'est là qu'est le mal, bien plus que dans le fléchissement accidentel des plus-values, d'autant plus que — je vais vous le démontrer par quelques chiffres — ce n'est même pas le ralentissement de la fortune publique qui se reflète dans ces moins-values des dix premiers mois.

Cela m'inquiète parce que, n'ayant pas encore constaté l'effet inévitable du commencement de la crise qui est générale dans le monde, dans tous les pays de l'Europe, qui nous atteindra, qui nous atteint déjà dans une mesure moindre peut-être que d'autres pays, parce que notre industrie moins audacieuse, moins entreprenante, plus sage, ne s'est pas lancée dans des spéculations ou des entreprises démesurées, nous serons atteints, je le crains, nous verrons dans les chiffres prochains la répercussion de cette crise que nous ne constatons pas encore dans les moins-values d'aujourd'hui. Nous sommes au commencement d'une courbe descendante et ce budget de 1902, dont l'équilibre, malgré l'affirmation de M. le rapporteur, n'existe même pas sur le papier, (*Très bien! très bien au centre.*) ce budget, je le crains, aura d'autres mécomptes, d'autres surprises que ceux que nous a ménagés l'optimisme réfléchi de M. le rapporteur général.

En effet, si je prends très rapidement les recettes et les différentes sources de revenus, je constate qu'il n'y a pas encore de répercussion de la gêne ou de la diminution de production.

L'enregistrement est à peu près stationnaire. Les ventes d'immeubles rapportent moins, cela est assez ordinaire; il est certain que la valeur de la propriété immobilière ne tend pas à monter en France, mais cela est compensé par une augmentation de recettes équivalentes sur la vente des meubles.

Le timbre est en excédent surtout à cause des valeurs étrangères que nous achetons de plus en plus.

Nous faisons de plus en plus le placement de nos économies à l'étranger.

La taxe des valeurs mobilières a une grosse plus-value, 7 millions et demi pour les dix premiers mois. Je sais bien que ce n'est pas concluant, puisque les bénéfices sur lesquels on asseoit cette année la taxe de 4 pour 100 ne sont pas les bénéfices de 1901, mais ceux de 1900. J'écarte donc cet indice de prospérité qui pourrait nous induire en erreur.

Mais si nous prenons les contributions indirectes, en en exceptant les boissons, nous voyons qu'elles ont donné cette année, dans les dix premiers mois, 15 millions et demi de plus-value.

Les moins-values sont, comme on l'a dit tout à l'heure, dans les douanes et aussi dans les sucres et dans les boissons; mais les causes qui ont amené ces réductions ne touchent en rien à la prospérité générale du pays.

Pour les douanes, il y a 19 millions et demi de moins-values par rapport aux évaluations.

Qu'est-ce à dire? Que le commerce extérieur est moins développé que l'année dernière? Que nos importations — et aussi nos exportations — ont diminué? Nullement. L'année dernière, mon ami M. Guillain signalait ce qu'il considérait, à juste titre, comme étant de nature à nous préoccuper et nous inquiéter dans les statistiques du commerce extérieur pour les neuf premiers mois de 1900. Il montrait notamment que l'importation des matières premières nécessaires à l'industrie avait diminué dans une large mesure pendant ces neuf mois. Cette année, c'est tout le contraire. Nous avons une augmentation de 90 millions sur l'importation des matières premières nécessaires à l'industrie, ce qui n'est pas un signe de ralentissement de la production industrielle; nous avons une réduction sur les objets fabriqués et les objets d'alimentation; personne ne s'en plaint. A l'exportation, nous avons sur les objets fabriqués une plus-value de 76 millions et une augmentation de 126 millions, si je ne me trompe, sur l'ensemble de notre commerce extérieur. Donc, rien d'inquiétant encore dans cette diminution du produit des douanes.

Ce sont les sucres et les boissons qui sont presque les seuls coupables de la moins-value dans ces dix premiers mois. Je veux m'expliquer très brièvement. Il faut que je parle des sucres. On en parle beaucoup depuis quelque temps et, à mon avis, on en parle beaucoup trop. Vous avez tous pu constater avec quel soin M. le ministre des finances ou ses amis, qui communiquent des notes à la presse, font toujours ressortir que le mal fait à notre budget provient presque exclusivement de la loi de 1884. Cela détourne pour quelque temps l'attention d'une autre loi beaucoup plus récente que M. le ministre connaît mieux que la loi de 1884, la loi des boissons, dont les déficits sont plus considérables que ceux de la loi des sucres. (*Très bien! très bien! sur divers bancs.*)

Mais s'il y a déficit cette année sur le produit des sucres, c'est parce qu'on l'a voulu. En effet, quelle évaluation a-t-on mise dans le budget pour les sucres? 199 millions, alors que la moyenne du produit des sucres ne dépasse pas 185 millions et que l'année précédente, en 1900, le rendement de l'impôt avait été, en effet, de 185 millions.

Quand on faisait cette évaluation de 14 millions supérieure au chiffre réalisé en 1900, on savait que la récolte avait été exceptionnellement abondante. On savait, parce que la fabrication était finie à ce moment-là, que le rendement de la betterave avait été également exceptionnel. Dès lors, pourquoi maintenait-on dans le budget une évaluation qu'on savait être fausse, exagérée? D'autant plus qu'on avait voté à la fin de l'année 1900 une loi supprimant le sucrage des vendanges et que c'eût été une raison de diminuer l'évaluation d'une somme correspondante; d'autant plus encore que l'introduction de la saccharine dans la consommation cause, de jour en jour, un préjudice réel au Trésor. (*Très bien! très bien!*)

Je m'étonne même un peu que M. le ministre des finances ne soit pas plus pressé de faire voter le projet de loi soumis aux délibérations de la Chambre.

M. LE MINISTRE DES FINANCES. — Je ne demande qu'à le faire voter. C'est un de vos amis qui s'y oppose.

M. RIBOT. — Si c'est un de mes amis qui s'y oppose, nous le combattrons, monsieur le ministre des finances. Seulement, c'est au gouvernement qu'il appartient de prendre l'initiative de cette discussion.

Il y a donc sur les sucres un mécompte qui était prévu. Si l'on a fait des évaluations, on les a faites sciemment au-dessus de la réalité. Qu'en est-il résulté? C'est qu'on met tous les jours la loi de 1884 en accusation. Ne dit-on pas dans le rapport général qu'il faut faire disparaître immédiatement cette loi?

Eh bien, je me permets de dire à la Chambre que, s'il y a des fautes à commettre, celle-ci est une des plus lourdes qu'on puisse commettre.

Nous sommes à la veille d'une conférence qui doit se réunir à Bruxelles, où nous devons aller négocier avec l'Allemagne et avec tous les pays producteurs de sucre.

Les Allemands, vous le savez, ont été les véritables auteurs, les initiateurs de la loi de 1884; ce n'est pas pour donner des primes à une industrie que la loi de 1884 a été votée, — j'en sais quelque chose. On affecte de croire, parce que ces matières ne sont peut-être pas connues de tout le monde autant que de ceux qui ont eu le malheur de participer à la loi — cette question est le tourment de tous ceux qui s'en occupent — on affecte de croire qu'on prend dans le Trésor des primes qu'on donne à certains fabricants. Il n'y a rien de semblable; il y a des bonis de fabrication qu'on est obligé de gagner par les perfectionnements de la fabrication et les progrès de la culture qui sont considérables depuis 1884.

Mais pourquoi a-t-on fait la loi de 1884? Parce que notre industrie sucrière était menacée de mort à cette époque. On aurait pu concevoir que l'industrie sucrière voulût se réserver uniquement le marché français si ce marché avait été susceptible d'extension. Mais vous savez bien que le taux exagéré des droits sur cette matière alimentaire qu'est le sucre rendait presque impossible le développement rapide de la consommation et qu'alors nous avons été réduits à l'alternative de disputer aux Allemands, aux Autrichiens, aux Belges, à tous les pays producteurs de sucre, le grand marché de l'Angleterre. Seulement nous y arrivions dans des conditions d'inégalité qui nous paralysaient et qui avaient tué pour ainsi dire toute notre exportation.

Les Allemands, depuis nombre d'années, avaient cette législation favorable qui établissait l'impôt sur la matière première et qui laissait un boni aux fabricants habiles, aux agriculteurs expérimentés. Nous avons fait la loi de 1884 comme une loi de défense et en même temps une loi de progrès, et de progrès si rapide que nous pouvons aujourd'hui, au prix où une concurrence effrénée a fait tomber le sucre, lutter encore avec avantage sur le marché anglais avec les Allemands.

Lutterons-nous longtemps? Les Allemands ont abandonné les primes, cela est vrai, et ils veulent que nous abandonnions nos bonis de fabrication ; mais, à la faveur d'une législation douanière qui établit un droit de 25 francs, ils ont organisé des syndicats qui donnent aux fabricants les mêmes avantages que pourraient leur procurer les bonis de fabrication de notre loi de 1884.

M. le ministre des finances connaît aussi bien que moi l'organisation de ces cartels qui seraient interdits chez nous et qui sont encouragés par le gouvernement allemand; il sait qu'à l'abri de ces 25 francs qui rendent impossible l'introduction des sucres étrangers en Allemagne, on a établi couramment dans ce pays un prix du sucre qui est supérieur en ce moment de 12 francs au prix du sucre en France, les droits étant mis de côté. Les raffineurs gardent 3 francs et donnent plus de 8 francs aux fabricants, de sorte que nos fabricants sont obligés de vendre aujourd'hui à nos raffineurs leur sucre brut à 20 fr. S'ils étaient Allemands, ils le vendraient au prix de 32 francs. Et alors on fait la guerre dans des conditions qui permettent à l'industrie allemande d'espérer qu'à bref délai elle va écraser et tuer notre sucrerie, l'expulser du marché anglais. Les lettres qui nous viennent d'Allemagne ne nous cachent pas ce dessein, le même que nous avons vu en 1884 et auquel nous avons fait échec.

Eh bien, je vous le demande, est-ce que quelqu'un va prendre la responsabilité de nous désarmer, de nous enlever ce qui est notre seule arme de défense et, avant même la conférence, avant que nos délégués y soient, de proclamer ici que nous allons à Bruxelles avec la volonté de tout abandonner sans rien réclamer en échange?

Ah! je comprendrais, si les Allemands abandonnaient ce système des cartels. Mais vous savez bien qu'ils ne le feront pas.

Si la question des cartels n'est pas posée, si nous seuls sommes mis en cause, la conséquence est claire, nette. Allez dans nos régions dire à tous ces agriculteurs qui souffrent dans leurs intérêts, allez dire à tous ces fabricants que demain il faudra fermer la moitié des usines, réduire de moitié les plantations de betteraves, allez leur dire cela et vous verrez la réponse qui vous sera faite!

Ce n'est pas seulement une question économique, c'est une question politique au premier chef. La loi sur le régime des boissons a déjà produit dans nos régions de véritables ruines; les distilleries sont fermées dans les pays que nous habitons; si vous voulez fermer demain les sucreries, faites-le, mais vous aurez la responsabilité d'un nouveau désastre. (*Très bien! très bien!*)

J'ai le droit de dire qu'il y a une certaine légèreté dans la façon dont on traite ces questions et que c'est une imprudence coupable de mettre ainsi nous-mêmes en accusation notre législation alors qu'elle peut être notre seule défense, notre seule sauvegarde contre nos véritables adversaires, Allemands ou Autrichiens, contre tous les pays qui ont des primes, qui veulent les garder et qui veulent — ils ne s'en cachent pas, — refouler notre exportation pour nous réduire au seul marché français. Voilà ce que j'avais à dire sur la question des sucres. (*Interruptions à l'extrême gauche. — Applaudissements au centre.*)

Mais le déficit des boissons, c'est autre chose. Il est le résultat d'une loi que cette Chambre a votée; et on pouvait, je crois, le prévoir à peu près avec la même certitude que le défaut de rendement des sucres dans l'exercice de 1901. (*Très bien! très bien! au centre et à droite.*)

Ce ne sont pas les avertissements qui ont manqué à M. le ministre des finances. Il a fait ce qu'aucun de ses prédécesseurs ne s'était cru en état de faire, n'avait eu la hardiesse de tenter. On aurait fait aboutir depuis longtemps une loi des boissons si l'on avait noué cette coalition qui s'est formée entre le Midi, qui demandait le dégrèvement des boissons hygiéniques, et l'immense légion des bouilleurs de cru. Tous les ministres des finances avaient considéré qu'il était impossible de demander 90 ou 100 millions de plus à l'alcool sans prendre des précautions nouvelles contre la fraude. M. Rouvier, et moi-même, et tous les ministres qui se sont succédé au palais du Louvre, l'avaient pensé. M. le ministre des finances n'a pas voulu croire à l'expérience du passé; il a été hardi, il a garanti que la loi rapporterait du chef des alcools ce qu'on perdrait du chef des vins.

Vous voyez le résultat, monsieur le ministre des finances : c'est actuellement 69 millions de moins-value sur l'alcool; ce sera 80 millions à la fin de l'année si les derniers mois donnent des résultats analogues aux premiers. Et, votre sentiment est bien que cela continuera, que ce n'est pas un fait accidentel, dû à des approvisionnements trop considérables, qu'il y a désormais dans nos finances une moins-value permanente, une diminution des ressources qui nous étaient singulièrement précieuses, car on a considéré autrefois l'alcool comme la réserve suprême pour les grandes circonstances... (*Applaudissements au centre.*)

M. Empereur. — Fallait-il intoxiquer le public pour amener de l'argent au Trésor? (*Exclamations au centre et à droite.*)

M. Ribot. — Si vous croyez, mon cher collègue, que les alcools produits en fraude sont moins nocifs pour la santé publique que les autres, vous avez raison. (*Rires et applaudissements.*)

A gauche. — Il ne faut ni des uns ni des autres!

M. Chapuis. — Les alcools de vin sont moins nocifs que les alcools d'industrie.

M. Ribot. — Nous n'allons pas discuter cette grande question de savoir quels sont les alcools les plus bienfaisants pour la santé publique; nous la discuterons un autre jour si vous le voulez. (*Nouveaux rires.*)

Je me place au point de vue purement fiscal et je constate simplement ce fait — qui ne peut soulever aucune controverse — que le résultat final donné par la loi des boissons a aidé à créer dans nos budgets un déficit, malheureusement permanent, que M. le ministre des finances évalue lui-même à 50 millions puisque, pour la seconde année d'expérience de la loi, alors que ses effets transitoires auront été épuisés, il demande à la commission du budget de fixer l'évaluation à 50 millions au-dessous du chiffre qu'il avait primitivement indiqué.

C'est là un mécompte grave évidemment, une des causes du déficit de l'année 1901. Mais ce n'est pas la fortune publique, ce n'est pas la France qui travaille et consomme, qui paye de lourds impôts, qu'il faut accuser. (*Très bien! très bien! au centre.*)

Sans ces mécomptes imputables à ceux qui font les budgets, qui équilibrent les chiffres, qui font les lois, l'année 1901 aurait été une année à peu près normale, sans grande envolée, quelque peu stationnaire. J'ai peur que l'année 1902 ne soit atteinte plus à fond par la crise qui se produit dans les pays voisins et qui, à l'heure présente, nous atteint nous-mêmes.

Si nous élevons plus haut nos regards, si nous ne considérons pas seulement le rendement des impôts dans l'année 1901, nous serons frappés de voir combien est solide dans notre pays ce vieux système d'impôts qu'on met si souvent en accusation devant les Chambres.

J'ai lu, dans un rapport très remarquable de M. Pelletan sur le budget de 1899, que notre système d'impôts était bien vieux, que ses sources tarissaient, qu'il n'avait plus d'élasticité, qu'il n'en fallait plus attendre de recettes nouvelles et que, pour rendre nos budgets plus élastiques, il ne nous restait plus qu'une chose à faire : une révolution dans l'assiette de nos impôts.

Je suis d'un avis absolument contraire et je crois que si on touche imprudemment à ce qui reste de nos vieux impôts, notamment à l'impôt direct, par des projets que M. le ministre des finances n'admire et n'approuve pas plus que moi, non seulement on n'augmentera pas le rendement de nos impôts, mais qu'on le restreindra dans des proportions désastreuses.

Il est bon, en passant, d'établir que les recettes de ce pays sont aussi larges qu'elles peuvent l'être dans un pays quelconque, que notre système d'impôts donne, au point de vue de sa souplesse, des résultats équivalents à ceux d'aucun pays du monde. Seulement, quand on a fait cette comparaison, on oublie toujours un élément capital. Lorsqu'on prend en Allemagne, en Angleterre ou ailleurs les tables indiquant les augmentations d'impôt pour une période donnée ou bien que l'on considère le trafic des chemins de fer ou tel autre indice de la richesse publique, on n'oublie qu'une chose, c'est que malheureusement, en France, la population reste stationnaire depuis nombre d'années, (*Très bien! très bien! — C'est cela!*) tandis que dans les pays voisins elle se développe rapidement. Et il est merveilleux, permettez-moi de vous le dire, que dans un pays où le développement de la population est arrêté, les recettes publiques montrent cette élasticité et ce ressort auquel je faisais allusion.

J'ai relu ces jours-ci, voulant me remettre un peu au courant des choses du budget, les comptes généraux des années précédentes et j'ai vu que, dans une période de vingt ans — de 1878 à 1808 — la dernière que nous connaissions dans ses résultats définitifs, le développement naturel de nos impôts avait atteint et même dépassé le chiffre de 700 millions. Et encore est-ce là chiffrer l'augmentation à une somme insuffisante ; car, dans cette période, il s'est produit des dégrèvements et des établissements d'impôts nouveaux et il est difficile de faire des calculs exacts sur l'influence de ces dégrèvements. Mais, tout compte fait, je ne crois pas être contredit par M. le ministre des finances si j'affirme que, dans cette période de vingt ans, il y a eu des dégrèvements dépassant de 200 millions au moins les impôts nouveaux.

M. LE MINISTRE DES FINANCES. — Au moins!

M. RIBOT. — Je ne veux pas forcer les chiffres, je tiens à les prendre plutôt au-dessous de la vérité.

Ainsi, pendant cette période, nous avons eu, par le jeu naturel de notre système d'impôts, 900 millions environ de plus-values de recettes. N'est-ce pas merveilleux? Et ne faut-il pas réfléchir à deux fois avant de mettre en accusation un pareil système d'impôts? (*Très bien! très bien!*) Ne faut-il pas n'y toucher que d'une main prudente?

Ah! certes, je suis d'avis avec vous qu'il y a des réformes à faire dans nos impôts, qu'on peut y introduire plus de justice, que les impôts directs peuvent être réformés sans bouleversement; mais on demande des choses impossibles et on ajourne ainsi les réformes véritables qui mettraient plus de justice et plus de souplesse dans nos impôts. (*Applaudissements au centre et à droite.*)

Ce mouvement ne s'est pas ralenti dans les dernières années. Car si je prends les deux dernières législatures, je vois que dans le rendement des impôts, en laissant de côté les créations d'impôts qui ont été plus importantes que les dégrèvements dans ces périodes, il y a encore une plus-value qui dépasse 400 millions. Et je suis frappé d'une chose qu'on paraît ne pas savoir assez et qu'il est bon de dire et de répéter, c'est que dans ce développement du produit des impôts, l'impôt direct qu'on nous déclaré ossifié en quelque sorte, n'ayant plus ni vie ni souplesse, et comme devant disparaître, l'impôt direct est un de ceux qui nous donnent les plus-values les plus considérables.

Dans cette période des deux législatures précédentes, l'impôt direct, si on tient compte des dégrèvements qui ont été opérés sur la propriété foncière et les patentes, a donné une plus-value de 100 millions environ, c'est-à-dire 25 pour 100 de l'augmentation totale. Cela est bon à dire à une époque où c'est surtout contre l'impôt direct que les accusations et les reproches sont dirigés.

Notre système d'impôts est donc bon ; il fonctionne normalement et je tiens à dire, parce qu'il faut dire la vérité, que ce pays qui travaille, qui est laborieux, ne montre pas encore aujourd'hui, — malgré certains signes peut-être inquiétants sur lesquels je dirai un mot tout à l'heure, — aucun fléchissement ni de la production industrielle, ni de la production agricole, ni de la fortune publique.

Ceux qui disent que la France se ruine, que la richesse publique ne s'accroît plus d'année en année n'ont pas lu les statistiques, n'ont pas étudié le mouvement de la fortune publique.

M. Empereur. — Ce sont les nationalistes qui le disent! (*Applaudissements à gauche. — Rires au centre et à droite.*)

M. Ribot. — J'ai peur qu'il y en ait d'autres que les nationalistes. Les gens qui ne savent pas lire les statistiques sont assez communs dans tous les partis. (*Rires.*)

Si je prenais ces statistiques, — ce serait un hors-d'œuvre à ce moment de la discussion — je montrerais facilement que dans les dix dernières années encore notre production industrielle a fait des progrès notables. On ne peut les comparer à ceux de l'Allemagne, mais c'est une nation jeune, qui s'outille à nouveau et qui vient chercher chez nous des capitaux pour monter des industries que nous avons le tort de ne pas créer de nous-mêmes sur notre propre sol. (*Applaudissements au centre et à droite.*)

Il y a donc encore un progrès notable. Et si je prenais ce qui est considéré comme le baromètre de la fortune publique, le développement des valeurs mobilières, je montrerais que dans les quinze dernières années le produit de l'impôt a augmenté de 25 pour 100 malgré les conversions qui ont eu lieu en France et à l'étranger.

Mon ami M. Guillain exprimait l'année dernière une inquiétude en ce qui concerne l'annuité successorale; il la voyait rester stationnaire. Cela tenait — car j'ai examiné la question d'aussi près que possible — à ce que l'année 1892 a été tout à fait exceptionnelle. Mais si vous prenez, à dix ans de distance, la moyenne de cinq années et celle des cinq années suivantes, vous voyez que la plus-value de l'annuité successorale, c'est-à-dire de l'ensemble des successions et des donations sur lesquelles on assied chaque année les droits et qui sont considérées comme représentant le trente-cinquième de la fortune générale, présente un développement normal graduel, correspondant à peu près à une augmentation annuelle de 2 milliards par an de l'ensemble de la fortune publique. (*Très bien! très bien!*)

Tout cela, je le dis à l'honneur de mon pays. C'est un pays bien organisé, bien constitué au point de vue de la production, soit agricole, soit industrielle, un pays mieux constitué, j'en suis sûr, que certains pays voisins et aussi que certains pays lointains, comme les Etats-Unis, où nous voyons se produire une concentration excessive des industries qui me paraît être un grave danger, dans un avenir prochain, au point de vue industriel.

On a dit ici avec une éloquence superbe que, dans

notre pays, tout tend, tout pousse, soit à la monopolisation de la terre dans les mains de quelques privilégiés, soit à la concentration, jusqu'au monopole, des industries.

Eh bien! ceux-là mêmes qui l'ont soutenu, notamment notre regretté collègue, M. Jaurès, reconnaissent aujourd'hui qu'ils se sont trompés, (*Très bien! très bien! au centre et à droite.*) que notre pays a gardé cette division des industries qui, au point de vue social... (*Interruptions sur divers bancs à l'extrême gauche.*)

M. Eugène Fournière. — C'est une erreur! Notre ami M. Jaurès a pu dire et a dit en effet que, pour l'industrie, la concentration ne s'opérait pas avec autant de rapidité que nous l'avions indiqué autrefois, étant moins bien informés; mais il n'a jamais dit qu'on allait en sens inverse de la concentration. (*Très bien! très bien! à l'extrême gauche.*)

M. Ribot. — Restons-en, si vous voulez, où nous sommes. Je ne demande pas que nous allions en sens inverse. La propriété est à mon sens suffisamment divisée en France, je ne demande pas que nous la divisions encore. Mais la thèse que vous souteniez, qui était le fondement de tous vos raisonnements et de toutes vos propositions, celle qui prétendait que tout tend au monopole de la terre et au monopole de l'industrie, est démentie par les faits et je m'en réjouis pour mon pays comme d'une garantie de paix sociale. (*Applaudissements au centre et à droite.*)

Le moment n'est pas venu de pousser à fond cette discussion, j'ai une tâche assez longue à remplir et j'indique seulement à la Chambre certaines considérations qui ne sont peut-être pas inutiles dans un examen général de nos finances. J'ajoute qu'il y a chez nous une abondance de capitaux véritablement extraordinaire, que nous sommes devenus — et je le regrette à un point de vue — les banquiers ou les commanditaires de pays étrangers qui créent avec notre argent des industries destinées à nous faire concurrence ensuite sur tous les marchés.

Je regrette que cette abondance de capitaux ne nous serve pas plus à nous-mêmes pour développer notre industrie et notre commerce; je regrette que cette abondance de capitaux fasse naître chez nous, chez tout le monde dans ce pays-ci, depuis le plus humble jusqu'au plus élevé, un certain idéal qui est de vivre sur la richesse acquise. Je crois, d'ailleurs, que c'est là un mot assez impropre; je ne sais pas bien ce que c'est que la richesse acquise.

Il y a des capitaux dans le monde, mais la richesse acquise est par elle-même quelque chose d'inerte. C'est un instrument de travail, soit dans les mains du possesseur, soit dans celles d'autrui. Il est bien plus sûr que le possesseur fasse lui-même travailler et fructifier ses capitaux. (*Applaudissements.*)

Un pays où se développerait l'idée qu'il faut abréger autant que possible la durée du travail non seulement pour chaque jour de la semaine par la limitation des heures, mais aussi dans la période productive de la vie, en fixant la retraite à l'âge le moins avancé; un pays où s'accréditerait et se développerait cette idée s'appauvrirait, parce que c'est une illusion, la plus grande de toutes, de penser qu'on peut vivre sur des économies ou sur de la richesse accumulée. (*Très bien! très bien!*)

Il n'y a dans le monde de nations grandes et riches que celles qui, ayant accumulé des capitaux, savent travailler pour les faire valoir, pour développer leurs richesses et leurs moyens de production. (*Nouveaux applaudissements.*)

M. Walter. — Il y a aussi des ouvriers qui ne gagnent presque rien et qui ne peuvent pas manger.

M. Ribot. — Cette abondance de capitaux explique aussi que le crédit de la France soit resté ce qu'il a toujours été, un des premiers crédits du monde. Il était le second, après celui de l'Angleterre, jusqu'à cette guerre malheureuse dans laquelle le sentiment du monde civilisé ne peut pas la suivre, (*Applaudissements vifs et répétés.*) quoiqu'elle donne des exemples admirables de ténacité et d'endurance.

Le crédit de l'Angleterre était au-dessus du nôtre. Aujourd'hui, par un fléchissement temporaire, il faut le croire — car cette nation a des ressources extraordinaires — le pair s'est établi entre le 3 pour 100 français et le 2 trois quarts des consolidés anglais. Nous sommes en tête, au-dessus de l'Allemagne, au-dessus de tous les autres pays. Cela est vrai et cela est encore à l'honneur de notre pays. C'est le résultat de l'idée qu'on se fait de la force de ce pays, de sa force de résistance et de sa force de production, et cela résulte aussi de la diffusion des titres de notre rente dans toutes les classes de notre société. (*Très bien! très bien!*)

Mais tous ces symptômes, tous ces signes de la fortune publique que je recueille, que j'enregistre, ah! ils ne prouvent pas, contrairement à ce que disait M. le rapporteur général, que notre gestion financière soit à l'abri de tout reproche. Il y a là deux choses qu'il ne faut pas confondre : il y a d'un côté la France qui travaille, qui produit, qui s'enrichit; il y a, d'autre part, le gouvernement et les Chambres qui administrent cette fortune et pas toujours de la façon la plus profitable aux intérêts du pays.

M. Thiers disait un jour : « Dans ces grands marchés publics qui s'appellent les bourses, se soumettent à une épreuve quotidienne l'habileté des gouvernements et la prudence des assemblées. C'est par le taux des valeurs publiques, des valeurs d'État qu'on peut juger de ce que valent les gouvernements et les Chambres qui les appuient. » (*Très bien! très bien!*

au centre et à droite. — Interruptions à gauche.)

Eh bien, non! On voit dans ces grands marchés, par le taux des valeurs publiques, ce que valent les nations, quelle est leur force d'épargne, de production, leur vaillance, mais on ne voit pas toujours ce que valent les gouvernements qui les administrent. Le taux de nos fonds publics n'est la preuve ni de l'habileté des gouvernements ni de la prudence des Chambres. C'est toute notre histoire financière qui le démontre, et ce n'est pas le gouvernement républicain qui seul peut être mis en cause; tous les gouvernements qui se sont succédé en France ont été des gouvernements dépensiers à toutes les époques.

Nous avons eu le tort de suivre leur exemple, d'autant plus que la République a hérité de charges lourdes et qu'elle aurait dû mieux ménager les finances publiques à une époque où cela était plus nécessaire.

Mais tous les gouvernements ont accumulé les dépenses qui ont marché plus vite que les recettes; seule, la Restauration, succédant à une époque de désastres, a su ménager avec soin, avec prudence, pendant un certain nombre d'années, les finances de la France. Mais sous la Révolution de Juillet, sous la seconde République, l'histoire financière se traduit d'un mot : Les dépenses augmentent, se développent sans cesse; elles marchent toujours plus vite que les recettes.

Jamais l'équilibre n'a été établi; il ne l'a été qu'une fois et ceci est à l'honneur de la dernière législature. Dans les deux dernières années de la précédente législature, on est arrivé à égaler les recettes aux dépenses et même à commencer de légers amortissements.

M. Camille Pelletan. — Voulez-vous me permettre un mot?

M. Ribot. — Volontiers.

M. Camille Pelletan. — La meilleure preuve que les dépenses n'ont pas marché aussi vite que les recettes, c'est que, dans le dernier budget de M. Léon Say, alors que vous étiez, monsieur Ribot, rapporteur général du budget, il y avait un endettement pour la France de plusieurs centaines de millions. Je parle de l'année 1883; et nous sommes arrivés à pouvoir amortir depuis au lieu d'endetter la France. (*Très bien! très bien! à l'extrême gauche et à gauche.*)

M. Ribot. — Vous allez au-devant de ce que j'allais dire.

Je voudrais bien, si le temps me le permettait, si j'avais les chiffres exacts, tracer l'histoire financière de la République depuis 1870, et je serais peut-être d'accord avec M. Pelletan. Je ne le ferai pas, d'abord parce que je ne veux pas allonger ce discours, (*Parlez! parlez!*) et, en second lieu, pour une autre raison que je dois dire à la Chambre : c'est que nous n'avons pas actuellement, et cela paraîtra singulier, nous n'avons pas, après trente années de République, des états provenant de l'administration française des finances, qui nous permettent d'établir avec quelque certitude ce qu'ont été les dépenses non seulement pour chaque année, mais pour chaque période. Il est facile d'imaginer un travail qui consisterait à établir, par année, le total des recettes, non pas seulement de celles qui se trouvent dans le cadre du budget, mais de celles qui figurent dans tous les comptes extra-budgétaires.

Nous avons eu ce malheur en France d'avoir, à une certaine époque, une telle complication d'écritures, de comptes divers, budget extraordinaire, caisses spéciales, avances par les chambres de commerce et par le Trésor à découvert, etc., que nos finances sont devenues les plus obscures du monde. Il n'y a pas de pays au monde où l'esprit passe pour être le plus clair ainsi que la langue et où les finances soient devenues plus obscures et plus indéchiffrables. Il est impossible de lire dans les finances françaises...

M. CAMILLE PELLETAN. — C'est la vérité!

M. RIBOT. — Vous voyez, monsieur Pelletan, que nous sommes déjà d'accord. (*On rit.*)

M. CAMILLE PELLETAN. — Parfaitement.

M. RIBOT. — Les documents qu'on nous distribue sont parfois inexacts, car il est très frappant et même inquiétant, dans une certaine mesure, de voir que, d'année en année, les chiffres varient et non pas dans des proportions infinitésimales mais considérables; ces comptes sont présentés au public sous une forme qui ne permet pas d'y lire. Eh bien, c'est là un grand mal pour nos finances, et je suis sûr d'être d'accord avec M. le ministre, qui apporte dans ces questions non seulement la clarté de son esprit, mais les habitudes qu'il a prises dans l'inspection des finances ; il rendrait un très grand service à ce pays s'il voulait bien entreprendre de mettre un peu de lumière et de clarté dans tous ces comptes que la plupart d'entre nous — je me nomme tout le premier — sont incapables de lire couramment.

M. MAURICE BERTEAUX. — Vous auriez dû montrer l'exemple.

M. RIBOT. — Non seulement il faut de longues recherches parmi ces comptes pour trouver les chiffres, mais quand on les a trouvés, on n'est jamais sûr de leur exactitude et de leur concordance.

Ainsi, l'administration des finances publie depuis dix ans un tableau qu'elle intitule *Mouvement général des budgets*, et dans lequel elle a voulu réunir d'un côté toutes les recettes, en distinguant ce qu'elle appelle les recettes normales des recettes exceptionnelles ou des fonds de concours, et d'autre part toutes les dépenses, non seulement celles qui sont faites dans le budget, mais celles qui sont faites par des comptes spéciaux, budgets extraordinaires, etc... Ce tableau a été publié tous les ans jusqu'à cette année, où il est omis dans les annexes du budget de 1902. On s'est servi de ces tableaux pour construire officiellement de très beaux graphiques où on nous montre une ligne bleue qui a la prétention de représenter les dépenses totales, et une ligne noire qui représente les dépenses extraordinaires et ordinaires, etc. Il n'y a qu'un malheur, c'est que ce tableau, pour peu qu'on l'examine de près, contient des erreurs et des omissions regrettables. Ainsi, le travail sur les recettes a été bien fait; il est d'ailleurs plus facile; il rend comparables les recettes de l'année actuelle et celles d'une année antérieure, puisqu'on élague tout ce qui est recettes exceptionnelles ou virements d'écritures par transports d'excédents d'un exercice à un exercice subséquent; mais il existe une erreur et je la signale à l'esprit avisé de M. le ministre des finances. On ne porte pas, chaque année, comme recettes exceptionnelles, les 30 millions que les départements et les communes nous remboursent sur les avances qui leur ont été faites pour les chemins vicinaux et les écoles. C'est un capital qu'on rembourse, ce n'est pas une recette de l'exercice. On n'en a fait nulle part la déduction.

En ce qui concerne les dépenses, il y a des omissions énormes. Il y a notamment l'omission de toutes les sommes avancées par les chambres de commerce ou par les caisses des chemins vicinaux ou scolaires, aux départements et aux communes; il y a encore omission des fonds avancés par la Caisse des dépôts et consignations jusqu'à cette année pour les suppléments de pensions de la Légion d'honneur... De sorte que le tableau tout entier est vicié et que nous ne pouvons pas le considérer comme un guide sûr pour l'étude des différents budgets ainsi que de leurs résultats.

M. le ministre des finances a bien voulu me dire qu'il venait de faire établir tout récemment un travail nouveau qui reprend toutes ces opérations. Pour la première fois, on donnera à chaque exercice sa véritable physionomie, en récapitulant d'une part les dépenses, de l'autre les recettes, en tenant compte des amortissements et en indiquant à la fin si l'exercice s'est traduit par un déficit ou par un excédent; s'il a laissé sa trace par un accroissement ou par une diminution de la dette.

Si M. le ministre des finances est parvenu à faire dresser ce travail dans des conditions qui permettent d'en contrôler l'exactitude, je l'en remercierai très volontiers et je crois que la Chambre s'associera aux félicitations que j'adresse à M. le ministre des finances. (*Très bien! très bien!*)

Je lui demande de faire imprimer ce travail et de nous le faire distribuer.

M. le ministre des finances a bien voulu me communiquer le résultat dernier de tout ce travail. J'ai essayé de comparer ses chiffres à ceux des tableaux dressés par la direction de la comptabilité publique et j'y ai trouvé des différences considérables, en sorte qu'aucune comparaison n'est possible.

M. LE MINISTRE DES FINANCES. — Ces différences sont très naturelles.

M. RIBOT. — Il est fâcheux pour nos finances qu'on distribue ainsi à la Chambre des documents dont on constate l'insuffisance et qu'il faille, sur nouveaux frais, dresser des états plus définitifs.

Cela dit, — je crois qu'on le pouvait dire utilement pour la bonne marche de nos finances, pour la clarté de nos écritures et de nos budgets futurs — je réponds à M. Pelletan. Il y a eu, dans la gestion financière de la République, plusieurs périodes : l'une, qui va de 1870 jusqu'à la constitution de la République en 1876, est absorbée par le souci de libérer le territoire, de faire la liquidation de la guerre, de reconstituer, dans ses besoins les plus urgents, la défense nationale. Une autre période va de 1876 jusqu'à 1883, date que M. Pelletan me prie de ne pas oublier et je ne l'oublie pas. C'est l'époque des grands emprunts, et, je puis le dire, des grands entraînements, qui pèsent encore aujourd'hui, par l'exagération des dépenses et des emprunts, sur nos finances publiques parce que notre dette a été augmentée dans des proportions considérables.

On a voulu tout faire à la fois, non seulement reconstituer le matériel de la guerre et de la marine, mais créer des écoles, faire des chemins de fer, des chemins vicinaux, des ports, des canaux.

En dehors de l'augmentation de notre dette, je crains qu'il n'y ait eu de l'argent gaspillé dans cette vaste opération, parce que, quand on dépense trop dans une année, il est impossible d'introduire dans la gestion des deniers publics un esprit d'économie et de sage distribution. (*Très bien! très bien!*)

Cette époque va jusqu'au budget de 1883; j'ai été rapporteur de ce budget, il y a bien longtemps, et vous voyez que j'ai le triste privilège dans cette Chambre d'un peu d'expérience acquise par un long séjour; j'ai été associé à mon illustre ami, Léon Say, dans la discussion, sinon dans la préparation de ce budget. J'imagine que M. Pelletan voulait dire tout à l'heure que nous avions augmenté les dépenses d'emprunt, dans ce budget de 1883, qu'il appelait très spirituellement, dans nos discussions antérieure, l' « Himalaya » des budgets. Que M. Pelletan se réfère au travail que M. le ministre des finances a préparé et dont il m'a communiqué les chiffres, il pourra constater — je le note avec une certaine satisfaction — que c'est précisément le budget de 1883 qui, le premier, marque une décroissance notable dans le déficit des budgets français, c'est le premier effort énergique tenté pour arrêter le développement des dépenses. On ne peut pas, en une année, ralentir la course qui s'est accentuée dans les exercices précédents; toutefois l'année 1883 marque un point d'arrêt dans les dépenses et le commencement de la seconde période, celle qui va de 1883 à 1893, jusqu'au seuil de la législature précédente à laquelle je vais venir; l'histoire en est autrement intéressante que celle des exercices antérieurs qui sont déjà dans le recul du lointain.

Dans cette période, il y a eu un effort continu pour diminuer le total de nos dépenses, un effort méritoire, auquel il faut rendre hommage, pour faire rentrer dans le budget ordinaire tous les budgets d'emprunt; (*Très bien! très bien!*) on y réussissait avec peine; c'était une lutte entre les dépenses ordinaires et les dépenses extraordinaires; on y est pourtant arrivé, et je ne fais que rendre justice à notre collègue M. Rouvier en rappelant qu'il a été l'un de ceux qui ont le plus poussé à ces incorporations nécessaires, qui ont le plus fait pour rétablir l'unité du budget. (*Très bien! très bien!*) On pourra constater, si on étudie cette période, que les dépenses ordinaires ont augmenté rapidement en raison des incorporations. Qu'est-ce que cela prouve? Cela prouve non pas qu'on a dépensé plus, mais qu'on a pu trouver dans les budgets ordinaires la place nécessaire pour y loger ce qu'il y a de dépenses extraordinaires indispensables à toute société qui se développe. (*Très bien! très bien!*)

Quand on a eu le malheur d'avoir trop longtemps des budgets d'emprunt, on constate qu[e le] budget ordinaire s'est dégagé, déchargé avec une facilité extrême des dépenses qu'il devait supporter pour les rejeter sur les fonds d'emprunt, qu'on a augmenté des dépenses qui auraient été contenues si le budget extraordinaire n'avait pas existé à côté comme une tentation et comme une allège, (*Applaudissements.*) et ainsi les budgets extraordinaires sont un mal non seulement par eux-mêmes, mais pour la bonne constitution des budgets ordinaires sur lesquels ils exercent, pendant qu'ils existent, une influence néfaste et ruineuse. (*Très bien! très bien!*)

Voilà l'histoire, très résumée, un simple aperçu, des années qui se sont écoulées jusqu'à la législature de 1893. Ah! ici, je vous demanderai la permission d'insister.

Cette législature laissera dans l'histoire financière de ce pays une trace profonde. Elle a été la législature, je le dis à son éloge, pendant laquelle on a fait l'effort le plus persévérant, le plus intense, le plus méritoire, pour réduire les dépenses publiques et arriver à l'équilibre du budget.

Je comprends l'année 1898 dans la période qui correspond à la dernière législature, par la raison fort simple que la dernière législature a voté le budget de 1898; les élections ont eu lieu au mois de mai et la Chambre actuelle n'a pas marqué de son sceau l'exercice 1898.

Quelle a été l'histoire de cette législature, son histoire financière, celle qui se traduit par des chiffres et par conséquent ne peut être contestée? Elle se résume dans cette formule : la suppression du déficit, au moins dans les deux dernières années. Comment y est-elle arrivée?

Elle a, il faut le dire pour être exact, profité de la conversion. Elle a eu la bonne fortune de trouver le crédit de la France assez élevé pour qu'on pût réduire le service de la dette publique de 68 millions.

Elle a eu la bonne fortune de bénéficier d'un accroissement de recettes, par rapport à la législature précédente, de 151 millions. Mais en revanche, si elle a pu faire la conversion, elle a eu à faire face à des dépenses nouvelles qui sont dans ce pays la préface ordinaire de toute conversion.

Relisez l'exposé de motifs du budget de 1895 préparé par notre regretté collègue Burdeau, et vous verrez combien on avait escompté par des promesses, par des dépenses engagées, le bénéfice de cette conversion, qui s'élevait à 68 millions.

Et puis, il y a eu, au cours de la dernière législature, des garanties d'intérêts exceptionnellement lourdes. L'année 1894 a payé 106 millions sur le budget ordinaire pour l'exercice 1893; l'année suivante, 86 millions également au budget ordinaire. Il y a eu aussi des expéditions militaires, comme dans la législature actuelle : l'expédition de Madagascar, les incidents du Siam, d'où une dépense de 90 millions. Il y a eu enfin le commencement du compte de réfection de l'armement, qui figure au passif de cette législature pour 53 millions.

Cependant quels ont été les résultats de la législature tout entière?

Les recettes ordinaires ont été accrues, dans les quatre ans, de 83 millions, ou, si l'on veut être tout à fait exact, et ajouter le bénéfice de la conversion qui n'est pas une économie, mais simplement une diminution de dépenses, de 151 millions. Les dépenses totales n'excèdent que de 129 millions, d'après les chiffres de M. le ministre des finances, les recettes totales de la législature. Mais voyez combien, d'année en année, l'écart diminue entre le chiffre total des recettes et le chiffre total des dépenses. En 1894, à l'ouverture de la législature, un déficit de 152 millions ; l'année suivante, de 56 millions seulement; en 1896, de 39 millions, et, en 1897, pour la première fois depuis la constitution républicaine, — je m'en rapporte aux chiffres de M. le ministre des finances — 49 millions d'excédent, de boni réel, d'amortissement vrai. C'est la première fois que l'amortissement fait son entrée dans nos budgets pour n'y rester que trois années et pour faire place, hélas! à des déficits dont nous allons mesurer l'étendue et l'importance.

En 1898, il y eut 70 millions d'amortissement. Vous le voyez, quand les Chambres le veulent, quand il y a dans la commission du budget de la persévérance, que le gouvernement et les commissions marchent d'accord, quand on met l'intérêt du pays au-dessus de toutes les idées particulières et de tous les intérêts de parti, on arrive à réduire les dépenses... (*Vifs applaudissements au centre et à droite.*)

M. Jourde. — C'est évidemment la faute à Millerand.

M. Ribot. — ... on arrive à rétablir l'équilibre et même à constituer l'amortissement, dans des proportions assurément modestes, mais qui auraient dû encourager la Chambre et le gouvernement à continuer dans la même voie. J'enregistre ce résultat : il est modeste, mais tel qu'il est, il me paraît singulièrement satisfaisant.

J'ai lu, dans l'exposé des motifs du budget de 1900, une appréciation sur les résultats de cette législature, appréciation qui serait assurément beaucoup plus élogieuse si elle était confirmée par les faits. Elle émane de M. le ministre des finances qui fut invité en 1898 par la Chambre à publier dès 1899 un tableau de la dette de ce pays en capital. Ce travail n'avait été fait à aucune époque. C'est M. Pelletan qui a le plus insisté pour la publication de ce document.

M. Camille Fouquet. — La droite aussi l'a réclamé.

M. Ribot. — Parfaitement; et je ne veux rien enlever au mérite de votre réclamation.

Le tableau a donc été publié. M. le ministre des finances a établi le total de la dette au 1er janvier 1895 et au 1er janvier 1899, et, dans un bel élan d'optimisme et de confiance qui s'est un peu ralenti aujourd'hui, je crois, (*Rires au centre et à droite.*) il disait :«Vous voyez qu'il y a un écart de 550 millions entre le chiffre du 1er janvier 1895 et celui du 1er janvier 1899. Par conséquent, la France amortit beaucoup plus qu'elle ne dépense sur l'emprunt. » Il ajoutait : « On peut émettre des obligations pour la réfection du matériel, sans trop grande inquiétude, sans même se préoccuper trop de savoir si elles seront couvertes par les aliénations d'immeubles, parce que, comme l'amortissement est considérable, il débordera toujours les dépenses d'emprunt. »

M. LE MINISTRE DES FINANCES. — La seconde partie du raisonnement m'étonne un peu.

M. RIBOT. — Voici les termes : « Quand bien même les obligations à court terme émises pour le perfectionnement de l'armement viendraient en totalité accroître la dette publique, il n'en serait pas moins vrai que nous amortissons tous les ans plus que nous n'empruntons. »

M. LE MINISTRE DES FINANCES. — Pendant ces dernières années, incontestablement.

M. RIBOT. — Incontestablement dans la mesure de 49 millions et de 70 millions en deux ans, mais avec un déficit de 57 millions et de 39 millions pour les années précédentes. Donc, la période totale de quatre ans que nous embrassons d'un regard rapide, donne un excédent réel d'amortissement de 23 millions.

Il y a un petit écart entre 23 millions et 550 millions. (*Rires au centre.*) « Il suffit, ajoutiez-vous, pour s'en convaincre, de se reporter à l'annexe n° 7 qui donne la comparaison entre la dette en 1895 et en 1899, pour constater que nos charges en capital ont diminué de près de 550 millions dans cette période. »

J'ai tenu à me rendre compte, autant que je le pouvais, de cette question qui nous était ainsi posée : comment d'un côté l'étude de chaque exercice constate-t-elle qu'il n'y a que 23 millions d'amortissement vrai dans cette période, et comment d'un autre côté les tableaux que l'on publie de l'état de la dette font-ils ressortir l'écart de 550 millions que M. le ministre des finances s'est empressé d'enregistrer dans son exposé des motifs?

Cette anomalie appelle notre attention sur la manière dont ces tableaux sont faits et sur le degré de confiance qu'on doit leur accorder.

J'ai vu tout d'abord qu'il y avait un remboursement par compensation de la compagnie de Paris-Lyon-Méditerranée, aux termes de la convention de 1897; ce n'est pas une diminution de dette, mais le remboursement d'une garantie d'intérêt que l'on compense avec les annuités pour travaux neufs. Cela résulte de l'examen du tableau.

Il y avait une lacune dans le tableau, l'on a bien voulu la chiffrer à ma demande, et j'en remercie le très intelligent et très distingué directeur général de la comptabilité publique. Les travaux des chemins de fer sont liquidés avec beaucoup de retard; il a été constaté récemment que le chiffre qui figurait en 1899 au capital de la dette pour les annuités de ces travaux était erroné pour insuffisance d'une somme de 65,861,000 francs.

Vous conviendrez que des tableaux qui renferment des insuffisances de cette nature sont difficilement comparables entre eux, qu'ils ne sont que des documents un peu de façade pour le Parlement et ne peuvent être l'objet d'études très sérieuses.

En outre on peut constater dans ce tableau une omission que je me permets de considérer comme assez singulière. Le tableau publié l'année suivante a fait ressortir qu'on avait omis une dette qu'on devait connaître; on a porté, en effet, dans le budget, en dépenses, les annuités correspondant au rachat de lignes à l'Orléans. Les conventions remontent à 1883; on a oublié ainsi de faire figurer 55 millions dans l'état de la dette publique.

Ces jours derniers, M. le directeur général de la

comptabilité publique m'a signalé qu'on avait retrouvé une créance de la Compagnie de l'Ouest encore plus ancienne — elle remonte à 1875 — de 24 millions, créance dont l'administration de la dette publique n'a pas tenu compte dans son tableau de 1899. (*Mouvements divers.*)

Je n'ai pas l'intention de me livrer à des critiques qui atteignent le moins du monde M. le ministre des finances. M. le ministre des finances, plus que personne, s'est préoccupé, — et il m'a fait l'honneur de m'en entretenir, — de la nécessité de remanier les tableaux et les méthodes par lesquelles on les établit; mais je veux attirer l'attention de la Chambre sur un point d'administration générale qu'il est du rôle et du devoir de chaque député de relever quand l'occasion s'en présente; nous sommes ici pour cela. (*Très bien! très bien!*)

Tout compte fait et les rectifications opérées, il reste un écart de 309,159,828 francs. Je demande une explication, s'il y en a une; comment, le boni réel de cette période ayant été de 23 millions, y a-t-il un écart dans le chiffre de la dette en 1895 et en 1899, de 309,159,828 francs, qui porte pour 134 millions sur la dette consolidée à terme ou par annuités, et pour 276 millions sur la dette flottante?

De la dette flottante, je voudrais dire un mot à la Chambre. M. le ministre des finances a fait figurer cette dette dans le tableau de la dette de la France; c'est bien là, en effet, une dette, mais c'est une dette d'un caractère tellement différent de la dette proprement dite, que peut-être vaudrait-il mieux faire un tableau à part des engagements de la trésorerie.

Vous savez ce que c'est que la dette flottante. Le Trésor est constitué comme un banquier chargé d'effectuer les payements que l'Etat a à faire pour le service de ses budgets. C'est un banquier dont l'inventaire accuserait la faillite s'il devait liquider ses opérations, car il a des créances contre les budgets qui sont morts insolvables et qui ne s'acquitteront jamais. (*Sourires.*) Il n'a guère de créances actives réelles à mettre en regard du passif réel. (*Très bien! très bien!*)

Je voudrais qu'on fit le compte exact de la trésorerie; ce serait très utile, et sur ce point je me permettrai d'adresser une petite observation à l'honorable rapporteur général.

Dans son rapport, contrairement à ce qui se fait toujours, il n'y a aucune indication sur l'état de la trésorerie, on ne trouve même pas le chiffre de la dette flottante tel qu'il était au moment de la confection du rapport. L'étude de la trésorerie est cependant quelque chose de singulièrement important dans l'étude de la situation financière; c'est l'état de la trésorerie qui fait qu'on a recours à des emprunts; il faut donc que le Parlement suive avec la vigilance la plus attentive le développement du service de la trésorerie et, je le répète, je ne trouve rien dans le rapport.

Je m'en étonne et je crois que pour l'avenir il serait bon de revenir à l'ancienne règle. Mais si l'on fait figurer la dette flottante au passif de l'Etat, il ne faut pas prendre le chiffre de ce qu'on appelle la dette flottante proprement dite, parce qu'en dehors des engagements qui constituent ce compte de la dette flottante, il y a des engagements du Trésor qui sont notés, décrits dans ce qu'on appelle les comptes spéciaux. J'ai voulu savoir, dans cette période, quel avait été le jeu de ces comptes parallèles, complémentaires de la dette flottante. J'ai trouvé, sauf erreur, — car ces calculs sont assez délicats à faire, — que, pour ces comptes, la charge en résultant pour le Trésor était de 73 millions, qu'il faudrait déduire de l'écart en moins de 276 millions de la dette flottante entre le 1er janvier 1895 et le 1er janvier 1899.

M. CAMILLE PELLETAN. — Ce sont des écritures absolument factices!

M. RIBOT. — Non, pas le moins du monde. Les écritures factices, ce sont celles qui constituent le Trésor comme créancier de l'Etat, créancier, comme je l'ai dit, de budgets morts insolvables; ce sont des créances irrécouvrables si l'on procédait à la liquidation de la banque appelée Trésor, puisque l'Etat serait obligé de se substituer au banquier qu'il a créé; mais il y a des créances véritables consistant en avances faites à des départements, à l'Algérie, au service local des colonies, etc...

Mais il y a autre chose, monsieur le ministre des finances : si vous faites entrer la dette flottante dans la composition de la dette du Trésor, il faut tenir compte de l'encaisse; elle vient en déduction de la dette.

M. LE MINISTRE DES FINANCES. — Alors il faut tenir compte des 180 millions de bons du Trésor qui sont en dépôt à la Banque de France.

M. RIBOT. — Incontestablement. Si vous ne tenez pas compte de l'encaisse, qui varie dans des proportions considérables...

M. LE MINISTRE DES FINANCES. — Qui oscille autour de cette moyenne-là!

M. RIBOT. — Vous nous avez dit vous-même, monsieur le ministre, que l'encaisse était de 200 millions au-dessous de ce qu'elle était il y a un ou deux ans. Qu'est-ce que la dette flottante, à elle seule, indique? Rien du tout. Car si on a émis des bons du Trésor, et si on a une encaisse qui correspond à l'émission de ces bons du Trésor, en réalité on ne doit rien aux porteurs de bons du Trésor en ce sens qu'on a de l'argent sous la main pour les payer; tandis qu'au contraire, comme c'est le cas aujourd'hui, vous pouvez avoir une très petite émission de bons du Trésor, et avoir en même temps une encaisse réduite à un chiffre inférieur, à

100 millions, ce qui est exceptionnel, anormal et mauvais; dans ce cas la légèreté apparente de la dette flottante n'indique pas du tout que la dette de l'Etat ait diminué, puisque l'encaisse, qui est la contre-partie de la dette flottante, a considérablement diminué.

Je demande pardon à la Chambre d'être entré dans ces détails. (*Parlez! parlez! — Applaudissements au centre et à droite.*) Ils sont peut-être utiles.

M. Delpech-Cantaloup. — Ils sont indispensables.

M. Ribot. — Ils peuvent servir d'indication pour la rédaction des tableaux futurs. Je demande à M. le ministre des finances de rechercher encore comment on peut expliquer ces écarts singuliers que lui-même a constatés et qu'il a pris peut-être un peu vite pour des réalités.

Je serais bien heureux que l'on trouvât qu'en fait la dette publique s'est diminuée de 550 millions dans cette période de 1895 à 1899; mon raisonnement ne serait que beaucoup plus fort; et je pourrais alors décerner un éloge encore plus complet à cette législature de 1894-1898, qui me paraît cependant avoir fait assez bonne figure dans l'histoire de nos budgets. Cet exemple n'a malheureusement pas été suivi dans la législature actuelle; je dois le constater. Je n'exagère rien. Je vais prendre encore quelques chiffres...

M. François Fournier. — C'est l'apologie de M. Méline.

M. Ribot. — Ce n'est l'apologie de personne, monsieur! c'est l'apologie d'une assemblée qui aura laissé dans ce pays-ci des traces que nous aurions bien fait de suivre. (*Applaudissements au centre et à droite.*)

Permettez-moi de vous le dire, messieurs, la question qui nous occupe est beaucoup plus haute qu'une querelle de personnes. Toute la Chambre me rendra cette justice que je cite simplement des chiffres, sans aucune exagération ; je me guide d'après des faits ; je retrace l'histoire de deux périodes qu'il faut comparer, afin de voir ce que sera la période prochaine. C'est comme cela que l'on fait des finances sérieuses. (*Nouveaux applaudissements sur les mêmes bancs au centre et à droite.*)

C'est la véritable discussion du budget.

Prenons la période de la législature actuelle. Comme les précédentes, elle a eu des charges : elle a eu l'expédition de Chine dont la charge totale doit être évaluée, d'après M. le ministre des finances, à 190 ou 195 millions.

Elle a eu, en revanche, et en compensation, la bonne fortune de payer des garanties d'intérêt moindres que celles de la période précédente. Elle n'a pas eu de conversion, cela est vrai; mais si l'on prend le total des recettes, en y comprenant cette désastreuse année 1901 qui n'est pas terminée, il y a encore une somme de recettes supérieure, — je crois que mon calcul est exact — d'environ 130 millions à celle de la législature précédente. Cent trente millions de plus en quatre ans, c'est quelque chose, cependant le résultat final est tout à fait différent de celui de la législature qui a disparu.

1899 a donné encore une plus-value de 27 millions, mais dès 1900 le déficit recommence, il est de 45 millions, l'expédition de Chine pèse sur cet exercice. Mais que sera 1901? Il est malheureusement trop facile d'en faire le compte. Il y aura 120 millions de moins-values sur l'évaluation des impôts en prenant le chiffre actuellement acquis qui est de 101 millions, non de 91 millions comme l'a dit M. le rapporteur général...

M. LE RAPPORTEUR GÉNÉRAL. — Je vous demande pardon!

M. RIBOT. — M. le ministre des finances a reconnu qu'on a distrait provisoirement le chapitre des produits divers, parce qu'il y a des inégalités dans les recouvrements mensuels. Cela fait 101 millions de moins au 1er novembre.

M. LE MINISTRE DES FINANCES. — Nous discuterons cette question.

M. RIBOT. — Je suis bien obligé de prendre les comptes comme on les a toujours faits, mois par mois. Si M. le ministre des finances distrait certaines recettes parce qu'il croit qu'elles faussent le résultat...

M. LE MINISTRE DES FINANCES. — Parfaitement.

M. RIBOT. — ... il donnera ses raisons et nous discuterons. Mais il reste que la moins-value, à l'heure actuelle, est de 101 millions, et il est probable, à moins que nous n'ayons d'heureuses surprises dans quelques jours lorsque nous apprendrons les résultats du mois de novembre, que le déficit total sera de 120 millions par rapport aux évaluations. Il y a 63 millions de crédits supplémentaires qui ne peuvent pas être gagés sur des excédents et qui, par conséquent, doivent être ajoutés au déficit. Cela fait 183 millions.

Il y a aussi, vous en conviendrez, monsieur le ministre, l'écart entre le chiffre de l'emprunt que la Chambre vous a autorisé à émettre et le montant total des dépenses, liquidées jusqu'à ce jour, de l'expédition de Chine. J'ignore quel est ce total, mais il est certainement très notablement inférieur à 265 millions. Ce surplus n'est pas encore entré dans la dette flottante, ce sera une charge nouvelle pour la dette publique.

Dans ces conditions, je ne sais pas si je suis pessimiste, mais il me paraît probable que l'exercice 1901 se terminera par un déficit de 250 millions et peut-être plus.

M. LE MINISTRE DES FINANCES. — Et les annulations!

M. RIBOT. — Vous savez combien elles sont réduites aujourd'hui.

M. LE MINISTRE DES FINANCES. — Elles atteignent 50 à 60 millions!

M. RIBOT. — Pas tant que cela! en tout cas, je le souhaite; alors nous n'aurons que 200 millions de déficit.

M. LE MINISTRE DES FINANCES. — Il faut tenir compte aussi de l'amortissement!

M. RIBOT. — L'amortissement! permettez-moi de vous dire qu'il a juste sa contre-partie dans les dépenses faites hors budget par les compagnies à notre compte.

M. ALLEMANE. — Alors, nous allons faire faillite!

M. RIBOT. — Vous avez réduit, l'année dernière, le chiffre des amortissements à 71 millions; or, les dépenses engagées hors budget par les compagnies pour notre compte s'élèvent précisément à 70 millions.

M. LE MINISTRE DES FINANCES. — Nous discuterons tous ces chiffres qui ne me paraissent pas exacts.

M. RIBOT. — Je ne demande pas mieux. Tout ce que vous pourrez dire en atténuation, je l'enregistrerai avec le plus grand plaisir; mais vous ne contesterez pas qu'il y ait un déficit pour 1901 et qu'il soit très notable.

A quoi cela tient-il? Cela ne tient pas à ce que les recettes ont faibli, elles sont supérieures à celles de la période précédente, cela tient à l'exagération des dépenses qui devient un péril pour nos finances et sur laquelle il convient de bien s'expliquer.

Pour juger de l'importance de cette augmentation, j'ai pris le budget rapporté, dans la dernière année de la législature précédente, par M. Krantz, et j'ai pris le budget de l'honorable M. Merlou, qui termine également la législature actuelle; ce sont deux budgets, dès lors, facilement comparables.

Entre les budgets de 1898 et de 1902, à quatre années d'intervalle, je trouve une différence en dépenses de 250 millions. Voici en effet les chiffres : le total du budget de 1898, sans l'Algérie, qui figurail à part, est de 3,337 millions. Il faut en déduire les garanties d'intérêt — puisqu'elles ne figurent plus dans le budget de M. Merlou — soit 38 millions; la différence est 3,299 millions. En 1902, le total du budget de M. Merlou est de 3,525 millions; il faut déduire les garanties d'intérêt algériennes qui figurent à ce budget, soit 19 millions, pour le rendre comparable; nous arrivons ainsi à 3,516 millions; par contre, il faut ajouter les crédits du service des cultes que, de son autorité privée, M. Merlou a supprimés, mais qui seront vite rétablis, je crois, sur l'intervention de M. le président du conseil. (*Applaudissements et rires au centre.*)

Je vois entre les deux budgets une différence d'amortissement de 9 millions puisqu'on amortissait 98 millions en 1898 et qu'on en amortit seulement 89 en 1902. Si j'ajoute les insuffisances avouées par M. Merlou, en face de l'évaluation de dépenses de 1902, je vois que le total du budget s'élève à 3 milliards 549 millions; celui de 1898 — saluez-le! messieurs — s'élevait à 3,299,000. Différence : tout juste 250 millions.

Ah! messieurs, si dans une législature on se croit obligé d'augmenter les dépenses de 250 millions, il faut que vous disiez adieu à l'équilibre des budgets futurs; jamais vous ne pourrez mettre les recettes, qui progressent plus lentement, en rapport avec le total des dépenses.

J'ai fait le relevé des augmentations de dépenses. Il est assez intéressant de voir quels sont les services publics qui de jour en jour prennent le plus de la substance de nos budgets.

Pour la dette publique l'augmentation n'est que de 8 millions, parce qu'il y a eu quelques conversions utiles et que l'amortissement a diminué de 7 millions; mais la dette viagère a augmenté en quatre années de 25 millions, — c'est là un point qui doit appeler toute votre attention. Et à ce propos je demanderai à M. le ministre s'il a renoncé au projet de loi qui devait diminuer pour l'avenir la charge de cette dette viagère qui nous menace d'une progression extrêmement inquiétante.

M. LE MINISTRE DES FINANCES. — Le projet est déposé!

M. RIBOT. — Oui, il est déposé, mais il reste à l'état de dépôt, il ne marche pas aussi vite que nos dépenses. (*Rires et applaudissements au centre.*) Je voudrais qu'il accélérât un peu le pas et que nous pussions mettre un terme à cette marche croissante de la dette viagère qui est une cause de danger pour nos finances.

Les travaux publics ont pris 25 millions de plus, l'instruction publique 10 millions...

M. ALLEMANE. — Ce n'est pas assez! Nous prendrons sur le budget de la guerre!

M. PASTRE. — Il y a trop à la guerre et pas assez à l'instruction publique.

M. RIBOT. — Il y a pour les primes figurant dans les budgets des ministères du commerce et de l'agriculture environ 15 millions.

Il y a, pour les autres services, 10 à 12 millions. Il y a encore 50 millions pour l'exploitation des monopoles et des manufactures. Je comprends qu'on augmente les achats et les dépenses, mais pourtant il y a un service dont les dépenses croissent un peu trop vite, je me permets de le dire, c'est celui des postes, où toutes les augmentations de recettes sont absorbées, depuis quelques années, par des augmentations de dépenses, de sorte que le coefficient d'exploitation augmente chaque année. (*Interruptions à gauche et à l'extrême gauche.*)

M. MAURICE BERTEAUX. — Il n'y a pas de dépenses plus utiles que celles-là!

M. RIBOT. — Sans doute, je ne le conteste pas, et on peut en dire autant des dépenses de l'instruction publique.

M. Camille Pelletan. — Alors, monsieur Ribot, vous voulez que les recettes des postes deviennent un impôt? Vous ne comprenez pas que le premier intérêt national est précisément de développer les relations postales dans la plus large mesure? (*Applaudissements à gauche et à l'extrême gauche.*)

M. Ribot. — Le premier intérêt national, monsieur Pelletan, et vous l'avez proclamé avec une haute éloquence, c'est de ne pas augmenter la dette et de ne pas créer de déficit.

Vous avez dit, dans votre rapport très remarquable de 1899, qu'un pays qui a, comme la France, une dette aussi énorme, plus lourde que celle d'aucun autre pays, ne doit, sous aucun prétexte, laisser le déficit s'installer dans ses budgets. Voilà le véritable intérêt national, celui qui prime tout! (*Vifs applaudissements au centre, à droite et sur divers bancs à gauche.*)

Et puis il y a les dépenses militaires... (*Mouvements divers à l'extrême gauche.*)

M. Dejeante. — C'est celles-là qu'on devrait supprimer! (*Exclamations au centre et à droite. — Très bien! très bien! sur divers bancs à l'extrême gauche.*)

M. Ribot. — ... qui ont augmenté de 125 millions dans le cours de cette législature.

M. Michel (d'Arles). — Et l'on désorganise l'armée!

M. Charles Bos. — Oui, on dira que nous désorganisons l'armée!

M. Ribot. — Les dépenses du budget de la guerre ont augmenté de 50 millions, — je ne donne pas les détails, l'heure étant trop avancée, — celles de la marine, de 48 millions, en tenant compte de la distraction du budget de l'armée coloniale; celles des colonies de 25 millions; au total, 123 millions.

Assurément, c'est là une dépense qu'aucun de nous n'a voulu refuser. Je ne suis pas du tout de l'avis de l'interrupteur qui me criait tout à l'heure : « Il faut réduire les dépenses militaires. »

Non! à cette heure, comme hier, parce que nous avons les mêmes nécessités et les mêmes souvenirs et que nous ne voulons pas abandonner l'effort admirable qui a été fait pendant trente ans dans ce pays, nous voulons maintenir une armée forte... (*Vifs applaudissements au centre, à droite et sur plusieurs bancs à gauche.*)

Il ne faut pas toucher à l'armée... (*Nouveaux applaudissements sur les mêmes bancs. — Interruptions à l'extrême gauche.*) et ceux qui cherchent aujourd'hui... (*Nouvelles interruptions à l'extrême gauche.*)

M. LE PRÉSIDENT. — Mais vous dites toujours qu'il n'y a pas ici d'adversaires de l'armée! Ce n'est pas le moment d'interrompre. (*Vifs applaudissements sur un grand nombre de bancs.*)

M. WALTER. — Il y a ici des adversaires des faussaires de l'armée!

M. LE PRÉSIDENT. — L'armée ne peut pas être rendue responsable d'erreurs et de fautes individuelles. (*Nouveaux applaudissements sur les mêmes bancs.*)

M. EUGÈNE FOURNIÈRE. — Nous ne l'en avons jamais rendue responsable. (*Bruit.*)

M. ALLEMANE. — Pas de quiproquos!

M. RIBOT. — L'armée doit rester forte comme notre sauvegarde...

M. DEJEANTE. — L'armée permanente n'est pas une garantie.

M. RIBOT. — ... et ceux qui cherchent aujourd'hui, par des moyens directs ou par des moyens perfides, à semer dans les rangs de l'armée, parmi nos conscrits, l'esprit d'indiscipline, ceux-là commettent un crime envers la France. (*Applaudissements répétés au centre, à droite et à gauche. — Interruptions et bruit à l'extrême gauche.*)

M. CAMILLE PELLETAN. — Et ceux qui cherchent à répandre l'esprit d'indiscipline parmi les chefs, sont-ils moins coupables? (*Bruit.*)

A l'extrême gauche, ironiquement. — On ne doit pas attaquer les chefs; c'est attaquer l'armée!

M. LE PRÉSIDENT. — De grâce, messieurs, cessez ces interruptions!

M. RIBOT. — ... et quand ces gens trouvent parmi les maires de nos grandes villes ou parmi quelques membres égarés de l'université des complaisants ou des complices, il n'y a pas de paroles assez sévères pour eux! (*Nouveaux applaudissements sur les mêmes bancs. — Vives réclamations à l'extrême gauche.*)

Il faut maintenir l'armée, non pas pour faire...

A l'extrême gauche. — Vous n'avez jamais été soldat!

M. ALLEMANE. — Vous et les vôtres, quand vous êtes-vous battus?

M. LE PRÉSIDENT. — Je vous prie, messieurs, de vous abstenir de semblables interruptions.

M. FRANÇOIS FOURNIER. — Monsieur Ribot, vous êtes applaudi par les descendants des Vendéens qui assassinaient les patriotes pendant la Révolution.

M. LE PRÉSIDENT. — Je vous rappelle à l'ordre.

Le pays entendra et jugera ces interruptions!

M. RIBOT. — Il faut maintenir l'armée, non pas pour faire, comme on l'a dit à une dernière séance, je ne sais quelle politique d'impérialisme qui n'est à aucun degré la mienne. (*Nouvelles interruptions à l'extrême gauche.*)

M. LE PRÉSIDENT. — Je vous invite de nouveau au silence, messieurs.

M. RIBOT. — J'ai dit ici, au lendemain de l'incident de Fachoda, que notre politique en Extrême-Orient devait être avant tout une politique de médiation pacifique, et que notre diplomatie devait autant que possible garder les mains libres.

Non! je ne suis pas pour une politique d'impérialisme ou de conquêtes. Si je veux garder l'armée, c'est parce qu'en Europe nous pouvons avoir besoin d'elle...

M. PASTRE. — Pour la grève! (*Bruit.*)

M. RIBOT. — ... c'est parce que je garde au cœur des souvenirs qu'il ne faut jamais oublier, parce qu'il faut être prêt demain à toutes les éventualités. Quoique l'état de l'Europe soit évidemment plus rassurant qu'il n'était il y a dix ans... (*Nouvelles interruptions à l'extrême gauche.*)

M. LE PRÉSIDENT. — Messieurs, on tient en ce moment un langage que tous les Français doivent applaudir. (*Vifs applaudissements sur un grand nombre de bancs. — Bruit à l'extrême gauche.*)

M. RIBOT. — ... et c'est parce que je veux que l'armée reste forte que je demande que l'on mesure les dépenses suivant les ressources et les forces du pays. C'est qu'en effet, si vous dépensez plus que le pays ne peut supporter — et nous touchons à l'extrême limite de nos sacrifices — en face d'une Europe où les charges sont moins lourdes et où les déficits ont disparu de la plupart des budgets, vous vous préparez pour l'avenir...

M. MAURICE BERTEAUX. — Et l'Angleterre?

M. RIBOT. — Je ne parle pas de l'Angleterre.

A l'extrême gauche. — Et l'Allemagne?

M. RIBOT. — L'Allemagne n'a pas la dette de la France. Sa dette ne peut pas se comparer à la nôtre. (*Interruptions à l'extrême gauche.*)

A l'extrême gauche. — C'est grâce à l'empire que la dette de la France est si élevée!

M. RIBOT. — Veuillez me laisser parler, je vous en prie.

M. LE PRÉSIDENT. — Messieurs, vous vous plaignez au moindre frémissement qui s'élève sur ces bancs (*le centre*), quand l'un des vôtres est à la tribune, et vous interrompez constamment l'orateur!

M. FRANÇOIS FOURNIER. — C'est le procureur de l'empire qui parle! (*Bruit.*)

M. LE PRÉSIDENT. — Je vous rappelle à l'ordre.

M. RIBOT. — Je suis habitué à vos aménités, elles

ne m'empêcheront pas de remplir mon devoir, et je suis sûr que le pays m'en saura gré. (*Vifs applaudissements au centre.*)

M. Walter. — Nous remplirons, nous aussi, notre devoir.

M. le président. — Je vous rappelle à l'ordre.

M. Walter. — Merci!

M. Ribot. — Je dis qu'il faut mesurer nos dépenses à nos forces, d'abord pour que nous ne soyons pas épuisés au moment où la France aurait besoin de tout le ressort de ses énergies, de l'énergie financière comme de l'énergie militaire; ensuite, parce que les budgets qui croissent trop vite recèlent dans leurs flancs des dépenses inutiles, et qu'il faut, quand on se trouve en face de nécessités nouvelles, chercher avec soin s'il n'y a pas quelque part dans ces budgets des économies qui puissent être la contre-partie de ces augmentations de dépenses. Et quand je vois qu'en quatre ans le total de nos dépenses, toutes intéressantes évidemment, pouvant toutes être défendues assurément, mais dont la masse m'inquiète par sa pesanteur si considérable, s'est accru de 250 millions, je dis qu'il y a là pour nous un danger et une cause d'infériorité peut-être un jour vis-à-vis des autres puissances, que nous devons toujours suivre d'un regard attentif.

Au moment même où nous nous enfonçons de nouveau, avec un optimisme qui m'étonne, dans le déficit, l'Italie, par un effort de tous les partis, a réduit en dix ans le chiffre du déficit de 300 millions par la diminution des dépenses et par l'augmentation des recettes, et elle est arrivée dans les dernières années à avoir un léger excédent, qui se chiffre cette année par 40 millions. Et le crédit public a récompensé immédiatement cet effort, puisque la dette de l'Italie arrive à dépasser le pair et pourra bientôt être convertie.

L'Italie a une lourde charge, une dette qui, proportionnellement, est égale ou supérieure à la nôtre, mais enfin l'Italie nous donne là un exemple qu'il faut suivre d'un œil attentif.

L'Allemagne, dont on parlait tout à l'heure, a aussi ses difficultés que je ne méconnais pas, qu'elle trouve dans sa constitution sociale et qui peuvent troubler ses efforts à un moment donné ; mais elle n'a pas une dette aussi lourde que la nôtre, parce qu'elle n'a pas tout le passé qui pèse sur ce glorieux pays de France; et par conséquent elle a une marge pour commettre des fautes; nous, nous n'en avons pas, la dure nécessité ne nous en laisse aucune. Nous sommes donc obligés de regarder à nos dépenses avec un soin plus jaloux.

L'Autriche a aussi réduit ses excédents de dépenses, elle a maintenant des excédents de recettes. La Russie a des finances solides et bien administrées.

Voulez-vous que la France soit la dernière à établir et maintenir l'égalité entre les dépenses et les recettes? Si vous le pensez, dites-le. Mais je crois que le vrai patriote est celui qui a l'œil fixé sur nos finances, qui veut qu'elles soient solides, qu'elles soient fortes, qu'elles soient libres parce qu'il y voit la sauvegarde de l'indépendance et de la grandeur du pays dans les circonstances exceptionnelles que nous pouvons traverser. (*Applaudissements.*)

Nous en sommes arrivés à ne plus pouvoir équilibrer notre budget, car, je me permets de le dire avec toute la déférence que je dois à notre honorable collègue, M. Merlou, l'équilibre de ce budget ne peut pas se défendre. M. Merlou nous a dit qu'il y avait différentes doctrines sur l'équilibre, différentes sortes d'équilibre. Il n'y en a qu'un, monsieur Merlou : c'est l'équilibre vrai entre les dépenses et les recettes. (*Rires et applaudissements.*)

Prenons votre budget; examinons-le. L'examen

ne sera pas long et je ne retiendrai pas longtemps votre attention.

Ce budget a été présenté en recettes à 3 milliards 597 millions, l'Algérie à part ; on a réduit les recettes de 73 millions, compensation faite de 3 millions de relèvement; par conséquent, les recettes sont réduites à 3 milliards 524 millions. Les dépenses ont été portées par le gouvernement, dans son dernier projet, à 3 milliards 626 millions, si j'en crois vos déclarations verbales, puisque le total était dans votre rapport de 3 milliards 617 millions et qu'il y a environ 9 millions qui ont été demandés après le dépôt du rapport.

M. le rapporteur général. — Six millions!

M. Ribot. — Soit! Il y a une erreur de 3 millions, mais je peux vous l'abandonner; il y a de la marge. (*Rires au centre.*)

Cela fait un écart de 102 millions et si vous voulez que je retranche 3 millions, cela fait 99 millions, pas tout à fait 100 millions.

En présence de cette situation, la commission avait un devoir : au lieu de célébrer l'équilibre, c'était de faire des économies; le premier devoir d'une commission du budget, c'est de chercher des économies.

M. le rapporteur général. — C'est ce qu'elle a fait.

M. Ribot. — Nous allons voir. Elle a fait une économie dont je dirai un mot tout à l'heure, qui consiste à rayer d'un trait de plume le budget des cultes : toutes les commissions du budget seraient à la hauteur de la tâche. (*Rires et applaudissements au centre et à droite.*)

M. Dejeante. — Elles ont eu le tort de ne pas le faire.

M. le comte de Lanjuinais. — On pourrait tout aussi bien rayer les dépenses du ministère des colonies ou de celui de l'intérieur.

M. Ribot. — Mais les vraies économies s'élèvent à environ 23 millions.

M. le rapporteur général. — A 22 millions.

M. Ribot. — Je suis bien embarrassé pour le apprécier parce que M. Merlou dit, dans son rapport, avec une certaine négligence d'ailleurs : « Je ne crois pas nécessaire d'entrer dans aucune explication sur les économies, cela se fera dans les rapports particuliers. » Le malheur, c'est que les rapports particuliers ne sont pas distribués; il y en a douze qui nous manquent en ce moment et je demande dans quelles conditions singulières nous discutons le budget, puisque nous n'en avons pas encore les vrais éléments. (*Très bien! très bien! au centre et à droite.*)

Mais, permettez-moi de vous le dire, je suis un peu inquiet sur les économies que vous avez faites, quand je vois que vous avez réalisé 12 millions d'économies sur le budget de la guerre et que précisément le gouvernement demande un supplément d'évaluation de dépenses supérieur aux économies que vous avez faites. Puis vous avez fait 4 millions d'économies sur le budget de la marine, et M. le ministre des finances vient de déposer des crédits supplémentaires — ce qui est fort anormal et exceptionnel — de 7 millions, si je ne me trompe, pour les constructions navales de l'année actuelle. De telle sorte qu'il ne faudrait pas presser beaucoup le budget de la marine pour voir que, peut-être volontairement, mais en tout cas sciemment, on abaisse les évaluations et qu'on se réserve de les compléter par des crédits supplémentaires. Ce ne sont pas là des économies.

Pour celles des colonies, je ne les tiens pas non plus pour certaines, à moins que vous ne m'en démontriez la réalité.

Mais enfin, je ne veux pas discuter sur une somme de 22 millions. Il y a 22 millions d'économies, soit!

reste un écart de 80 millions en chiffres ronds; mais ce n'est pas là l'écart vrai. L'écart vrai est de 185 millions environ, pour une raison bien simple : vous avez pris pour base des évaluations de 1902 les recettes de 1900; et en ce moment l'exercice 1901, qui est le dernier que nous connaissions, celui que nous touchons, la réalité vivante, tandis que celui de 1900 est déjà un souvenir, — c'était d'ailleurs l'année de l'Exposition, — l'exercice 1901 est en déficit par rapport à celui de 1900 de la modeste somme de 144 millions, et si cela continue, le déficit atteindra à la fin de l'année 170 millions.

Par conséquent, quand vous avez réduit les évaluations de 70 millions, vous les avez réduites d'une somme qui est inférieure de 100 millions à la réalité probable. M. le ministre des finances me fait un geste de dénégation.

M. LE MINISTRE DES FINANCES. — Nous discuterons.

M. RIBOT. — Nous ne sommes, ni vous ni moi, monsieur le ministre des finances, prophètes de l'avenir. Je n'espère pas que ma façon un peu sévère de discuter aura raison de votre optimisme. Mais, enfin, croyez-vous que subitement les plus-values vont reparaître dans nos budgets en 1902?

Après la démonstration que je vous ai faite que le budget de 1901 ne supporte pas encore les conséquences de la crise, de la diminution de production, croyez-vous qu'en 1902 vous aurez des recettes supérieures à celles de 1901? Nous serons bien heureux si elles ne leur sont pas inférieures, et nous devrions par prudence prendre les recettes réelles de l'exercice qui se continue, comme bases de l'exercice futur, au lieu de les majorer comme vous le faites d'une somme de plus de 100 millions. (*Très bien! très bien! au centre et à droite.*)

Enfin, je comprends que vous ne puissiez pas tenter d'établir l'équilibre dans ces proportions qui correspondent à la réalité et qui vous effrayent. Vos efforts sont plus modestes. Vous voulez combler un déficit, un écart de 80 millions entre les recettes évaluées et les dépenses évaluées. Comment y arrivez-vous?

Il y a un premier point sur lequel la commission et le gouvernement sont d'accord : c'est de porter de nouveau les garanties d'intérêt au budget extraordinaire, au fonds d'emprunt.

M. le rapporteur général a établi tout à l'heure que cela était conforme à la saine doctrine ou plutôt à l'une des deux doctrines qui sont saines. (*Sourires.*) Il y a, paraît-il, deux doctrines en pareille matière; on peut prendre l'une ou l'autre, suivant les circonstances, comme étant la plus probable. (*Interruptions à gauche. — Rires au centre et à droite.*)

M. LE RAPPORTEUR GÉNÉRAL. — On prend celle que les circonstances suggèrent.

M. RIBOT. — C'est cela! On prend celle que les circonstances suggèrent. (*Rires et applaudissements au centre et à droite.*)

Permettez-moi de vous dire que c'est là une doctrine singulièrement vacillante, beaucoup trop serve des circonstances transitoires et contingentes. Il n'y a pas deux doctrines. Il n'y en a qu'une, la bonne; on la pratique quand on peut.

M. LE RAPPORTEUR GÉNÉRAL. — Elle devait être bonne, puisque c'était la vôtre quand vous étiez ministre des finances.

M. RIBOT. — Les garanties d'intérêts doivent, dans un budget bien établi, être inscrites au budget ordinaire pour deux raisons. La première, c'est que s'il est vrai que les garanties d'intérêt constituent des dettes remboursables par les compagnies, vous ne savez pas — et M. Bourrat pourrait vous renseigner à cet égard — à quelle date ces remboursements auront lieu. C'est une éventualité probablement très lointaine pour plusieurs de ces compagnies.

M. JEAN BOURRAT. — Pour deux compagnies, ils n'auront jamais lieu.

M. RIBOT. — Dites cela à M. Merlou. (*On rit.*)

M. JEAN BOURRAT. — Alors vous vous joindrez à nous pour voter le rachat.

M. RIBOT. — Nous verrons.

La seconde raison, c'est que si les garanties d'intérêt ne figurent pas à l'ordinaire, c'est la bride lâchée à toutes les dépenses excessives et M. Berteaux sera moins circonspect pour proposer les augmentations de dépenses en faveur des employés, si elles doivent figurer à un compte de garantie gagé par l'emprunt, tandis que s'il faut les mettre au budget ordinaire, on se heurtera à des résistances qui sont une sauvegarde pour le contribuable.

Il faudrait donc que les garanties fussent inscrites au budget ordinaire. On est obligé, par le malheur des temps et des circonstances, de les placer au budget extraordinaire. Soit! Mais le surplus? Pour le surplus, le gouvernement et la commission ne sont plus d'accord.

La commission a estimé qu'on pouvait tout simplement supprimer, d'ici le 1er janvier 1902, — et nous sommes au 5 décembre 1901 — le budget des cultes, dénoncer le Concordat, établir toutes les dispositions transitoires, faire une loi sur la police des cultes. C'est évidemment une tâche facile que la Chambre a donné mandat de remplir à la commission du budget. (*Rires au centre et à droite.*) Je n'en doute pas, mais j'étais très étonné tout à l'heure d'entendre M. Merlou dire à propos du rachat des chemins de fer : « M. Bourrat est un imprudent; est-ce qu'on improvise une opération de ce genre? »

Mais vous, vous faites des improvisations également dangereuses, mon cher collègue. (*Applaudissements sur les mêmes bancs.*)

M. LE RAPPORTEUR GÉNÉRAL. — Ce n'est pas une improvisation. La mesure était décidée au mois de juillet dernier. C'est à cette époque que la commission du budget a pris sa résolution; et si la Chambre avait voulu, à ce moment, non plus improviser, mais étudier notre réforme, elle l'aurait votée.

M. RIBOT. — Votre budget a un peu vieilli avant de venir devant nous et vous auriez dû le rajeunir. (*On rit.*)

Vous reconnaissez alors que ce qui était une idée sérieuse, politique, au mois de juillet n'a plus, au mois de décembre, tout à fait le même caractère?

M. LE RAPPORTEUR GÉNÉRAL. — Pas le moins du monde.

M. RIBOT. — Vous reconnaissez qu'on ne peut pas demander à une Chambre, au 5 décembre, de voter la suppression du budget des cultes avec toutes les conséquences qu'elle entraîne.

Au surplus, c'est l'affaire de M. le président du conseil; il s'expliquera avec vous; je crois qu'il n'est pas très inquiet parce qu'il compte sur la sagesse de ceux qui, dans cette Chambre, ne suivent pas sa politique. S'il était aux prises avec vous seuls, il aurait peur pour la paix sociale de ce pays. (*Rires et applaudissements au centre et à droite.*)

Après la suppression du budget des cultes vient l'établissement du monopole des pétroles, que je ne veux pas discuter, qui est également une opération peut-être insuffisamment étudiée. Enfin, il y a ce qu'avouait tout à l'heure M. le rapporteur général à la tribune. Je l'ai bien écouté, il nous a dit : « Quand on nous a apporté les dernières augmentations de dépenses, nous avons éprouvé le besoin de faire une revision des recettes et des évaluations, et nous avons majoré les douanes et quelques autres petites recettes.

M. LE RAPPORTEUR GÉNÉRAL. — Les dépenses et les recettes sont liées.

M. Ribot. — Je crois que ce procédé n'était pas en usage dans les autres commissions et qu'il appelle quelques critiques.

Mais je m'adresse au gouvernement et je lui demande comment il va sortir de cette difficulté. Car nous avons une singulière façon de discuter; nous discutons en ce moment le budget général de la France et M. le ministre des finances n'a pas fait connaître ses propositions ; nous avons comme un rideau derrière lequel elles attendent pour paraître devant le grand public; nous avons les propositions de la commission qui sont le lever de rideau; la pièce commencera ensuite. (*Applaudissements et rires sur les mêmes bancs.*)

J'aurais bien voulu qu'elle commençât tout de suite, et le bon ordre des finances exigerait que nous fussions en présence de propositions fermes du gouvernement et de la commission et que nous pussions faire notre choix. M. le ministre n'a pas voulu, par une discrétion que je n'ai pas à juger, faire la confidence de ses propositions à ses amis politiques de la commission du budget ; il aime mieux la faire à la Chambre tout entière, il croit qu'il sera mieux écouté ici : c'est son affaire. (*Applaudissements au centre et à droite.*)

Mais enfin, monsieur le ministre, que mettrez-vous à la place? Vous avez fait des demi-confidences à la commission du budget, si j'en crois le rapport de M. Merlou et l'interruption qu'a faite l'autre jour M. Mesureur. Il paraît que vous voulez réduire l'amortissement. M. Mesureur a dit : « Pour sauver l'amortissement — qui devient une institution — nous allons sacrifier les curés, les évêques, le budget des cultes... »

M. François Fournier. — Ce ne serait pas trop tôt!

M. Ribot. — Permettez-moi, monsieur le ministre des finances, de vous soumettre deux chiffres. Vous avez inscrit au budget actuel 89 millions à l'amortissement; vous pouvez y ajouter l'annuité chinoise, non pas pour le tout, car il faut bien gager la différence d'intérêt des sommes empruntées et de celles qui figurent à la dette flottante, mais enfin ajoutons 11 millions, ce qui vous fera 100 millions d'amortissement. Vous avez déjà, à l'heure présente, 114 millions de dépenses sur fonds d'emprunt, puisque vous avez 70 millions de sommes avancées par les compagnies de chemins de fer pour notre compte — ce sont des sommes payées sur des fonds d'emprunt — et que vous avez, d'accord avec la commission, l'intention d'y ajouter 44 millions de garanties d'intérêt, qui vont être désormais gagées sur fonds d'emprunt.

Par conséquent, vous avez dans le budget 114 millions sur fonds d'emprunt et 100 millions tout au plus d'amortissement. La conclusion, c'est que tout ce que vous prendrez sur l'amortissement, vous le prendrez à l'emprunt et que vous n'équilibrerez votre budget qu'au moyen de ressources d'emprunt. C'est le déficit qu'on pallie, qu'on n'avoue pas, mais c'est le déficit.

Que sera, dans ces conditions, l'exercice 1902? Nous allons dévorer, nous avons dévoré déjà le bénéfice de la conversion qui pourra avoir lieu l'année prochaine si le crédit public se maintient ou se relève un peu; nous aurons néanmoins un gros déficit encore en 1902, qui s'ajoutera à celui de 1901.

Voilà la fin de cette législature, et je la compare à la fin de la législature précédente; je montre le chemin parcouru, ce qu'a été l'administration des finances, et je montre quel est le danger si nous persistons dans ces errements et dans ces pratiques. A en croire l'optimisme de la commission du budget, la prochaine législature n'aurait qu'à s'inspirer des traditions que crée la commission actuelle; si nous augmentons encore les dépenses de 250 millions, si nous augmentons les déficits qui viendront accroître notre dette, il faut dire que nous renonçons désormais à établir dans ce pays ce système d'amortissement particulièrement cher à M. le ministre des finances, dont il avait fait l'année dernière un des points essentiels de son programme. Il faut dire adieu à tout cela. Il faut constater que la France, entourée de difficultés, pressée par les nécessités de l'existence, forcée d'augmenter encore le fardeau si lourd qui pèse sur elle, verra diminuer sa force productrice et peut-être sa force militaire dans des circonstances exceptionnelles. (*Applaudissements au centre et à droite.*)

L'avenir me paraît plein de menaces comme il vous le paraît à vous-mêmes. Vous avez la menace de dépenses nouvelles, — et ici nous n'avons que l'embarras du choix, — elles se défendent toutes par leur utilité, quelques-unes par leur nécessité.

Vous avez le projet que vous avez voté contre l'avis de M. le ministre des finances il y a quelques semaines, ce projet qui augmenterait la garantie d'intérêts en accordant des facilités ou des sécurités nouvelles aux ouvriers et employés de chemins de fer.

Vous avez les augmentations des postes et de toutes les administrations qui frappent à la porte.

Vous avez les instituteurs à qui vous avez promis à partir de 1903, parce que le budget de 1902 ne pouvait pas le supporter, un supplément de traitement.

M. Maurice Faure. — C'est la volonté de la Chambre, du reste.

M. Ribot. — Je ne conteste aucune de ces dépenses, c'est leur chiffre total qui m'inquiète.

Vous avez la loi des retraites que nous avons heureusement fait ajourner à la législature future. Il a suffi que le pays fût consulté, que les véritables intéressés fussent appelés à s'expliquer pour que l'édifice si laborieusement construit par M. le ministre du commerce s'écroulât tout entier et, aujourd'hui, il n'en est plus question. (*Applaudissements au centre et à droite.*)

A gauche. — Nous n'avons pas repoussé le principe!

M. Ribot. — Ni moi non plus. J'ai indiqué à cette tribune sur quelle base suivant moi devait être établie une loi des retraites; j'ai eu cette bonne fortune, vous me permettrez de le dire, qu'entre le système de M. le ministre du commerce et celui que mes amis et moi nous avons défendu, le pays s'est énergiquement prononcé pour le système que j'ai eu l'honneur de soutenir. (*Très bien! très bien! au centre.*) C'est là une dépense imposée à la production de ce pays au moment où il est écrasé par des charges nouvelles; mais c'est aussi une crise pour les budgets futurs de ce pays. N'en parlons plus!

M. Jules-Louis Breton (Cher). — Nous en reparlerons, au contraire!

M. Ribot. — Oui, l'année prochaine.

M. Camille Pelletan. — Nous prendrons cela sur les raffineurs.

M. Ribot. — Il y a d'autres dépenses encore. Il y a ce nouveau plan de travaux publics qui exigera aussi, j'imagine, une dotation nouvelle aux budgets de l'avenir, il y a toujours les dépenses militaires qui frappent à la porte. Tout cela constitue un ensemble de menaces qui doivent singulièrement inquiéter M. le ministre des finances. Il y a celles qui menacent les forces productives de notre budget, dans les lois d'impôt. Il y a ce projet que vous n'avez pas osé ou que vous n'avez pas pu soutenir à cette tribune pour le faire triompher dans cette législature, le projet d'impôt progressif sur le revenu consistant à mettre une charge de 600 millions sur une minorité. (*Très bien! très bien! au centre.*) Vous avez reconnu que vous vous heurtiez à l'impossible. Il n'y a pas de gouvernement ni de Chambre qui imposera 600 millions à une petite minorité de ce pays. Si cet impôt a été établi en Allemagne, c'est parce qu'il n'atteignait pas 200 millions. Vous, vous demandez 600 millions! Il faut donc que vous fassiez appel à tous ceux qui peuvent payer. Vous ne pouvez pas en faire un privilège à rebours pour une minorité, autrement vous feriez périr la fortune publique et le travail national. (*Applaudissements au centre.*)

Il y a aussi d'autres menaces qui m'inquiètent et qui doivent inquiéter autant M. le ministre des finances. Au moment où il y a une crise générale en Europe, dont nous pouvons sentir les effets, et où il faudrait des ménagements plus attentifs, vis-à vis de notre industrie nationale, où il faudrait éviter de la troubler soit par des excitations dangereuses, soit par des projets mal étudiés, il existe depuis quelques années — vous en conviendrez tous — un malaise, une incertitude, une diminution, qu'on commence à voir, de l'esprit d'entreprise. Il y a, d'un seul mot, une diminution du bon ordre dans tous les esprits. (*Applaudissements au centre. — Interruptions à gauche.*)

Cela c'est la politique générale. M. le ministre des finances est dans une situation difficile parce qu'il répond non seulement des erreurs qu'il peut commettre, mais aussi de toutes les fautes de la politique générale à laquelle il est associé. Je ne lui demande pas ce qu'il pense de toute cette politique qui tend à changer les conditions du travail dans ce pays; je ne lui demande pas ce qu'il a pensé du discours de Lens de l'an dernier et de celui de Lille qui l'avait précédé; je ne lui demande pas ce qu'il pense des menaces de grève qui deviennent un moyen de peser sur les pouvoirs publics et qui constitueront pour l'avenir un péril; (*Applaudissements au centre et sur divers bancs.*) je ne lui demande pas tout cela; je ne veux pas ajouter à tous ses embarras.

Il doit, à l'heure présente, comme moi-même, comme tous les hommes qui réfléchissent et voient clair, avoir au fond du cœur et de l'esprit une grande inquiétude; il l'a, j'en suis sûr.

Et si, en présence du danger qui nous menace, en présence de l'optimisme de la commission du budget, il ne tenait pas le langage ferme que le pays attend; s'il ne lui disait pas la vérité en même temps qu'à la Chambre, ah! alors, nous pourrions avoir les inquiétudes les plus vives et nous demander avec tristesse ce qu'on veut faire de la fortune de ce pays, et des finances françaises qui sont le fondement indispensable de la grandeur et de la puissance nationales. (*Applaudissements vifs et répétés au centre et à droite et sur divers bancs de la gauche. — L'orateur, en retournant à son banc, reçoit les félicitations d'un grand nombre de ses collègues.*)

DISCOURS SUR LES FINANCES

(RÉPLIQUE AU MINISTRE DES FINANCES)

9 décembre 1901

Dans la séance du 9 décembre, le ministre des finances M. Caillaux prononça, en répondant à M. Ribot, un grand discours où il s'efforça de réfuter les critiques dirigées contre son administration.

La Chambre, sur la proposition de MM. Couyba et Berteaux, ordonna, par 265 voix contre 204, l'affichage de ce discours.

M. Ribot répliqua immédiatement au ministre dans les termes suivants :

Messieurs,

J'ai écouté la péroraison fort éloquente de M. le ministre des finances où il montrait que la France n'est pas aujourd'hui au bord de la ruine, qu'il ne faut pas calomnier ce pays en disant que sa force productrice a diminué. J'ai retrouvé là à peu près le langage que moi-même j'avais tenu. (*Applaudissements au centre.*)

Oui, il ne faut pas dire à ce pays de se décourager. Je ne suis pas de ceux qui lui tiennent ce langage. J'approuve encore et j'applaudis M. le ministre des finances quand il ajoute : qu'il faut dire à ce pays de « rudes vérités ». Je ne crois pas que l'autre jour, dans mon discours où je m'étais efforcé de m'élever au-dessus des discussions de partis... (*Rires ironiques à gauche. — Applaudissements au centre.*)

Messieurs, le pays, moins échauffé que vous, (*Très bien! très bien! au centre.*) bien que mon discours soit peut-être dans une condition d'inégalité puisqu'il ne sera pas affiché sur tous les murs...

M. Boutard. — Mais non! je vais proposer l'affichage. (*Bruit.*)

M. Ribot. — ... le pays pensera certainement que, dans le langage que j'ai tenu, il n'y avait ni violence, ni passion, ni polémique personnelle, que je m'étais élevé fort au-dessus des divergences des partis et que j'ai traité la question comme il convenait, en m'inspirant non pas des intérêts passagers des partis et de nos tristes dissensions, mais de l'intérêt supérieur du pays. (*Applaudissements au centre.*)

Je n'avais pas dit les rudes vérités que M. le ministre des finances appelle de la part de l'opposition. Et pourtant, à voir le ton sur lequel on m'a répondu, sur lequel on a relevé les comparaisons que j'avais faites, je me demande ce qui serait arrivé si, m'inspirant du conseil que nous donne M. le ministre des finances, j'avais voulu tenir ce mâle langage et dire à la Chambre les rudes vérités qu'on paraît solliciter.

Laissons les questions de partis, et, si vous le voulez bien, ramenons ce débat à ce qu'il doit être, à une discussion simple, claire et paisible. (*Très bien! très bien! au centre.*)

Monsieur le ministre, j'ai eu la prétention d'apporter à cette tribune une discussion sérieuse, une discussion fondée sur des chiffres sérieux; et pour cela j'ai pris non pas les chiffres que j'aurais pu trouver moi-même, mais ceux que vous m'avez fournis. Et par quel singulier hasard, par quelle singulière opération, ayant discuté sur les chiffres de M. le ministre des finances, me trouvé-je en ce moment en si complet désaccord avec lui, et accusé par son discours, devant le public et devant le pays, de m'être appuyé ici sur des chiffres erronés? (*Applaudissements au centre et à droite.*)

Il faut s'expliquer.

J'ai comparé, non pas dans un but de polémique, mais parce que c'était mon devoir — et c'est ainsi qu'on discute le budget — l'œuvre financière de la dernière législature à celle-ci, afin d'envisager, et de prédire peut-être ce que serait l'œuvre de la prochaine législature. J'ai montré d'une part que les dépenses avaient grandi beaucoup plus vite au cours de cette législature que dans la législature précédente. Sur ce point, M. le ministre des finances m'a donné complètement raison; il a même été au delà du chiffre que j'avais indiqué.

En effet, dans les quatre années que nous venons de traverser, les dépenses — entendez les dépenses ordinaires, normales — ont été augmentées de 255 millions. C'est le chiffre que j'ai noté en écoutant M. le ministre des finances; — j'avais dit, moi, 250 millions, vous voyez que j'étais encore au-dessous de ce que vient d'indiquer M. le ministre! — et j'avais montré que dans la précédente législature les dépenses n'avaient augmenté que de 83 millions, auxquels on peut ajouter le bénéfice de la conversion, ce qui fait 151 millions. Je crois que nous sommes d'accord.

Donc je retiens que, sur ce point capital — l'augmentation des dépenses dans la période dont il s'agit — M. le ministre des finances donne le même avertissement que moi, et qu'il a confirmé les chiffres que j'ai apportés.

M. LE MINISTRE DES FINANCES. — Voulez-vous me permettre une simple observation, monsieur Ribot?

M. RIBOT. — Volontiers!

M. LE MINISTRE. — Je suis d'accord avec vous sur les deux points suivants : entre le budget 1898 et le projet de 1902 il y a un écart de 255 millions, — vous avez dit 250 millions, — mais vous oubliez qu'en 1898 il y avait un certain compte spécial...

M. Ribot. — Je vais vous répondre sur ce point.

M. le ministre. — ... qui était en dehors du budget.

M. Ribot. — Mais ce compte est terminé!

M. le ministre. — Je vous demande pardon, il figure encore dans le budget actuel.

M. Ribot. — Pour 9 millions.

M. le ministre. — Il était encore de 25 millions l'an dernier.

M. Ribot. — Oui, mais cette année, il n'est plus que de 9 millions.

Nous comparons le budget de 1898 et celui de 1902; il faut mettre de la rigueur et de la précision dans cette discussion. Eh bien! le compte dont vous parlez...

M. le ministre. — Mais, monsieur Ribot...

M. Ribot. — Permettez-moi, monsieur le ministre, de finir mon explication. (*Parlez! parlez! au centre.*)

Il y a dans le budget actuel 9 millions pour complément d'armement. Le compte de 53 millions auquel fait allusion M. le ministre des finances existait bien en 1898; mais il ne constituait pas une dépense permanente, normale; cela est de toute évidence.

Et dès lors, quand on veut comparer deux budgets, non au point de vue final de l'excédent qu'ils peuvent laisser, mais au point de vue spécialement grave et important de l'augmentation des dépenses permanentes, ordinaires, c'est-à-dire de celles qu'on ne peut plus réduire dans l'avenir, j'ai le droit de dire à M. le ministre des finances qu'il ne doit pas tenir compte de ces 53 millions puisqu'ils ont complètement disparu de nos budgets, à 9 millions près.

Et alors, si je prends le bloc des dépenses normales, ordinaires, dans les deux budgets, je trouve cet écart de 255 millions. J'en retire, si vous voulez, 9 millions, il restera 246 millions qui marquent le progrès des dépenses pendant les quatre années qui viennent de s'écouler. (*Très bien! très bien! au centre.*)

Sur ce point, il ne peut pas y avoir de désaccord, ce sont des chiffres assez clairs pour que la Chambre et le pays les comprennent. (*Très bien! très bien! au centre.*)

Mais j'avais traité la question à un autre point de vue; j'avais fait la comparaison entre la précédente législature et celle-ci au point de vue du déficit ou de l'excédent en fin de législature. J'avais pris les chiffres que M. le ministre des finances avait bien voulu me communiquer. Il en résultait que la période 1893-1898, qui représente pour moi l'ancienne législature...

M. LE MINISTRE DES FINANCES. — Y compris 1898...

M. RIBOT. — Nous discuterons, monsieur le ministre, si l'année 1898 appartient à la dernière législature ou à celle-ci; je puis même vous l'abandonner; mais enfin, pour la période 1893-1898, il y avait environ 75 millions d'excédent.

M. le ministre des finances était même beaucoup plus optimiste que moi à un certain moment, puisqu'il annonçait à la Chambre, dans un document officiel, qu'il y avait un excédent de 550 millions.

M. LE MINISTRE. — Je me suis trompé!

M. RIBOT. — M. le ministre vient de déclarer, dans des termes qui mettent fin à toute discussion, qu'il avait commis une erreur.

Je me permettrai de dire, monsieur le ministre, que c'est une assez grosse erreur, (*Rires au centre.*) et que, pour les chiffres nouveaux que vous avez fournis au cours du débat, sans explications, quelque confiance que j'aie dans votre capacité, je suis obligé de faire une réserve.

Donc, vous vous étiez trompé; vous aviez pensé qu'il y avait 550 millions de boni, alors qu'il n'y en avait, en réalité, que 75 millions.

Et pour la période qui suit, qui commence en 1899, il y a une première année qui a laissé un boni de 34 millions, si je ne me trompe, et une année, 1900, qui est en déficit de 45 millions. Sur le papier que vous m'avez remis, il y a une variante, et je suis bien obligé d'en dire un mot, puisque vous avez traité la question à la tribune.

Le document que vous m'avez remis, monsieur le ministre, — et je vous en remercie, — constatait que le budget de 1900 était en déficit de 45 millions; mais on faisait remarquer qu'il y avait une manière de le présenter comme ayant un boni de 25 millions : il suffisait tout simplement de déduire les dépenses de Chine, et alors on voit apparaître un boni au lieu d'un déficit. (*Mouvements divers.*)

Je ne crois pas que vous ayez le droit de le faire.

M. Camille Pelletan. — C'est le système que vous avez voté.

M. Ribot. — Du tout!

M. Camille Pelletan. — Vous aviez dit que vous le voteriez, mais au dernier moment vous ne l'avez pas voté. Ce qui prouve qu'il est toujours temps de bien faire! (*Rires à gauche.*)

M. Ribot. — Permettez-moi de vous dire que les dépenses de 1900, qu'elles aient été faites sur les fonds du budget ou sur les fonds d'emprunt, doivent entrer en ligne de compte. Les sommes avancées par la dette flottante, monsieur Pelletan, étaient prises sur des fonds d'emprunt. Vous êtes un financier trop expérimenté pour le contester.

M. Camille Pelletan. — C'est pour cela que nous persistons à les comprendre dans le chiffre de la dette totale.

M. Ribot. — Incontestablement. Les dépenses de Chine sont des dépenses de l'exercice ; M. le ministre a dit qu'il fallait réunir toutes les dépenses du budget, quels que soient les moyens pour y faire face. J'applique ce qu'il a dit et qui est l'exacte vérité. (*Très bien! très bien! au centre.*) Les dépenses de Chine n'ont pas été faites sur les fonds budgétaires, elles ont été faites sur les fonds d'emprunt, elles n'en constituent pas moins une charge de l'exercice.

M. le ministre des finances, dans les chiffres qu'il m'a communiqués et sur lesquels j'ai discuté sérieusement devant la Chambre, reconnaissait qu'il pouvait y avoir, suivant que l'on envisageait ou non les dépenses de Chine, ou un déficit de 45 millions ou un excédent de 25 millions. Mais il s'est passé depuis un fait que je dois faire connaître à la Chambre, parce qu'elle verra dans quelles conditions nous discutons nos budgets.

Samedi dernier, M. le ministre des finances a bien voulu m'envoyer un fonctionnaire de son ministère qui m'a dit que les derniers chiffres qui m'avaient été donnés n'étaient peut-être pas exacts. On m'a demandé de les rectifier. J'apporte toujours, dans ces discussions, la plus grande courtoisie et j'ai dit que je ne faisais aucune difficulté... (*Interruptions à l'extrême gauche.*) Permettez-moi, messieurs, de m'expliquer.

M. le ministre des finances m'a fait dire que les sommes avancées pour notre compte par les compagnies de chemins de fer avaient été calculées trop haut dans la comptabilité du ministère des travaux publics. J'ai répondu tout de suite : Si nous discutons le point, je ferai remarquer que la comptabilité du ministère des travaux publics inspire bien peu de confiance au point de vue du chiffre définitif, puisque M. le ministre des finances est obligé de reconnaître que dans la fixation de l'étendue de la dette à la fin de 1898, il y avait une erreur d'au moins 65 millions.

Mais il y a autre chose! M. le ministre des travaux publics a fait pressentir, l'année dernière, que les 70 millions inscrits comme maximum des avances des chemins de fer étaient à peine suffisants. Il a laissé entendre qu'il demanderait qu'on les relevât. Je suis donc très étonné que, dans la comptabilité du ministère, ces dépenses figurent pour un chiffre tellement amoindri. Je n'insinue pas qu'on fait des comptabilités de complaisance; mais enfin chacun sait que les comptabilités du ministère des travaux publics ne sont pas soumises, de la part du ministère des finances, à un contrôle assez rigoureux, pour que M. le ministre des finances ne commette pas une imprudence en s'en portant garant. (*Mouvements divers.*)

Ainsi donc, samedi, à cinq heures du soir, on me disait : « Prenez mes chiffres, comprenez-y 1898 — qui appartient à la période antérieure; je veux bien vous la laisser pour les besoins de la discussion — vous verrez que les années 1899 et 1900 laissent un excédent au lieu d'un déficit. » — Heureux excédent qui apparaissait à la veille d'un discours! (*Rires au centre. — Mouvements divers.*) Il était de 174 millions. Je me réjouissais, mais j'ai eu un sentiment un peu différent tout à l'heure quand j'ai entendu M. le ministre des finances, et l'insistance avec laquelle M. le ministre s'opposait à ce que je pusse placer un seul mot de contradiction, de ma place, augmentait encore l'intensité du sentiment que j'éprouvais. C'était un sentiment de surprise, je ne veux pas dire un sentiment de stupéfaction, le mot serait trop fort.

Voilà une législature pour laquelle on commence par dire : « Il peut y avoir un excédent, si on retranche les dépenses de la Chine. » Samedi, il y avait 174 millions de boni, et tout à l'heure M. le ministre des finances dit qu'il y a 334 millions d'excédents pour cette période.

M. LE MINISTRE DES FINANCES. — Pardon! vous n'avez pas suivi complètement mon raisonnement.

J'ai dit qu'il y avait 334 millions d'excédents en ne tenant pas compte — c'est ma conception financière, — des travaux faits par les compagnies de chemins de fer. Je l'ai expliqué longuement.

Ce chiffre de 334 millions correspondait exactement avec ceux qui vous ont été fournis, puisqu'il n'avait été commis d'erreurs — et non de mon fait, — que sur les travaux remboursables par annuités et que, pour ne pas m'appuyer sur ces différences, je me suis contenté de dire *in globo* que les travaux remboursables par annuités représentaient une somme que j'ai évaluée à tant.

M. Ribot. — Vous voyez qu'il est bon de s'expliquer.

M. le ministre des finances. — Si vous m'aviez écouté!...

M. Ribot. — Si vous m'aviez écouté aussi quand j'ai demandé à présenter une observation! (*Très bien! et rires au centre.*) Cela vous gênait visiblement.

Les rectifications viennent un peu tard, mais elles viennent. Vous avez entendu, messieurs, les explications de M. le ministre des finances. Je persiste à les trouver singulières. Il nous a dit, avec un grand luxe de démonstration : « Laissons les mauvais procédés d'autrefois qui consistent à ne pas tenir compte, pour juger un exercice, des dépenses qui ne sont pas faites au budget. »

Vous nous l'avez dit sur tous les tons, monsieur le ministre, et vous aviez mille fois raison : les dépenses avancées par les chemins de fer sont considérables, environ 70 millions par an. Il est bien évident que si vous ne les mettez pas dans le compte des dépenses, vous arriverez à des résultats sensiblement différents; mais si vous aviez fait la même correction pour toutes les années antérieures, tout ce que vous avez apporté à la tribune en serait modifié.

M. LE MINISTRE DES FINANCES. — Pas du tout, car j'en ai tenu compte.

M. RIBOT. — En tous cas, vous conviendrez bien que c'est une politique financière un peu facile, un peu indulgente pour elle-même, que celle qui consiste, avant une discussion, à mettre ces travaux dans le total des dépenses de telle ou telle année et, après un discours auquel on doit répondre, de dire : « Mais non! ces dépenses, nous les distrayons... »

A gauche. — On ne l'a pas dit.

M. RIBOT. — Pardon! c'est ce qu'on a fait!

... nous les mettons de côté, nous ne les comprenons pas dans le total des dépenses.

Mais où les mettez-vous si vous ne les mettez pas dans le total des dépenses de l'année? J'attends votre interruption en ce moment.

M. LE MINISTRE DES FINANCES. — J'ai déjà exposé assez longuement qu'à mon sens il y avait une différence considérable entre les travaux faits par les compagnies de chemins de fer, et remboursés par annuités, et les autres dépenses hors budget que l'État pouvait engager.

Cette différence considérable est celle-ci : c'est que les travaux en question, remboursables par annuités, correspondant à des emprunts faits par les compagnies de chemins de fer, sont en même temps compensés dans le budget des compagnies par des amortissements à peu près égaux, souvent même supérieurs, et je remarquais, — c'est ma théorie, vous la contestez, je le comprends, mais je vous donne une explication que j'ai déjà donnée à la Chambre; cette explication est celle que bien des financiers ont donnée en pareil cas à la tribune, celle que M. Jules Roche, dans une autre circonstance, — je n'entends pas me retrancher derrière aucun nom, — a fait prévaloir dans un duel célèbre entre lui et M. Henri Germain, à savoir que les travaux en question, qui sont payés par annuités remboursables, appartiennent à des budgets qui sont liés au budget de l'État et où l'on amortit d'autre part tout ce que l'on emprunte. Voilà ma théorie.

M. Ribot. — L'explication est assurément fort ingénieuse; vous verrez, messieurs, dans quelle mesure elle est solide. M. le ministre des finances se borne à dire que parce que les compagnies empruntent pour notre compte, non en rente perpétuelle, mais en amortissable en soixante ans, nous pouvons ne pas considérer comme des dettes de l'État les sommes ainsi empruntées pour notre compte par les compagnies. C'est bien là votre explication, monsieur le ministre?...

Eh bien! nous pourrions appliquer le même raisonnement aux dépenses que l'État fait directement et qu'il amortit en plus ou moins longtemps, et vous pourriez retrancher de la dette une somme qui aggraverait encore votre erreur de 500 millions. (*Applaudissements au centre.*)

Je tenais à faire cette rectification parce que j'ai la prétention de ne discuter que sur des chiffres qui m'ont été fournis comme certains. Je suis obligé de dire à la Chambre avec regret que les chiffres qui m'ont été fournis il y a huit jours diffèrent de ceux qui m'ont été fournis samedi dernier et diffèrent encore de ceux qui ont été apportés à la tribune.

Ces explications étaient nécessaires. M. le ministre des finances a éprouvé le très grand besoin, quoique je n'eusse pas fait œuvre de polémique à cette tribune, de marquer que la législature actuelle avait, jusqu'en 1901, contribué à amortir une partie de la dette. Elle n'a rien amorti puisqu'on laisse en dehors tout l'emprunt de Chine, 265 millions, et les sommes avancées par les compagnies, c'est-à-dire 70 millions par an. A cela près notre dette diminue. (*Rires et applaudissements au centre.*)

Mais, messieurs, le point sur lequel il faut insister, auquel je reviens parce que c'est celui qui regarde surtout l'avenir, c'est l'augmentation des dépenses. Ce que nous venons de voir, c'est le passé. Que tel exercice ait diminué la dette ou l'ait augmentée, c'est de l'histoire. Je dis, et l'histoire dira, que la législature précédente a commencé l'amortissement et que celle-ci nous replonge dans les déficits. C'est trop évident.

M. Lasies. — Très bien!

M. Ribot. — Mais ce qui est plus important encore, c'est l'avenir.

Je me suis borné à dire que les dépenses avaient augmenté dans cette législature dans une proportion inquiétante, M. le ministre des finances reconnaît une augmentation de 255 millions en quatre ans. Eh bien, les mâles paroles que l'on prononce à la fin d'une discussion générale du budget ne suffisent pas à effacer un tel chiffre. (*Très bien! très bien! au centre.*)

Il y a 255 millions de dépenses nouvelles; et si la Chambre continue ainsi, si la législature suivante, n'étant pas avertie, ajoute encore 250 millions, soit un milliard, après quatre législatures, — je dis qu'il n'y a plus de budget dans notre pays, que la dette va tout envahir, et que cette fortune publique, qui est encore debout à cette heure, pourra être sérieusement atteinte. (*Très bien! très bien! au centre.*)

Pour expliquer ces 250 millions, M. le ministre des finances nous a dit : « Mais enfin, que voulez-vous? Nous sommes en face de nécessités de toutes sortes, de budgets démocratiques qui augmentent, de dépenses militaires incoercibles, de manufactures qui étendent leur fabrication, etc. »

Tout cela est vrai, monsieur le ministre des finances; et on a cherché à me faire une querelle, qui était bien à côté de la question, quand on a dit que je ne reconnaissais pas la nécessité ou l'utilité de toutes ces dépenses qui frappent à la porte. Je l'ai dit à cette tribune moi-même : non, je ne conteste aucune de ces dépenses, ni le traitement des instituteurs, ni l'augmentation du traitement des facteurs des postes; je n'en conteste aucune.

A l'extrême gauche. — Eh bien! alors?

M. RIBOT. — Je l'ai écrit en toutes lettres dans les budgets que j'ai proposés. Il faudrait, pour le contester, fermer les yeux à l'évidence. (*Applaudissements au centre.*)

Nous sommes dans un pays qui se transforme, et toute transformation, tout développement de vitalité a sa répercussion dans le budget sous la forme d'une augmentation de dépenses. Mais ce que j'ai dit, ce que je répète, c'est que le devoir du ministre des finances, du gouvernement, est de faire le total, la masse de ces dépenses et de ne les admettre dans nos budgets qu'au fur et à mesure qu'il y a des disponibilités par l'accroissement des recettes. (*Très bien! très bien! au centre.*) Voilà la vraie théorie financière, la théorie de la prudence, voilà la politique patriotique! (*Exclamations à l'extrême gauche.*) Oui, patriotique!

Eh bien! 250 millions, c'est trop, ai-je dit, beaucoup trop, c'est imprudent.

On a dit : « Mettez-vous à notre place; que feriez-vous? car il est facile de critiquer, il est plus difficile d'agir. » On a fait une allusion — je l'ai relevée et j'ai dit à M. le ministre des finances que je m'expliquerais — aux budgets que j'ai défendus ou proposés. On a eu l'air de dire — on le dit surtout au dehors, car, ici, en face de moi, on n'ose pas (*Exclamations à gauche. — Très bien! très bien! au centre.*) — que, dans une pensée d'opposition, je conseille une politique que, lorsque j'avais la responsabilité du pouvoir, je n'aurais pas pratiquée moi-même. Je considère que c'est là le plus grave reproche qu'on puisse faire à un homme politique. Le budget de 1895, dont M. le ministre des finances voulait m'attribuer la paternité, n'est pour moi qu'un enfant d'adoption, il le sait bien. Il a eu deux parrains avant moi : le très regretté M. Burdeau et mon excellent ami, M. Poincaré. Je l'ai recueilli au lendemain d'une démission présidentielle et d'une crise qu'il fallait à tout prix terminer. On était en pleine discussion du budget. Me ferez-vous un reproche, vous qui êtes au ministère depuis trois ans, (*Exclamations ironiques à gauche.*) de ne pas l'avoir suffisamment préparé?

M. LE MINISTRE DES FINANCES. — Il me semble que je ne vous ai fait aucun reproche.

M. COUTANT. — On vous fait le reproche d'avoir voté les dépenses que vous combattez!

M. RIBOT. — Mais j'ai à répondre du budget suivant. Le budget de 1896, messieurs, est un des très rares budgets de ce pays qui aient été en diminution sur le budget précédent; je n'ose pas dire le seul. Je l'ai présenté avec 23 millions d'augmentations, c'est-à-dire avec une somme inférieure aux économies que d'ordinaire la commission du budget y introduit.

J'ai expliqué, dans l'exposé des motifs, de quels éléments se composait cette augmentation : 12 millions résultaient de lois votées, alors que je n'étais pas ministre des finances. Que pouvais-je faire? Pouvais-je dire à la Chambre qu'elle devait ne pas tenir les engagements qu'elle-même avait souscrits?

En tout cas, j'ai dit à mes collègues que je n'accepterais aucune augmentation de dépenses, si intéressante qu'elle fût, si elle n'était pas couverte par une économie correspondante dans le même budget, et j'ai obtenu ce résultat que les économies, réalisées par mes collègues, dépassaient de 1,100,000 fr. les chiffres des augmentations inscrites à leurs budgets.

Il y a une exception pour les ministères de la guerre et de la marine. La Chambre avait manifesté d'une façon non équivoque qu'elle voulait voir relever les effectifs à 540,000 hommes.

Le conseil supérieur de la guerre s'était prononcé à l'unanimité dans ce sens. J'ai effacé toutes les augmentations qui avaient été demandées; sur celle-là j'ai cru que je ne pouvais pas résister et j'ai accepté 10 millions. (*Très bien! très bien! au centre.*) Et le général Zurlinden, qui était ministre de la guerre, a bien voulu s'en contenter. Il voulait se retirer parce que je ne consentais pas aux augmentations qui m'étaient demandées; il voulait se retirer, en brave soldat qu'il était. Je lui ai dit : « Non! tant que les recettes n'augmentent pas, nous ne pouvons pas engager de nouvelles dépenses; je mettrai 10 millions, et rien de plus. »

Et j'ai dit au ministre de la marine : « Je n'inscrirai pas les dépenses nécessaires pour la construction de la flotte tant que, par une revision des crédits, nous n'aurons pas trouvé les économies nécessaires, » et l'amiral Besnard est resté. Je crois que nous avons fait là une œuvre qui ne mérite pas de critiques et qui peut-être, dans une période difficile comme la nôtre, peut servir de leçon et d'exemple. (*Applaudissements au centre et à droite.*)

On ne fait pas, ai-je dit, d'économies en trois semaines; les économies qu'on apporte ainsi sont infiniment suspectes; les vraies économies ne peuvent résulter que d'une revision attentive de tous les services, d'un remaniement profond de quelques-uns et d'une large décentralisation. (*Très bien! très bien!*)

Voilà l'idée que j'ai émise dans ce budget de 1896; il n'a pas dépendu de moi que je pusse la mener jusqu'au bout, mais je n'admets pas que sur aucun banc de cette Chambre, on puisse adresser aux hommes qui étaient au gouvernement à cette époque le reproche d'avoir été en contradiction avec eux-mêmes. Faites aussi bien que nous avons fait;

je ne veux pas triompher, mais faites aussi bien! Maintenez les dépenses au taux où elles étaient l'année précédente, augmentez-les même de 23 millions, vous serez loin des 250 millions qui représentent les charges si lourdes désormais qui sont incorporées à nos budgets.

J'ajoute, monsieur le ministre des finances, qu'ayant la responsabilité de l'exécution du budget de 1895, j'ai fait une chose encore unique dans l'histoire des derniers budgets, j'ai maintenu les crédits supplémentaires dans une telle limite que, pour la première et la dernière fois, ils ont été au-dessous des annulations. Il y a eu, pour le budget de 1895, 32 millions de crédits supplémentaires et 42 millions d'annulations.

Je crois que j'ai montré — il est vrai que j'étais président du conseil, — une dose suffisante de cette qualité que M. Thiers réclamait : la férocité vis-à-vis de mes collègues. Je l'ai eue. Ayez-la, monsieur le ministre des finances; ne laissez pas grossir les dépenses comme elles ont grossi démesurément dans ces quatre années. Nous serons d'accord avec vous pour vous y aider; mais reconnaissez que le pas fait dans cette législature a été souverainement imprudent et qu'ayant recueilli des budgets comme ceux que nous a laissés la législature de 1893-1898, nous léguons à nos successeurs de singulières et terribles difficultés. (*Applaudissements au centre et à droite.*)

M. le ministre des finances a ajouté : « La législature de 1893 n'a pas fait de réformes et moi j'en ai fait. » Et il s'en glorifie; il monte au Capitole.

Il n'est pas tout à fait vrai que le législateur de 1893 n'ait pas fait de réformes. Cette loi sur les successions dont vous êtes si fier, qui donc en est l'initiateur et le véritable auteur? Vous l'avez un peu oublié. Ce n'est pas tout à fait vous, monsieur le ministre des finances, c'est mon ami M. Poincaré, qui vous interrompait tout à l'heure, qui a fait voter cette loi. Vous avez eu la bonne fortune de pouvoir la faire voter définitivement par le Sénat et de l'appliquer; mais enfin vous conviendrez bien que le législateur de 1893 a quelque part dans l'élaboration décisive de cette loi.

Et puis, vous savez, monsieur le ministre des finances, il ne s'agit pas de faire assaut de réformes. Il y a des réformes qu'il faut faire et il y en a encore plus qu'il ne faut pas faire.

A cet égard, je vous rends pleine justice. Vous avez pris position, et je vous en félicite, — et il est bon que cela soit dit en ce moment-ci, — vous avez pris position contre cet impôt général sur le revenu dont vous n'avez pas parlé tout à l'heure, que vous avez combattu, que vous avez fait écarter de notre budget. Pour cela je vous rends grâce, (*Applaudissements au centre et à droite.*) et, si vous aviez apporté pour les boissons une loi un peu mieux équilibrée, mes actions de grâces n'auraient plus de limites. (*Très bien! très bien!*)

Il ne s'agit pas en ce moment de discuter si la loi était bonne ou mauvaise en elle-même, il s'agit de la caractériser au point de vue fiscal. Vous ne pouvez pas être émerveillé de votre œuvre, permettez-moi de le dire, comme ministre des finances, je ne dis pas comme député de la Sarthe; (*Applaudissements et rires au centre et à droite.*) elle laisse dans notre budget un trou de 50 millions. Vous ne voulez pas que l'année prochaine les bulletins mensuels du ministère des finances accusent une moins-value. Cela fait mauvais effet, et alors vous diminuez les évaluations de 50 millions.

Cette réforme est à votre actif, mais elle est tout au moins très contestable au point de vue de nos finances. Vous avez oublié, vous, à l'actif de la précédente législature, un dégrèvement sur l'impôt foncier de 25 millions.

Mais je ne veux pas prolonger cette comparaison entre deux législatures. Je veux arriver — et en quelques mots répondre à M. le ministre des finances — à cette partie de son discours où il a fait ce qu'on appelle, dans l'art de la guerre, une diversion : quand on est serré, gêné, sur un point, on cherche à se donner de l'air, n'est-il pas vrai, sur un autre point? Alors, tout naturellement, M. le ministre s'est attaqué à la législation des sucres; il s'est ménagé ainsi ce qu'on considère comme un gros succès de ce côté de la Chambre (*l'extrême gauche*). De ce côté, en effet, on n'aime pas la législation des sucres.

M. Klotz. — Il y a des exceptions.

M. Gustave Rouanet. — Il n'y a que cinq départements qui profitent de cette législation.

M. Ribot. — Un ministre des finances qui vient dire : « Voilà une législation qui ne sert que des intérêts particuliers » est toujours sûr d'être applaudi. Mais il est assez singulier qu'un ministre des finances traite, à cette tribune, d' « intérêts particuliers » les intérêts agricoles d'une grande région (*Applaudissements au centre et à droite.*) qui est l'une des plus riches de ce pays, qui contribue pour une très forte part aux ressources de l'Etat par les impôts qu'elle paye. Il est vrai que M. le ministre des finances, bien qu'il s'en défende, a soutenu sur ce point certaine théorie.

Il pense que le Trésor peut triompher de la pauvreté des récoltes; il insinue qu'on peut se consoler aisément de ce qu'une récolte n'atteint pas le chiffre normal, si d'ailleurs le budget profite de cette insuffisance.

Mais, monsieur le ministre, vous parlez, je crois, avec un peu de légèreté de ce grand intérêt de l'industrie du sucre qui, par son amplitude, est bien un intérêt national. Vous avez fait une chose que, pour ma part, j'ai trouvée vraiment imprudente et inconcevable : c'est, à la veille de cette conférence où vous envoyez des délégués, de dresser à cette tribune un véritable acte d'accusation contre la loi de 1884! (*Applaudissements au centre.*)

A l'extrême gauche. — Puisque la conférence se réunit pour supprimer les primes!

M. Ribot. — La démonstration était faite pour ce côté de la Chambre (*l'extrême gauche*), mais elle sera entendue ailleurs par ceux contre lesquels nous avons à lutter, par les Allemands, par les Autrichiens qui s'empareront de vos paroles.

Vous avez eu un scrupule; vous avez dit : « Je ne veux pas attaquer la loi.» Mais qu'auriez-vous fait si vous aviez voulu l'attaquer? (*Applaudissements au centre.*)

Vous l'avez prise de front et vous avez dit : « Cette loi est mauvaise au point de vue fiscal. » Et cela, quoiqu'elle nous ait donné 190 millions en moyenne depuis 1884, alors que M. Tirard disait : « Garantissez-moi 140 à 150 millions et je serai satisfait. » Vous trouvez que ce n'est rien!

M. le ministre des finances ajoutait : « Je n'ai pas eu tort d'évaluer le produit des sucres à 190 millions pour 1901. » Eh bien! si, vous avez eu tort. Vous avez commis deux erreurs. Vous avez dit : « Il faut tenir compte rigoureusement de la pénultième année, » et quand je me permets de dire : « Pourquoi n'en tenez-vous pas compte au point de vue des boissons, pourquoi avez-vous réduit les évaluations du produit de l'impôt sur l'alcool pour 1902, et pourquoi avez-vous fait cette année une déduction de 20 millions même pour les sucres? », vous n'avez rien répondu. Vous ajoutez : « Je ne pouvais pas savoir au mois de mai quelle serait la récolte en septembre. » Eh bien! mais c'est la fabrication des derniers mois de 1900, vous le savez, qui se répercute sur le budget de 1901.

Lorsqu'il y a eu une bonne année au point de vue

des rendements, on se dit : « L'an prochain, à partir du mois de janvier, — parce que les sucres ne sortent qu'en janvier et non en septembre avant d'être fabriqués — l'an prochain nous aurons une moins-value dans les recettes. » Vous avez donc eu tort d'agir comme vous l'avez fait.

Vous dites : « Mais le consommateur, on fait, par cette loi, peser sur lui un tribut. » Vous savez bien que ce n'est pas exact. (*Exclamations à gauche.*) Certes le système de concurrence effrénée qui s'est établi entre tous les Etats producteurs de sucre, tout ce système de lutte à outrance qui tend à abaisser toujours les prix n'est pas admirable en lui-même; on a faussé toutes les lois économiques. (*Très bien! très bien!*)

Mais enfin quel est le résultat de cette guerre à outrance? C'est d'avilir les prix, tout le monde le dira. Il n'y a pas un économiste qui ne le dise. La conséquence est que les sucres, qui se vendaient 60 à 70 francs au moment de la loi de 1884, sont tombés à 22 francs et 20 francs.

M. Gustave Rouanet. — Partout!

M. Ribot. — Il n'y a pas de pays où l'on puisse produire normalement le sucre à ce prix; il est déprécié par la concurrence, par cet état de guerre que tous les pays ont institué.

M. Eugène Fournière. — Donc le ministre ne se trompait pas tout à l'heure.

M. Ribot. — Je ne dis pas que la loi de 1884 soit conforme à l'idéal économique, mais qui l'a faite? Ce sont les Allemands qui ont établi ces primes, ces bonis de fabrication, et qui nous ont littéralement écrasés. Et vous vouliez qu'en 1884 nous assistions impassibles à cette ruine de notre industrie sucrière, et que nous ne ramassions pas les armes que l'on avait forgées contre nous! Est-ce là ce que vous vouliez? (*Applaudissements au centre.*)

A l'heure présente, il est très imprudent de parler

de ces choses dans les termes où on l'a fait tout à l'heure à la tribune. En effet, nous sommes en présence des Allemands et des Autrichiens, qui ont substitué à ces bonis de fabrication un procédé qui aboutit au même résultat et qui pèse également sur le consommateur, ces cartels, ces conventions par lesquelles on a majoré les prix... (*Interruptions à gauche.*)

M. Marcel Sembat. — M. Ribot vous indique le remède. Faites le monopole des sucres.

M. Ribot. — ... par lesquelles on a établi pour les sucres un prix factice, artificiel dans le pays producteur même, afin de pouvoir inonder l'Angleterre de sucre à bas prix.

C'est ainsi que la question se pose : Voulez-vous laisser désarmée en face de la concurrence étrangère notre industrie sucrière, avec tous les intérêts qui s'y rattachent dans cette grande région du Nord que je représente?

Et à ce propos, je remercie M. le ministre des finances d'avoir accepté l'affichage de son discours; car très certainement, dans cette région, il n'y a pas de discours qui puisse me valoir une plus grande popularité. (*Rires et applaudissements au centre.*) On y verra en effet que j'ai défendu contre M. le ministre des finances cette loi de 1884, dont il a fait le procès à cette tribune.

Actuellement les Allemands, les Autrichiens, comme je vous l'ai dit, sont armés en guerre; ils peuvent, demain encore, renforcer les avantages indirects qu'ils se procurent; ils ne sont pas au bout, à la limite. Nous, nous nous détruisons nous-mêmes; nous disons nous-mêmes à cette tribune, où tout ce qui se dit a un si grand retentissement, qu'il faut détruire la loi de 1884.

Que dira demain votre plénipotentiaire, votre délégué à la conférence? Quelle sera son attitude, je vous le demande? Vous avez dit : « Nous essayerons de nous entendre, » comme si vous aviez déjà la conviction que l'entente est impossible. Mais on relèvera vos paroles; on les objectera au délégué français. Croyez-moi, ce n'est pas ainsi qu'on défend efficacement les intérêts d'une grande région, déjà si gravement compromis. (*Applaudissements au centre et à droite.*)

Il est vrai que M. le ministre des finances, entraîné par ses vues économiques, nous dit : « Il faudra faire une grande réforme de nos budgets; il faudra en éliminer, en chasser tous ces impôts qui sont des gibbosités — c'est son expression — qui tantôt donnent des bosses en dehors, tantôt des bosses en dedans. » Tel est le langage imagé de M. le ministre des finances! Qu'est-ce que cela veut dire?

Croyez-vous qu'on a fait la législation de 1892, que vous avez attaquée, dans un intérêt fiscal, qu'on a fait des lois de douane pour augmenter le chiffre des impôts?

Non! on a voulu protéger plus efficacement tout un ensemble d'industries, de grandes industries, et, en premier lieu, l'agriculture. Vous vous en plaignez aujourd'hui! Vous voyez l'imprudence du langage que vous avez tenu et qui demain sera sur tous les murs de France! (*Applaudissements au centre et à droite.*) Vous voyez qu'en donnant la main à M. Merlou, qui n'a pas eu les nuances de votre style, qui a dit sans ménagement : « Il faut supprimer les droits sur les blés... »

M. Pierre Merlou, *rapporteur général.* — C'est une erreur complète. Jamais je n'ai dit cela!

M. Ribot. — Vous avez dit que le budget ne vaut rien parce qu'il s'appuie sur la loi des sucres et sur la loi qui frappe en douane les blés et qu'on se trouve ainsi à la merci des bonnes ou des mauvaises années.

Allez donc dire à nos paysans que dans l'intérêt

de la correction de notre budget, et pour en effacer les verrues et les bosses, (*Applaudissements et rires au centre et à droite.*) vous voulez supprimer demain ces droits à l'abri desquels vit et se développe notre agriculture! (*Interruptions à gauche.*)

M. LE RAPPORTEUR GÉNÉRAL. — Je n'ai jamais dit cela et je vous prie de tenir compte de ma rectification!

M. RIBOT. — Vous sentez combien il est dangereux de parler ainsi au pays. Il aura néanmoins une certaine surprise en présence du langage de M. le ministre des finances qui semble considérer que l'idéal à poursuivre par la prochaine législature, c'est, d'une part, l'abolition de la loi de 1884 sur les sucres, et, d'autre part, la réforme du régime douanier de 1892.

Messieurs, je laisse ces considérations et j'arrive à un point essentiel et sur lequel M. le ministre des finances ne s'est pas expliqué complètement.

M. le ministre nous dit : « Le budget de 1902 sera en équilibre; » et il nous apporte la bonne nouvelle qu'il a obtenu de ses collègues 23 millions d'économies; c'est en partie l'œuvre que la commission du budget aurait dû accomplir. (*Rires au centre.*) Ces économies sont les bienvenues ; nous les examinerons, nous les discuterons, et, si elles sont acquises, nous les enregistrerons avec plaisir.

Mais j'avais fait remarquer à M. le ministre des finances — il ne m'a pas répondu sur ce point — qu'il ne suffisait pas d'arriver à trouver 70 millions pour compenser les diminutions de recettes qu'il a lui-même escomptées sur ses prévisions; je lui ai fait remarquer que les recettes de 1901 étaient en diminution non pas de 70, mais d'environ 180 millions sur celles de 1900, qui ont elles-mêmes servi de base au budget de 1902.

Que devient cette insuffisance probable de 100 ou de 105 millions? Vous la laissez en l'air; vous dites :

les plus-values reviendront, elles nous tireront d'embarras. Vous passez sous silence les difficultés parce qu'elles vous embarrassent; mais l'équilibre de votre budget n'existe pas, à 100 millions près. Et encore vous mettez à l'emprunt la garantie d'intérêts, ce qui, vous en convenez vous-même, n'est pas d'une très bonne politique financière.

M. Merlou a dit l'autre jour, par voie d'interruption, que quand j'étais ministre des finances, je faisais de même. Je n'avais pas entendu ou relevé l'interruption; je tiens à y répondre. Dans l'exposé des motifs du budget de 1896, j'ai écrit en toutes lettres qu'il serait d'une très mauvaise politique de mettre à l'emprunt les garanties d'intérêts et qu'il fallait les maintenir rigoureusement au budget ordinaire. Je fais donc cette rectification qui n'est pas sans intérêt.

Cent millions auxquels vous n'avez pas pourvu, 44 millions qui sont mis à l'emprunt, vous conviendrez, monsieur le ministre des finances, que c'est un budget qui entre au monde sous des auspices peu favorables. Je ne vous adresse pas de reproches personnels, quoique tout à l'heure vous ayez semblé plutôt avoir pour vos prédécesseurs, et en particulier pour celui qui est à cette tribune, un peu moins d'équité, peut-être, et de bienveillance que je n'en ai vis-à-vis de mes successeurs.

Je comprends toutes les difficultés auxquelles vous avez à faire face, je ne veux pas, comme je l'ai dit, y ajouter et je ne prononcerai pas une parole qui puisse paraître empreinte de sévérité envers votre personne. Vous avez, dans certaines circonstances, montré du courage, notamment en combattant la proposition de votre ami politique M. Berteaux; vous avez eu moins de succès que de courage; j'espère que vous recommencerez et qu'une autre fois vous serez plus heureux. *(Très bien! très bien! et rires sur les mêmes bancs.)*

Vous avez de grosses difficultés; elles vous viennent de partout. Elles vous viennent de la Chambre, particulièrement de ceux qui se proclament vos amis et qui affichent vos discours avec un très grand enthousiasme. (*Vifs applaudissements au centre et à droite.*) C'est de là que vous viennent les difficultés, et non pas de nous qui, plus modestement, ne réclamons ni affichage, ni bruyantes ovations...

M. BOUTARD. — Je retire ma demande d'affichage. (*Rires et bruit.*)

M. RIBOT. — Ce ne sont pas des difficultés qui vous viennent de notre côté, vous le savez très bien, ce sont quelquefois des conseils exprimés librement, mais dans une forme dont la Chambre a pu apprécier la modération; c'est aussi, dans les moments difficiles, le concours de nos votes que nous ne vous avons jamais refusés quand l'intérêt des finances était en jeu. (*Interruptions à l'extrême gauche.*)

M. MARCEL SEMBAT. — Vous y êtes bien obligés; vous êtes la majorité n° 2.

M. RIBOT. — Toutes les fois que M. le ministre des finances a dit qu'il ne fallait pas engager une dépense, si populaire qu'elle pût paraître, nous avons eu le courage de la rejeter, de regarder, non pas les intérêts électoraux, mais ce qui est plus élevé, l'intérêt des finances et du pays.

Voilà ce que nous avons fait. Nous n'avons donc contre M. le ministre des finances aucun parti pris de polémique; il le sait à merveille.

Il a de grosses difficultés; il a dit qu'il n'en voyait aucune du côté de la politique générale, que la fortune de ce pays survivrait à toutes les causes d'affaiblissement auxquelles j'avais fait allusion d'une façon discrète. Je lui ai demandé l'autre jour ce qu'il pensait de cette politique. M. le ministre des finances a trop le souci des traditions de ce pays, il est trop attaché aux idées conservatrices, dans le bon sens du mot, pour ne pas voir le danger d'une certaine politique à laquelle, par le hasard des événements, il s'est trouvé momentanément associé. (*Applaudissements et rires au centre et à droite.*)

Je souhaite que cette politique n'ait pas sur le budget un retentissement funeste dans l'avenir. Je le désire ardemment; mais si M. le ministre des finances voulait garder ses illusions, je lui dirais qu'il a l'optimisme robuste et qu'il faudra un autre jour lui tenir alors ce mâle langage et lui faire entendre ces rudes vérités qu'il appelle. (*Vifs applaudissements répétés au centre et à droite. — L'orateur, de retour à son banc, reçoit les félicitations d'un grand nombre de ses collègues.*)

DISCOURS SUR LA RÉFORME DE L'ENSEIGNEMENT SECONDAIRE

13 février 1902

Une grande commission avait été instituée en 1899 par la Chambre des députés pour étudier quelques propositions relatives à la liberté de l'enseignement. Elle résolut, sous l'inspiration de M. Ribot, son président, d'élargir son cadre et d'entreprendre une vaste enquête sur l'état des études secondaires en France. La Chambre des députés lui donna, à cet effet, les pouvoirs les plus étendus.

Du 17 janvier au 27 mars 1899, la commission a entendu cent quatre-vingt-seize dépositions dont le recueil forme deux volumes in-4° à deux colonnes. Elle a demandé au ministre de l'instruction publique de faire établir, par les inspecteurs d'académie, un relevé général de la population de tous les établissements d'enseignement secondaire. (Tome III de l'*Enquête.*)

Un grand nombre de membres de l'Université et à leur tête les recteurs ont répondu par écrit à l'appel de la commission et leurs dépositions ont été analysées et publiées. (Tome IV de l'*Enquête.*) Enfin la commission a voulu associer à l'enquête les chambres de commerce et les conseils généraux. Leurs réponses forment le dernier volume des *Documents de l'Enquête*. (Tome V.)

Cette enquête servit de base à une série de rapports (tome VI) qui furent précédés d'une introduction générale de M. Ribot et qui portèrent sur les matières suivantes : 1° régime des lycées; 2° régime des collèges; 3° éducation physique; 4° hygiène des lycées;

5° préparation des professeurs ; 6° plans d'étude ; 7° enseignement des langues vivantes; 8° enseignement du dessin; 9° examens de fin d'études; 10° inspections; 11° bourses nationales.

. Le conseil supérieur de l'instruction publique fut appelé dans ses séances des 24, 26 et 28 décembre 1900 et 21 mars 1901 à faire connaître son avis.

A la suite des conversations qui s'engagèrent entre le ministre de l'instruction publique et le président de la commission, celui-ci résuma en octobre 1901, dans une lettre adressée au ministre, les points sur lesquels un accord était intervenu et ceux qui restaient encore en suspens.

De nouveaux pourparlers eurent lieu et aboutirent à une entente définitive qui fut consacrée par une lettre que le ministre écrivit en janvier 1902 à M. Ribot et fit suivre d'une série de propositions relatives au régime des lycées, au plan d'études, au baccalauréat et à l'inspection générale.

La commission s'empressa de proposer à la Chambre des députés une résolution ainsi conçue : « La Chambre des députés approuve les propositions du ministre de l'instruction publique, concernant la réforme de l'enseignement secondaire. »

La Chambre consacra plusieurs séances à la discussion de cette résolution.

M. Ribot prononça, dans la deuxième séance du 13 février 1902, en réponse à un discours de M. Viviani, le discours suivant où il fit ressortir l'esprit dont la commission s'était inspirée dans ses travaux et justifia les principales réformes dont elle avait pris l'initiative, d'accord avec le ministre de l'instruction publique.

Messieurs,

Je demande pardon à la Chambre d'intervenir comme rapporteur à cette heure du débat, mais la Chambre sent, nous sentons tous que si l'éloquence a une large place — et elle vient de briller d'un singulier éclat — en cette discussion, qui met en œuvre à la fois les intérêts les plus hauts et les sentiments les plus délicats, il faut que nous aboutissions, que nous aboutissions vite, et que cette discussion ne soit pas simplement une succession de beaux discours, mais un acte que, d'accord avec le gouvernement, nous demandons à la Chambre d'accomplir.

Je serai bref, messieurs, autant que le permet le sujet; je parlerai aussi clairement, aussi simplement que possible, et je m'efforcerai de vous montrer que vous pouvez d'un vote unanime approuver les conclusions du travail auquel la commission s'est livrée.

M. Viviani, dans un très beau langage, vient de vous montrer l'étendue et, en même temps, la hauteur du problème que nous discutons. Il a raison, c'est à la fois une question nationale, et une question sociale en même temps qu'une question pédagogique, et c'est pourquoi, nous avons désiré que cette question ne restât pas enfermée dans l'enceinte peut-être trop étroite d'un conseil supérieur de l'instruction publique, (*Très bien! très bien!*) que ce ne fussent pas seulement, — si éclairés qu'ils soient, si passionnés qu'ils se montrent pour l'instruction et l'éducation nationale — les professeurs, les membres de l'Université qui fissent entendre leur voix, mais aussi que le Parlement ne parût pas se désintéresser d'une question qui contient en germes de si graves conséquences. (*Applaudissements.*) C'est le devoir du Parlement; c'est le devoir d'une Chambre, — et peut-être, dans le passé, ne l'a-t-on pas suffisamment et assez souvent rempli — de ne pas laisser ces questions en dehors du cercle de nos préoccupations.

Notre mandat est plus large; il embrasse tous les intérêts nationaux; et il n'y en a pas de plus grand que celui de l'éducation nationale. (*Applaudissements.*)

Nous devons examiner ces questions comme il convient, non pas comme des spécialistes enfermés dans des vues étroites, — nous apercevons mieux que personne les bornes de notre compétence, — mais au-dessus des questions de détail, que nous serons d'accord pour laisser à M. le ministre de l'instruction publique et au conseil supérieur, il y a des principes généraux, il y a une orientation générale que nous devons donner. Nous devons le faire, en nous inspirant de ces grandes considérations qui donnaient tant d'ampleur tout à l'heure au discours que vous venez d'entendre; nous devons nous inspirer et de l'intérêt politique et de l'intérêt national, et aussi de l'intérêt social.

La question de l'enseignement secondaire dans tous les pays, non pas seulement en France, et je dirai dans tous les temps, n'a pas été seulement, n'a pas été uniquement une lutte de doctrines pédagogiques. Elle a toujours été une question sociale dans le sens vrai du mot. Elle l'a été au temps de Richelieu, sous l'ancien régime, comme elle l'est aujourd'hui. Seulement, si aujourd'hui les difficultés sont plus grandes, et si nous sentons plus vivement ces difficultés, c'est parce que nous sentons aussi davantage la poussée de cette démocratie qui veut s'élever chaque jour plus haut vers la lumière, vers l'égalité sociale.

Voilà ce qui fait partout la difficulté, la complexité extrêmes des questions que nous discutons. Nous croyons les avoir abordées, au sein de la commission, comme des hommes de leur temps, qui voient les difficultés des problèmes et qui les abordent hardiment.

J'ai été tout à l'heure singulièrement étonné du langage de l'honorable M. Viviani disant que les réformes que nous proposons étaient des réformes imaginées à l'usage d'une classe, à l'usage des riches contre les pauvres. (*Très bien! très bien! au centre.*)

Quand on entend la parole si souple, si nuancée de l'honorable M. Viviani, on se demande pourquoi il a eu recours à une formule aussi tranchante, aussi injuste dans sa rudesse voulue et on se dit que ce sont là certainement les besoins d'une argumentation beaucoup plus que la conviction intime de notre honorable collègue. (*Applaudissements au centre.*)

Au contraire, qui a eu des vues plus larges, plus démocratiques, plus sociales, dans le bon sens du mot, que la commission dont j'ai l'honneur d'être le représentant? D'abord, permettez-moi de vous dire que l'instruction secondaire, dans ce pays, n'a jamais été une instruction de classe; elle n'a jamais été un privilège constitué volontairement au profit des riches contre les pauvres et il faut rendre cet hommage à nos prédécesseurs.

J'ai cité dans mon rapport une parole de Guizot. On l'a relevée et on a dit que Guizot ne la prononcerait peut-être pas aujourd'hui. Moi, je l'ai prononcée. C'est que l'instruction, à tous ses degrés, est une charge de l'Etat, et que l'Etat a le devoir — entendez-vous? — de ne pas en faire une entreprise, mais d'en faire un service public, largement ouvert à tous; qu'il doit, non pas seulement au degré de l'instruction élémentaire, mais à tous les degrés, mettre l'éducation à la portée de tous ceux qui en ont besoin. C'est le langage même qu'a tenu Guizot.

M. François Fournier. — Théoriquement, mais pas pratiquement!

M. le président de la commission. — Je demande à M. Viviani si c'est là un langage qui pousse à la guerre de classes? (*Applaudissements.*)

Nous acceptons notre société telle qu'elle est et où voyez-vous cette barrière élevée par des lois artificielles entre le pauvre et le riche (*Exclamations à l'extrême gauche.*) au point de vue de l'instruction, entre le bourgeois et le prolétaire? (*Nouveaux applaudissements.*)

M. François Fournier. — Les lycées ne sont pas ouverts aux pauvres!

M. le président de la commission. — A toutes les époques, par les bourses largement distribuées, on a fait entrer dans nos lycées et nos collèges ces enfants de la démocratie qui s'élèvent par l'intelligence et par le travail.

Que demandons-nous dans notre rapport? Nous demandons que la gratuité relative de l'enseignement secondaire, comme celle de l'enseignement supérieur, soit établie. Oui, en dépit de quelques préjugés qui pourraient survivre, mais au nom de la paix sociale dans ce pays et aussi au nom des forces de ce pays qu'il faut accroître en appelant des couches nouvelles, jeunes, fortes et vigoureuses, au nom de ces idées, nous voulons que tous les enfants de la nation française puissent également, sans aucune distinction, avoir accès dans l'enseignement secondaire et supérieur comme dans l'enseignement primaire. (*Vifs applaudissements.*)

Nous avons écrit cela dans notre rapport, M. Viviani l'a lu assurément et je m'étonne qu'après l'avoir lu, il apporte ici pour le besoin d'un développement politique les paroles injustes et cruelles que j'avais le devoir de relever. (*Applaudissements au centre.*)

Mais il y a ici deux questions. C'est fort bien — et nous le voulons comme vous — d'ouvrir largement l'enseignement secondaire, mais la question est de savoir comment vous pourrez adapter cet enseignement aux besoins de la clientèle sans cesse élargie qui vient le demander.

Ici, M. Viviani me permettra de lui dire que j'ai trouvé, dans son langage, des tendances singulièrement aristocratiques. (*Rires au centre.*) Il se vante d'être un démocrate et même un socialiste. Par le talent assurément il appartient à une aristocratie (*Applaudissements.*) et aussi, vous me permettrez de le dire, par le fond des idées et par le langage. (*Très bien! très bien! et rires au centre.*)

J'ai été très étonné tout à l'heure quand j'entendais M. Viviani dire : « Oui, il faut qu'à côté des enfants de la bourgeoisie, de ceux que la fortune a favorisés dès leur berceau, nous mettions une petite minorité de fils d'ouvriers qui seront là admis par faveur en quelque sorte à côté de ces enfants privilégiés et qui... aideront le professeur à fortifier et à enrichir son enseignement. »

J'ai pour ma part, et je crois que nous avons tous, une idée un peu plus large de ce qu'est l'enseignement secondaire mis à la disposition de la démocratie. Quand l'honorable M. Viviani ajoutait que l'enseignement secondaire est surtout un enseignement de beauté, j'admirais certainement la forme parfaite du langage, mais j'étais bien obligé de me demander si à cette démocratie qui veut s'élever il ne faut pas donner en même temps que la beauté quelque chose de plus vigoureux, de plus résistant et de plus pratique. (*Très bien! très bien! au centre.*)

Vous voulez qu'on enseigne l'antiquité, toutes les choses exquises qui ont fait la grâce et le charme de l'esprit humain; mais il y a autre chose, permettez-moi de vous le dire, dans nos sociétés modernes; il y a ce qui les fait vivre, il y a ce qui fait leur force dans les luttes économiques; il y a à côté de la haute culture que je ne veux ni déprécier ni supprimer, il y a ce côté utilitaire qu'il peut être de bon goût de dédaigner, mais qui prend de cruelles revanches quand nous le méprisons trop. (*Vifs applaudissements.*)

A cette démocratie qui envahit tous les jours davantage — c'est son droit et je m'en réjouis — les cadres de l'enseignement, la question est précisément de savoir quel aliment nous donnerons et comment nous concilierons le maintien de cette haute culture qui est l'honneur de la société française avec les nécessités nouvelles qui sont nées de la complexité des développements économiques.

Voilà le problème posé partout, non seulement en France, mais dans tous les pays où la démocratie monte.

Ce problème a-t-il été résolu avec succès jusqu'à ce jour? N'y a-t-il pas quelque chose à faire? C'est la question que l'enquête et la commission ont posée; nous vous demandons la permission de l'examiner devant vous très rapidement. (*Parlez! parlez!*)

Eh bien, oui! on a senti de bonne heure, — ce n'est pas d'aujourd'hui, — la nécessité d'adapter l'enseignement secondaire à ces besoins si divers et si complexes. On a modifié souvent l'enseignement classique. A côté de l'enseignement classique transformé, surchargé, mais toujours fidèle à son origine et à sa notion première d'un enseignement de longue durée, fondé principalement sur la connaissance des langues anciennes, on a essayé de juxtaposer d'autres enseignements qui devaient correspondre plus particulièrement à ces besoins auxquels je faisais allusion.

C'est ainsi qu'un grand ministre, Victor Duruy, a créé l'enseignement spécial qui a été, vous le savez, trop tôt détourné de son but et de sa destination primitive, et qui est venu se fondre dans un enseignement de longue durée, dans l'enseignement moderne.

Il y a eu la création de l'enseignement primaire supérieur qui correspond aussi à ce besoin et personne ne sera moins tenté que moi de déprécier cet enseignement qui se lie étroitement à l'enseignement primaire, qui est excellent, qu'il faut développer, (*Très bien! très bien!*) mais qui, à l'heure actuelle, tient trop peu de place dans notre pays.

En effet, si vous jetiez les yeux sur une carte de France, vous verriez qu'il y a beaucoup de collèges, qu'il y a un grand nombre de lycées, mais que les écoles primaires supérieures ont été jetées au hasard des créations improvisées. Il n'y a pas là ce réseau serré qui est nécessaire. (*Très bien! très bien!*) Une des premières nécessités de notre démocratie, ce serait de mettre à la portée de tous les enfants qui sortent de l'école primaire et qui veulent continuer leurs études ce que Condorcet appelait le premier degré de l'enseignement secondaire. Cela n'existe pas à un degré suffisant dans notre pays. Nous avons appelé l'attention de M. le ministre sur ce côté de la question; il faut une étude d'ensemble. Je suis d'accord avec ceux qui demandent l'extension de l'enseignement primaire supérieur; mais cet enseignement, étroitement lié par son origine à l'enseignement primaire, n'est pas suffisamment rattaché à son sommet à l'enseignement secondaire supérieur.

C'est qu'il y a dans notre système d'enseignement ce qu'on a appelé les cloisons étanches et le particularisme des trois ordres d'enseignement, (*Très bien! très bien!*) une des plus grandes erreurs qui aient été commises. On ne peut pas sortir, du moins aisément, — il y a des exemples, comme le disait M. Ricard — de l'enseignement primaire supérieur pour arriver à l'enseignement secondaire dans sa sphère la plus haute. Il faut que ce passage soit établi.

Je prends maintenant les lycées et les collèges. Tout n'est pas organisé comme il le faudrait pour accueillir cette clientèle qui y vient de toutes parts. Vous ne connaissez pas nos lycées, vous n'y avez pas pénétré si vous croyez qu'il n'y a là que les enfants de riches, que les privilégiés. On a dit quelquefois que ce qui écarte, au contraire, certaines familles de nos lycées, — cela peut être vrai dans une certaine mesure, — c'est précisément qu'ils y rencontrent les enfants de la démocratie, les plus pauvres à côté des plus riches. C'est un résultat dont, pour ma part, je m'applaudis, mais c'est un fait que vous devez constater.

L'enseignement que nous offrons à cette jeunesse est-il celui qui lui convient? Satisfait-il à tous les besoins ,se prête-t-il aux exigences de toutes les vocations? C'est là, messieurs, la question que nous devons nous poser.

D'abord nous demandons que l'enseignement secondaire soit lié plus étroitement à l'enseignement primaire et je crois que sur ce point nous sommes tous d'accord dans cette Chambre. Nous le demandons pour que l'accès de l'enseignement secondaire à ceux qui sortent de l'enseignement primaire soit plus facile. Nous le demandons aussi parce que nous pensons que l'on aborde trop tôt, chez nous, les études secondaires et qu'il y aurait tout avantage à ce que l'enfant, avant de commencer l'étude du latin ou d'entrer dans le cycle des études secondaires proprement dites, eût la possession forte et durable des premiers éléments des connaissances, fût-ce même de l'orthographe et du calcul. (*Applaudissements à gauche et au centre.*)

Voilà ce que nous demandons.

Mais quand l'enfant a neuf ou dix ans, quand il entre dans le cycle des études secondaires proprement dites, quelle est la situation?

Les familles se trouvent cruellement embarrassées parce qu'elles sont en présence de deux enseignements de longue durée l'un et l'autre : l'un, l'enseignement classique, fier de la noblesse de ses origines et de ses traditions séculaires; l'autre, l'enseignement moderne, plus jeune, plus ardent, plus entreprenant, mais tous deux d'une durée presque égale, d'un cycle de six ou sept années; et, entre ces deux enseignements, aucun passage, aucune transition possible.

C'est le premier défaut, le défaut le plus grave peut-être de notre système d'enseignement secondaire. C'est dans cette continuité imposée à tous les enfants; c'est dans ce choix qu'on est obligé de faire dès la première heure sans pouvoir corriger les erreurs que la suite du développement des vocations ou les nécessités de famille pourraient amener à reconnaître, qu'est le premier vice.

Il y a tous les ans des milliers d'enfants qui entrent dans nos lycées ou collèges.

Dans les lycées, la moitié entre dans l'enseignement moderne, l'autre moitié dans l'enseignement classique.

Dans les collèges, les deux tiers entrent dans l'enseignement moderne, un tiers dans l'enseignement classique. Si vous consultez les statistiques de l'enseignement moderne, vous verrez que la plupart des élèves ne restent pas plus de trois ou quatre ans au lycée ou au collège. Que deviennent les autres?

Il ne faut pas, en effet, seulement regarder ceux qui vont jusqu'au terme des études pour entrer à l'école polytechnique ou faire une brillante carrière, il faut voir ceux qui n'y passent que trois ou quatre ans.

Pour ceux-ci les programmes ont été faits comme s'il y avait un parti pris de les sacrifier, de ne pas en tenir compte.

Prenez les programmes. Vous voyez que les élèves sortiront au bout de trois ou quatre ans, ayant appris les rudiments de deux langues qu'ils seront incapables de lire aussi bien que de parler; ils auront quelques notions de sciences, incomplètes et nullement coordonnées; ils auront appris en histoire tout ce qui précède l'époque obscure et confuse du moyen âge; mais ils ne sauront pas un mot des temps qui précèdent l'époque moderne ou de la période contemporaine. Et ce n'est pas la minorité, c'est la majorité de ces élèves qui est condamnée par le défaut des programmes à cette instruction incomplète et tronquée. Le vice éclate à tous les yeux;

il faut le corriger. (*Vifs applaudissements sur un grand nombre de bancs.*)

Si l'enquête a eu un résultat éclatant, probant entre tous, c'est celui-là. Elle a montré que l'enseignement spécial qui pouvait avoir ses défauts, mais qui tenait une place nécessaire, a disparu sans qu'on ait rien mis à sa place; que l'enseignement moderne, enseignement de haute culture, à grandes visées, de grande envergure, qui se justifie et par ses résultats et par la haute conception qui a présidé à son origine, l'enseignement moderne, dis-je, ne tient pas lieu de cet enseignement à court terme; il y a donc nécessité absolue de rétablir cet enseignement. Toute l'enquête a conclu dans ce sens : non seulement les principaux de collèges, ou les proviseurs de lycées, mais les chambres de commerce et les conseils généraux. C'est le résultat que nous avons enregistré et que nous n'avons pas oublié.

Mais croyez-vous que la condition des élèves de l'enseignement classique soit beaucoup meilleure? Ils sont pris dans l'engrenage, il faut le reconnaître, d'une façon plus étroite que les élèves de l'enseignement moderne; ils désertent moins facilement; ils vont jusqu'au bout des classes. Mais quel est le résultat? Il se résume dans cette statistique que nous a communiquée l'éminent directeur de l'enseignement supérieur M. Liard. C'est qu'au baccalauréat, 32 pour 100 des élèves échouent, n'obtiennent pas le diplôme, même après plusieurs échecs.

Trente-deux pour cent, un tiers! Et à côté d'eux, parmi ceux qui obtiennent ce diplôme, combien en connaissez-vous, messieurs, qui ont bien ce parchemin et les prétentions attachées à ce parchemin, mais qui n'emportent pas, de ces sept années passées au lycée, un profit véritablement égal à l'effort qu'ils y ont consacré et aux sacrifices des parents! (*Applaudissements à gauche et au centre.*)

Trente-deux pour cent échouent totalement, et

peut-être la moitié du surplus a le droit de se plaindre de n'avoir pas reçu au lycée l'instruction complète dont elle avait besoin pour entrer dans la vie.

Je sais bien qu'on a dit dans l'enquête, c'est le Père Didon : « Que voulez-vous, il faut bien, pour produire cette élite qui goûtera les joies exquises de la culture antique, une masse qui serve de support et de couverture. »

Je me demande ce que les élèves auxquels on assigne ce rôle de « couverture » pensent d'une semblable théorie; je me demande s'il est permis, pour produire ces fleurs exquises, charmantes et délicates, de sacrifier tant de forces vives nécessaires au développement économique de notre société? (*Applaudissements.*)

L'Allemagne a eu une autre vue plus pratique et nous avons été frappés de ce qui se passe chez elle. Elle est très jalouse de son enseignement classique; l'enseignement gréco-latin dans les gymnases n'est pas sacrifié; on fait tout pour le maintenir; mais on a soin d'ouvrir une porte de sortie honorable pour tous ceux qui ne peuvent pas aller jusqu'au terme de leurs études. Après la classe qui correspond chez nous à la troisième, on a établi, comme M. le ministre le propose, un point d'arrêt; et ceux qui, à cet âge de quinze ans, au lieu de s'acheminer vers les déceptions du baccalauréat, sont impatients d'entrer dans la vie pratique, d'aller en Angleterre ou ailleurs compléter leur instruction dans les maisons de commerce ou dans l'industrie, ceux qui veulent aller aux colonies, entrer dans les écoles techniques, sont libres de le faire. On ne les décourage pas, on ne leur dit pas que leurs études sont manquées parce qu'ils ne les poussent pas jusqu'au terme qu'une théorie trop jalouse a assigné à la jeunesse de notre pays.

Chez nous, comme l'a dit M. Bréal, les classes supérieures de nos lycées, au lieu d'être le couronnement naturel des études, en sont la clef de voûte; de telle sorte que celui qui n'est pas arrivé jusqu'au bout, a perdu tout l'effort dépensé le long du chemin.

Eh bien, dans une société démocratique comme la nôtre, on ne peut pas produire tant de fruits secs et de déclassés, car ceux qui sortent du lycée ayant perdu leur temps deviennent encombrants et parfois dangereux pour la société. (*Très bien! très bien!*) Ils ne peuvent pas, comme au dix-septième siècle, quoique ayant manqué leurs études — car on a manqué des études dans tous les temps et non pas seulement de nos jours — (*On rit.*) obtenir un brevet dans l'armée ou achever leur instruction dans les conversations des grandes dames et faire dans la vie leur chemin en dépit du refus du certificat d'études.

Nous sommes dans un pays laborieux où la lutte est âpre et difficile; nous sommes en présence d'une jeunesse qui a besoin de vivre, qui est pressée de vivre, de sentir ses forces et de déployer son effort.

Eh bien! si la moitié, le tiers — en Allemagne, ce sont les quatre cinquièmes — des élèves, que leurs parents ont engagés dans ce long défilé, veulent sortir avant qu'il soit trop tard, avant qu'ils soient las de l'effort accompli et découragés de l'effort à faire; si nous voulons réduire l'armée de ces déclassés, de ces aspirants fonctionnaires, ouvrons largement la porte à ceux qui, à l'âge de quatorze ou quinze ans, pleins de sève, pleins d'espérances, voudront, avec le bagage qu'ils emporteront, avec l'ensemble de connaissances qu'on leur aura données, devenir les pionniers de la civilisation et de la défense économique de la France. (*Applaudissements.*)

Croyez bien que cela ne nuira pas aux études ni à ceux qui resteront, au contraire, (*Très bien! très bien!*) car nous aurons ainsi dégagé l'enseignement dans les classes supérieures de toutes les inutilités qui l'encombrent aujourd'hui; et si nos études sont faibles, si les études classiques sont en péril, c'est parce qu'on a voulu les imposer à une foule de personnes qui n'y ont pas droit de par leur vocation intellectuelle. (*Nouveaux applaudissements.*)

Et vous aurez beau faire toutes les théories que vous voudrez sur la démocratie, vous ne ferez pas que tous les enfants de notre démocratie soient capables — ou même y aient intérêt — de vivre en communion avec les chefs-d'œuvre de l'antiquité. Certes, ils ont droit à la culture, à la plus haute culture. Ce n'est pas une question de distinction artificielle ou de privilège à établir; ce serait odieux. Mais c'est une question de bon sens et de vocation naturelle. Vous ne pouvez pas obliger tous les enfants de notre démocratie à suivre le même chemin parce qu'ils doivent y rencontrer sur leur route des fleurs de beauté, — des fleurs de rhétorique!

Non! à ceux qui, s'en allant, seront une force pour notre pays, je dis : « Cela ne vous empêche pas d'être les égaux de ceux qui resteront. » Aux uns une culture, aux autres une autre culture. Cela n'empêche pas d'être frères, (*Applaudissements au centre et à gauche.*) d'être les citoyens d'un même pays. Nous n'organisons pas la lutte de classes, mais l'emploi le plus judicieux, le plus profitable au pays, des intelligences diverses et des vocations diverses. (*Vifs applaudissements sur les mêmes bancs.*)

Si j'ai insisté sur ce point, qui est un de ceux auxquels nous tenons le plus, c'est parce que nous considérons cette division en cycles comme un des pivots de la réforme.

Nous demandons à M. le ministre, qui est d'ailleurs entièrement d'accord avec nous, de rédiger les programmes de façon que l'enfant qui quittera le lycée à ce point d'arrêt naturel que nous marquons, emporte de l'histoire, de la science, de tout ce qui s'enseigne au lycée, un ensemble suffisamment complet pour n'avoir pas perdu les quatre années qu'il y aura passées.

Tel est le premier point que je voulais examiner, et je remercie la Chambre de montrer qu'elle est, sur ce point essentiel, d'accord avec la commission et avec M. le ministre de l'instruction publique.

Un des défauts de notre régime ce n'est pas seulement l'impossibilité de s'arrêter en route, c'est aussi le manque de souplesse de notre enseignement secondaire. On a fait des efforts désespérés depuis un certain nombre d'années pour maintenir cette conception d'un enseignement unique que les universitaires abandonnent à regret. Il est tout naturel que par la pratique d'un système ancien, traditionnel, on arrive à considérer que ce système est le meilleur, le seul qui puisse convenir à l'esprit humain. Certes! il y a des raisons, dont je ne veux pas contester la force, en faveur de notre vieil enseignement classique.

La cause a été plaidée tout à l'heure sous la forme d'une oraison funèbre prématurée par l'honorable M. Viviani. Mais il n'a exalté si fort l'enseignement classique que pour proclamer qu'il avait fini son temps et que sa vertu éducatrice était complètement épuisée. Je ne le crois pas; mais je pense qu'il a été prodigué, qu'on l'a donné à trop de personnes, (*C'est cela! — Très bien! très bien! sur un grand nombre de bancs.*) qu'on l'a ainsi affaibli et détourné de sa véritable vocation. Mais il est tout naturel que ceux qui ont passé leur vie à jeter ces semences, à répandre cet enseignement, le considèrent comme le seul qui soit approprié à notre intelligence, le seul qui puisse faire des hommes dans le sens qu'on donnait autrefois au mot : humanités. C'est là une conception un peu étroite et qui, en tout cas, éclate sous la pression des nécessités contemporaines, sous la pression des faits.

L'enseignement classique a été obligé de se transformer, il n'a pas pu rester étranger à toutes les préoccupations du monde moderne; il a fallu faire une place à tous ces enseignements que notre siècle a vu se créer et se développer d'une façon merveilleuse. Il n'a pu éviter le contact des sciences et des sciences envahissantes qui se font chaque jour une place plus large. Il n'a pu éviter non plus de s'ouvrir à l'enseignement de l'histoire, des langues vivantes, à tout ce qui constitue la force des sociétés modernes. Mais à force de s'ouvrir ainsi, de se charger ainsi de connaissances nouvelles, l'enseignement classique est devenu tellement encombré, ses programmes ont été tellement remplis que l'enfant succombe aujourd'hui sous la surcharge. (*Applaudissements.*) Ou plutôt l'enfant est condamné à une vue superficielle des choses; il promène sa curiosité à travers tant d'objets qu'elle ne s'arrête nulle part. C'est le ressort merveilleux de cet âge qui le sauve du surmenage et de l'atteinte irréparable qui pourrait être portée à sa tendre jeunesse. (*Nouveaux applaudissements.*) Mais n'est-ce pas la pire des méthodes, dans une éducation bien dirigée, que celle qui éparpille ainsi les forces et l'attention de l'enfant, au lieu de les concentrer sur les études qui conviennent le mieux à son intelligence?

En tout cas la preuve est faite. L'enseignement classique qu'un dernier effort, en 1890, a voulu restaurer dans son unité compacte et permanente, l'enseignement qui fonctionne aujourd'hui, où le latin et le grec sont obligatoires jusqu'à la fin de la rhétorique, quel en est le résultat? On le proclame à chaque page de l'enquête, c'est qu'il ne fournit pas assez de savants à la France, ni assez d'ingénieurs, ni assez d'hommes capables de conduire son industrie. Non seulement les grandes écoles qui attirent plus que l'industrie, se plaignent, mais l'industrie elle-même se plaint. Si vous comparez la France à l'Allemagne, on constate que chez nous l'état-major industriel s'appauvrit au lieu de se développer.

C'est M. Darboux, doyen de la faculté des sciences, qui a fait entendre le cri d'alarme. Il faut, dit-il, rétablir une étude plus complète des sciences dans l'enseignement secondaire. Mais peut-on le faire en maintenant intégralement toutes les autres études?

On l'a voulu, mais on a reconnu l'impossibilité de le faire. C'est ainsi que le conseil supérieur de l'instruction publique, qui est le gardien des traditions, qui n'abandonne pas à la légère les vieilles études, a demandé lui-même qu'on créât une diversité nécessaire dans l'enseignement secondaire supérieur, qu'on arrivât à ce système qui avait été autrefois condamné, et qui s'impose de nouveau par les nécessités modernes, qu'on arrivât au système des options.

Peut-on adopter ce système dans l'enseignement secondaire, sans choquer l'idée de ceux qui le considèrent comme un bloc intangible, comme un ensemble dont on ne peut pas toucher à une pierre sans que tout l'édifice s'écroule?

Oui, la théorie déclare que c'est impossible; mais les faits sont là qui nous pressent et nous poussent. Le conseil supérieur a proposé la diversité consistant à rendre le grec facultatif et à permettre d'étudier ensemble le grec et le latin pour ceux qui restent fidèles aux vieilles études classiques, ou le latin et les langues vivantes.

Nous verrons ce que donnera cette conception originale du conseil supérieur. Les langues vivantes doivent être étudiées, et M. le ministre a insisté sur ce point, elles doivent être étudiées d'abord pour être sues, pour être lues et pour être parlées; on ne peut pas étudier une langue vivante comme une langue morte, uniquement pour faire des exercices de gymnastique intellectuelle à l'aide de versions ou de thèmes, il faut la savoir. Ce qui n'empêche pas, je le reconnais, que, quand on la sait, on peut s'en servir, à mesure que l'intelligence s'élève avec l'âge, comme d'un moyen de culture intellectuelle inférieur peut-être à l'étude des langues anciennes, mais ayant néanmoins sa grande force et sa grande valeur.

Donc une section composée de l'étude du latin et des langues vivantes. Et puis une section scientifique, où le latin est associé à l'étude des sciences.

La section du latin et des langues vivantes, c'était le grand effort qu'on faisait pour sauver, à défaut du grec, qui évidemment est la victime désignée, l'unité de l'enseignement secondaire reposait sur la connaissance du latin. Mais nous avons demandé à M. le ministre de l'instruction publique s'il était vraiment rationnel d'obliger les élèves de la section scientifique qui ont fait du latin pendant quatre ans, à continuer ces études de latin encore pendant deux ans, avec ceux qui étudient le grec et dont plusieurs ont la vocation de l'École normale ou des hautes études littéraires; de les continuer contre leur gré, alors qu'ils jugeraient plus utile, plus nécessaire d'étudier par exemple les langues vivantes d'une manière plus développée.

Nous touchions au point fondamental, à la clef même du problème, car, si l'on admettait que ces élèves pussent abandonner le latin et achever leurs études secondaires en associant les sciences et les langues vivantes, on s'acheminait, par une route directe, à ce résultat, que nous vous apportons, que nous considérons comme excellent, de l'unité des études secondaires établie non pas sur la connaissance de telle ou telle langue ancienne, mais établie sur quelque chose de plus solide et de plus vrai, sur la communauté de l'esprit qui les inspire, sur la communauté de méthode et sur la durée égale de ces études.

M. le ministre a compris avec nous qu'il n'est vraiment plus de notre temps de dire à un élève : « Tu feras du latin malgré toi, tu ne pourras pas arriver ou tu arriveras dans des conditions inégales à l'entrée des carrières si tu n'as pas ce passeport résultant de l'étude prolongée pendant six ans du latin. »

L'élève, sa famille et les proviseurs doivent savoir ce qu'il lui importe le plus d'apprendre, et si l'élève préfère associer, comme je le disais, l'étude des langues à celle des sciences, de quel droit, sinon au nom d'une théorie, imposerons-nous à cet élève les idées qui nous sont chères. Pourquoi? Sinon parce que nous considérons, au nom d'une théorie, je le répète, que le latin a une vertu prédominante et qu'il faut le protéger en l'imposant à ceux-là même qui le considèrent comme inutile à l'achèvement de leurs études?

Nous ne l'avons pas pensé et nous avons franchi résolument ce pas. C'est là qu'est notre hardiesse et c'est ce qui fait que M. Viviani a pu nous accuser de témérité. Nous avons pensé que celui qui fait des sciences pouvait en même temps, s'il le voulait, étudier les langues vivantes.

Mais la conséquence, elle apparaît tout de suite. C'est que tous ces élèves de l'enseignement primaire supérieur, auxquels nous ne voulons pas fermer les portes de l'enseignement secondaire, tous ceux qui, dans le premier cycle de l'enseignement, n'ont pas appris le latin, sont mis d'emblée sur un pied d'égalité avec ceux qui étudient les sciences et les langues vivantes. Et alors, tout de suite, se pose la question de savoir s'il n'est pas temps d'en finir avec ce dualisme qui nous a fait tant de mal, avec toutes ces luttes de mots, de vocables, comme au moyen âge, entre le moderne et le classique, avec ces catégories qui ne peuvent pas enfermer l'esprit humain. (*Applaudissements.*) Ces deux enseignements correspondent à des tendances diverses, mais aucun d'eux ne peut résumer à lui seul toutes les forces, toutes les tendances et toutes les vocations de l'esprit humain. (*Applaudissements.*)

Nous arrivons ainsi à la simplicité, à l'unité de l'enseignement secondaire, mais d'un enseignement assoupli, par sa diversité, à toutes les vocations, ayant pour tous la même durée, donné par les mêmes professeurs, de sorte que ce qui apparaissait comme une grosse difficulté, ce qui apparaît encore à M. Viviani comme un danger et comme un encouragement donné aux écoles congréganistes, c'est à-dire l'égalité des sanctions, nous apparaît, à M. le ministre, comme à nous-mêmes, comme la conséquence naturelle du système très simple que nous vous proposons d'adopter.

Je sais bien les objections que l'on fait. On nous dit : « Les langues anciennes seront désertées, » et cela est vrai dans une certaine mesure, mais la question est de savoir si c'est un résultat malheureux. Les langues anciennes seront mieux apprises, à une minorité, je le veux, considérable encore, mais à une minorité qui ne se contentera pas de cet à-peu-près qui déshonore le baccalauréat. (*Vifs applaudissements.*)

On recherchera autre chose, dans cet enseignement antique, que des apparences et des prétentions; on en prendra la fleur, le suc, la force. Une minorité ne vaudra-t-elle pas mieux que cette masse confuse à laquelle on veut, aujourd'hui, dans une pensée très inefficace de protectionnisme en faveur du latin, faire pousser ses études jusqu'au bout? (*Rires et applaudissements.*)

Voilà le problème. Assurément il peut diviser les meilleurs esprits. Mais si vous jetez les yeux autour de vous, vous verrez qu'il est à la veille d'être résolu partout dans le même sens. En Allemagne, si jalouse de son enseignement secondaire, l'empereur a pris l'initiative de décréter l'équivalence au point de vue de la culture générale des trois enseignements qui ont la même durée, les mêmes méthodes : l'enseignement des gymnases, des réal gymnases et des écoles réales supérieures. Voilà ce qui s'est fait en Allemagne et les professeurs de gymnases sont les premiers à demander que la concurrence s'exerce, parce qu'ils ont confiance dans la vertu de l'enseignement qu'ils détiennent, parce qu'ils croient en effet que celui qui est propre aux études classiques et qui les mène jusqu'à leur terme a une supériorité sur celui qui n'a pas abordé ces études. C'est aux faits de répondre. La démonstration sortira des faits.

Ainsi, plus de souplesse, plus de liberté dans les études, voilà le mot qui résume la réforme. (*Vifs applaudissements.*)

Quant à l'objection que l'on tire des nécessités de certaines carrières, de la difficulté d'entrer dans les études juridiques ou médicales si l'on n'y apporte pas ce petit bagage que constate le diplôme de bachelier classique, vous me permettrez de dire que c'est une objection qui ne résiste pas à l'examen. Elle se rattache à ces tendances aristocratiques dont je parlais tout à l'heure.

Nous sommes le pays du monde le plus démocratique, cela se dit, cela est vrai dans une large mesure, mais nous sommes aussi le pays le plus aristocratique par la prétention qu'a chacun des membres de la nation de vouloir se distinguer de la masse. (*Applaudissements.*)

C'est ce même sentiment qui empêche les enfants de la bourgeoisie d'aller, comme en Amérique, dans les écoles primaires publiques, ce que je regrette, pour ma part, (*Vifs applaudissements à l'extrême gauche et à gauche.*) parce que ce serait là l'école de la fraternité et de l'égalité dans le sens élevé des mots. (*Nouveaux applaudissements sur les mêmes bancs.*)

C'est ce sentiment qui fait que toutes les professions, surtout les vieilles professions, celles qui abandonnent leurs costumes mais gardent tous les préjugés attachés à ces anciens costumes, que toutes les vieilles professions considèrent qu'elles perdront leur prestige et l'empire qu'elles ont sur les esprits si elles ne sont pas recrutées dans une aristocratie.

M. Bouchard, l'éminent professeur de la faculté de médecine, a déclaré ceci : « Nous n'élèverons aucune objection contre l'entrée à la faculté de médecine des bacheliers modernes, le jour où il sera reconnu par l'Université elle-même que l'enseignement moderne n'est pas un enseignement subalternisé, sacrifié, mais qu'il marche de pair avec l'enseignement classique. » Ce n'est pas la nécessité des études, mais le désir de ne pas laisser déchoir la profession par un mauvais recrutement, qui inspirait la résistance.

Nous avons trouvé nous-mêmes des exemples de cette résistance. Je vois à son banc mon ami M. Poincaré, avec qui, en 1895, j'ai fait cette révolution de permettre d'entrer dans l'enregistrement, dans les douanes et dans les contributions directes avec le baccalauréat moderne. (*On rit.*)

M. Aynard. — Quels gens audacieux!

M. le président de la commission. — Cela a été presque une révolution; les directeurs généraux sont tous venus me dire que c'était la fin de ces carrières, si justement respectées, (*On rit.*) que les membres de ces honorables corporations allaient voir diminuer la considération dont ils sont entourés. Ils n'ont pas été jusqu'à ajouter que les candidats feraient défaut et que le ministre serait embarrassé pour trouver des aspirants, (*Sourires.*) mais ils protestaient avec la dernière énergie. Les ministres ont tenu bon. On dit toujours que les ministres sont menés par leurs bureaux; c'est vrai, sauf exception : ce jour-là, il y a eu une exception. (*Rires.*) Alors, l'un des directeurs généraux, un homme très distingué, l'un des meilleurs serviteurs du pays, est venu me dire : « Eh bien, nous ne faisons plus d'objection; mais à une condition, c'est que l'arrêté s'appliquera à tous les services, à toutes les régies, car s'il y en avait une où l'on ne pût entrer que par l'enseignement classique, elle serait mise tellement au-dessus des autres que nous serions obligés de nous voiler la face. » (*On rit.*)

Il y a donc là beaucoup de préjugés aristocratiques, de mauvais préjugés aristocratiques.

L'enseignement, diversifié comme il l'est aujourd'hui, pourra produire, quelles que soient sa forme et la voie dans laquelle on s'engage, des résultats à peu près équivalents. Tout dépend non pas des programmes, comme on l'a dit, mais de la manière dont on étudie; tout dépend des professeurs, de l'esprit qui règne dans l'enseignement, des méthodes.

Quand nous demandions, au cours de l'enquête, quels résultats avait donnés l'enseignement moderne, on nous répondait : « L'élite peut être comparée à l'élite de l'enseignement classique. »

Mais comme l'enseignement moderne passe pour plus facile, une foule de jeunes gens s'engagent dans cette voie; on trouve à la sortie ce qu'on a accueilli au début, beaucoup de non-valeurs ou de médiocrités; mais les premiers tiennent la tête comme ceux de l'enseignement classique. A l'Ecole polytechnique, ne s'est-on pas avisé, je ne sais trop pourquoi, de donner un avantage aux candidats qui ont un diplôme de bachelier classique, comme si les études classiques, qu'on déclare très supérieures, ne suffisaient pas à constituer aux jeunes gens une supériorité; (*Sourires.*) à l'école polytechnique, dans les trois premiers mois, ceux qu'on a reculés arbitrairement par ce système, reprennent leur place; ils conquièrent les rangs auxquels leurs études et leur intelligence leur donnent droit.

Oui, ceux qui entrent dans l'enseignement moderne sont peut-être moins affinés, ils ont peut-être une culture moins délicate que les autres; cette différence tient moins, je le crois, à la nature des études qu'à l'origine, qu'à l'éducation, qu'aux prédispositions, qu'au milieu, qu'à tout un ensemble d'influences; mais il est vraiment exagéré d'ériger en une théorie générale et complète la supériorité de telle ou telle branche sur une autre au point de vue de l'éducation générale.

Je ne veux pas reprendre ici la grande thèse qui a été si éloquemment développée par M. Berthelot sur la vertu éducatrice des sciences; je crois, quoique j'aie aimé les lettres, que les sciences ont en effet en elles-mêmes une singulière puissance pour développer l'intelligence, surtout celle d'un homme moderne, de celui qui doit vivre dans notre société. Je crois qu'il y a une manière de les enseigner.

M. Mirman. — Toute la question est là!...

M. le président de la commission. — ... qui doit ouvrir largement l'esprit et même former le caractère. (*Très bien! très bien!*) Si l'on apprend aux élèves, non pas seulement les notions positives, les chiffres, tout ce qui est technique, tout ce qui s'oublie, si on leur enseigne la voie qu'on a suivie pour créer la science de nos jours, (*Applaudissements.*) si on leur montre par quel effort et par quelle méthode l'esprit humain s'est élevé jusqu'à ces vérités éternelles, si on leur fait l'histoire des découvertes d'un Pasteur, on peut saisir l'intelligence et quelque chose encore de plus noble que l'intelligence, le cœur de l'enfant. (*Nouveaux applaudissements.*) Je crois qu'on peut inspirer à l'enfant, pour notre société, pour les prodiges qu'elle crée en développant la science, cet amour et cette admiration, qui font de lui un véritable citoyen de la société moderne.

Je le crois de toutes mes forces, c'est une question de méthode et, je le répète, d'éducation des professeurs eux-mêmes.

M. MIRMAN. — Tout est là!

M. LE PRÉSIDENT DE LA COMMISSION. — Qu'ils cherchent dans ces études ce qui développe l'intelligence et non pas seulement ce qui charge la mémoire de détails inutiles; qu'ils fécondent ainsi cet enseignement et alors, comme les lettres antiques, les lettres modernes, les langues et les sciences ouvriront des trésors de connaissances que nous ne pouvons pas, à l'heure présente, dédaigner ni mépriser; (*Très bien! très bien!*) ce sont les trésors des civilisations modernes.

Ne sera-t-il pas armé pour la vie, celui de nos jeunes hommes qui aura cet instrument admirable, qui pourra aller en Europe étudier les efforts de nos concurrents, étudier le monde du vingtième siècle, comment il lutte et se développe, qui pourra lire l'histoire de nos rivaux, qui pourra, quand l'âge sera venu, car il ne faut pas aborder trop tôt et dans les classes inférieures des lycées de pareilles études, qui pourra tirer profit des grandes littératures contemporaines où ce qu'il y a de meilleur dans l'antiquité a certainement passé, mais où aussi il y a le retentissement profond de ce qui est le tourment ou le besoin de notre société moderne? Il faut être de son temps, il faut admirer l'antiquité, mais ne pas oublier que nous sommes en marche vers des destinées nouvelles et inconnues et que rien de ce qui est contemporain ne doit nous être étranger. (*Applaudissements.*)

Celui qui aura cette puissance, la clé de ce trésor, sera dans une situation égale à celle où on était placé au quinzième ou au seizième siècle, à l'époque où, pour apprendre quelque chose dans le monde, il fallait savoir le latin; car c'est en latin que tout s'écrivait, et c'était dans des livres latins qu'on apprenait les rudiments de la science; celui qui aura dans la main l'instrument merveilleux des connaissances modernes sera un homme; s'il veut y joindre la connaissance des lettres antiques, il sera un homme complet, mais cela n'est pas donné à tout le monde.

Stuart Mill disait : « Il faut tour à tour apprendre les lettres antiques et les sciences contemporaines. » Il avait raison. C'est à ce prix seulement qu'on est un homme parfait, complet, d'une intelligence cultivée dans tous les sens, dont tous les sillons ont été fécondés. Mais quels sont dans notre démocratie grandissante les hommes capables d'un pareil effort?

Donnons à l'enfant les moyens de se développer comme il peut avec les instruments et les ressources que l'infinie variété de notre civilisation et des études modernes met à sa disposition. Il trouvera sa route, s'il le veut, et arrivera au résultat que nous cherchons.

Voilà les idées dont nous nous inspirons. Ce sont des idées d'optimisme peut-être direz-vous, en tout cas, ce sont des idées de confiance dans la démocratie et dans la jeunesse qui est confiée à l'Université.

Je ne crois pas — si je le croyais, je ne serais pas à cette tribune — je ne crois pas plus que M. le ministre de l'instruction publique à la décadence prochaine de nos études parce que vous auriez la hardiesse de faire ce qu'on fera partout. Nous le faisons volontairement, mais soyez sûrs que nous serions obligés de le faire sous la poussée des nécessités et des faits eux-mêmes. Je ne crois pas, dis-je, à la décadence des études secondaires, mais leur éclat dépendra évidemment de la direction qui sera donnée au corps enseignant; de la préparation nouvelle qui sera donnée aux professeurs.

Nous ne pouvons, à cette heure, entrer dans tous les détails de ce monde où nous avons pénétré. Je me borne à remercier M. le ministre de l'instruction publique de la vigilance, de la sollicitude avec laquelle il comprend que la preuve de connaissances théoriques que révèle le concours d'agrégation ne suffit pas; qu'il faut une préparation professionnelle. La réforme ne produira tous ses fruits que si ceux qui sont chargés de distribuer l'enseignement comprennent l'esprit dans lequel elle est faite et saisissent les nécessités de leur mission élargie et assouplie.

J'espère que nous en avons fini avec les préjugés qui tendent à refouler tout ce qui n'était pas le vieux modèle de l'enseignement secondaire; et si nous en avons fini avec cette conception, nous verrons une floraison nouvelle d'efforts heureux dans notre enseignement. (*Très bien! très bien!*)

Je ne crois pas à la décadence, voilà ma conclusion; et, si la Chambre s'est laissé persuader par ces raisons, que très imparfaitement je résume dans cette improvisation, j'espère qu'elle votera les conclusions que nous lui apportons.

Il y a autre chose dans le projet, et j'en veux dire quelques mots. Nous n'avons pas seulement traité la question de l'enseignement, nous avons jeté les yeux sur l'organisation de nos lycées. Là nous rencontrons des critiques. Je ne m'attendais pas à celles qui nous ont été faites. On nous dit que nous entrons dans une voie dangereuse, que nous allons décentraliser l'enseignement et les maisons d'éducation, et que par là même, nous allons les livrer à tous les hasards, et aussi, a-t-on ajouté, aux influences réactionnaires. Comme si la réaction était si forte dans toutes les parties de la France et si faible dans la direction du ministère de l'instruction publique! Non, nous ne les livrerons ni aux influences réactionnaires ni aux aventures.

Si j'ai un regret, c'est que, dans ce pays tout imprégné encore des idées de centralisation, façonné par la main impériale et qui n'est pas encore parvenu à changer sa constitution intime malgré les nécessités nouvelles de sa vocation, de son état démocratique, on n'ait pas encore trouvé le moyen de répandre largement cet esprit d'initiative et d'indépendance sans lequel il n'y a pas de nation véritablement libre. (*Très bien! très bien!*) Si j'ai une crainte, c'est que nous n'entreprenions une œuvre qu'il sera extrêmement difficile de pousser assez loin pour qu'elle soit féconde.

Mais entendons-nous bien; personne n'a proposé de donner à nos lycées l'indépendance ou l'autonomie.

Le mot d'autonomie est véritablement trop fort pour ce que nous tentons modestement; nous avons vu, et cela sautait aux yeux, que dans nos lycées s'était introduit un système de centralisation poussé si loin, avec une minutie bureaucratique si perfectionnée que nos proviseurs, les chefs de nos établissements, ceux qui ont la charge de développer l'initiative chez les élèves, à qui on dit toujours : « Faites des hommes et exaltez le sentiment de la responsabilité, » quand ils se regardent, eux-mêmes sont les serviteurs liés par les chaînes les plus étroites, par les ordres venus soit de la rue de Grenelle, soit du cabinet d'un recteur. (*Très bien! très bien!*)

La situation est véritablement pénible et je n'y veux pas insister. Un proviseur ne peut pas ou ne pouvait pas disposer d'une somme de 5 francs pour gratifier un serviteur fidèle; il ne peut ordonner une promenade, introduire une innovation quelconque — je ne parle pas des études, mais de l'administration intérieure du lycée et de la discipline — sans se heurter à des règlements; un proviseur passe son temps à accuser réception des circulaires qui viennent par centaines s'empiler sur son bureau; bien plus, un proviseur d'un de nos lycées, que nous avons mis à la campagne sans doute pour faire des expériences et pour donner aux élèves la liberté dans les champs reconquis, ce proviseur se croit obligé de suivre fidèlement la consigne donnée aux proviseurs des lycées urbains de mettre en rangs ses élèves le dimanche ou le jeudi pour aller sur les routes poudreuses de nos villages de banlieue, au lieu de leur ouvrir le parc de dix ou quinze hectares que l'État a acquis à grands frais. Quand nous lui demandons : « Pourquoi faites-vous ainsi? — Parce que, dit-il, mes prédécesseurs ont fait ainsi et que je ne veux pas m'exposer à des reproches en faisant autrement. » J'estime que nous n'avons pas trouvé là l'école véritable de l'esprit d'initiative et de l'esprit de responsabilité. (*Applaudissements.*)

Il y a beaucoup à faire dans cet ordre d'idées pour changer la discipline de nos lycées; non pas pour l'affaiblir, mais pour la rendre à la fois plus douce, comme je l'ai dit, et plus virile, pour exciter chez l'enfant, de bonne heure, le sentiment de sa responsabilité, pour ne pas se borner à une surveillance mécanique de tous les instants, mais pour faire appel aussitôt qu'on le peut à ces forces naissantes de l'enfant qui sont chez l'adulte et le citoyen les forces dont la patrie a besoin, le sentiment de la responsabilité et du devoir. (*Applaudissements.*)

Il y a beaucoup à faire, mais que pensez-vous faire avec des fonctionnaires amoindris, subalternisés, choisis comme ils le sont aujourd'hui? Le proviseur du lycée ne peut pas être pris, aux conditions qu'on lui fait, dans l'élite des professeurs. Il est pris parmi les hommes les plus honorables, assurément, mais qui ne se sentent pas, de par l'investiture qu'on leur donne, l'autorité morale qui ne se décrète pas, mais s'exerce et se conquiert, sur leurs collaborateurs de tous ordres.

Il faudrait que la situation du proviseur fût telle que le professeur le plus éminent pût considérer non pas comme une disgrâce, mais comme un honneur, d'être appelé à ce poste, et alors, sans qu'il soit besoin de règlements nouveaux, sans qu'il soit besoin de rien décréter, tout rentrera dans l'ordre naturel.

Le chef naturel de l'établissement groupera autour de lui les professeurs dans ces assemblées qui ont si misérablement avorté précisément parce que ces professeurs n'étaient pas groupés autour de l'homme qu'ils reconnaissaient comme étant normalement, véritablement le chef, et par son passé et par sa haute compétence et par son caractère. Vos conseils de professeurs reprendront ainsi leur force et leur valeur. Pour la conduite de l'internat laissez donc à ces proviseurs un peu de liberté, sous leur responsabilité. Vous continuerez de garder les rênes s'ils se trompent; et je ne suis pas en peine : vous saurez les rappeler à leur responsabilité, à leurs devoirs.

Nous n'abolissons pas les recteurs; nous n'abolissons pas le ministre de l'instruction publique. Tout ce que nous demandons et qui semblait effrayer hier quelques-uns de nos collègues, comme si nous détruisions la centralisation française et tous les grands intérêts qui s'y rattachent, tout ce que nous demandons, c'est que le proviseur puisse choisir les fonctionnaires inférieurs de son établissement, y assurer l'ordre et préparer son budget avec l'assistance d'un conseil d'administration.

Est-ce que cela est révolutionnaire? Je serais tenté de croire que cela est trop timide, mais nous sommes dans un temps où l'on parle toujours de hardiesse et où, lorsqu'on propose quelque chose qui ressemble à une hardiesse, on est accusé tout de suite d'être réactionnaire. (*Très bien! très bien! et rires au centre et à droite.*)

C'est véritablement une situation malheureuse. Le ministre sera toujours le maître. Nous lui demandons de laisser un peu de liberté; nous lui demandons de tirer meilleur parti de ce personnel d'élite que nous avons dans nos lycées.

Nous lui demandons aussi de tirer meilleur parti de forces négligées aujourd'hui, de forces qu'on peut trouver dans la région, de l'attachement d'hommes considérables qui ont passé leur jeunesse au lycée et qui ne demanderaient pas mieux que d'être associés à son administration, aussi capables, permettez-moi de vous le dire, que les bureaux de la rue de Grenelle, si éminents que soient les fonctionnaires, pour établir un budget et voir les nécessités locales, fixer le prix de la pension, s'occuper de l'aménagement intérieur du lycée. (*Très bien! très bien!*)

Vous attacherez ainsi des hommes de bonne volonté à une œuvre nécessaire.

Donnez aux lycées la personnalité civile, non pas seulement sur le papier, mais dans la réalité; ce sera un progrès, un commencement. C'est avec confiance que nous demandons à M. le ministre de faire ce grand effort de hardiesse et d'audace. (*Très bien! très bien!*)

Nous demandons une seconde chose. Nous touchons ici à un des points faibles, douloureux, de l'organisation des lycées. Nous demandons au ministre de résoudre la question des répétiteurs. (*Très bien! très bien!*)

Cette question, M. le ministre reconnaît qu'elle ne peut pas ne pas être abordée de nouveau. Il y a là, dans le lycée et, par suite, dans l'éducation qu'on y reçoit un point qui doit attirer notre attention.

Certes, on a tenté de faire pour les répétiteurs tout ce qui pouvait élever leur situation; mais, en même temps qu'on a élevé leur niveau intellectuel et moral, on a développé encore chez eux le sentiment d'une injustice commise à leur égard, puisqu'on les enferme, sans espoir d'en sortir, dans une véritable impasse où le grade, l'instruction acquise, la bonne volonté apportée pendant de longues années ne trouvent pas leur récompense. (*Applaudissements.*)

Il n'est pas possible que des jeunes gens qui ont affronté les examens, qui sont licenciés, qui ont fait de grands efforts et à qui on a dit qu'on les associerait à l'enseignement, se voient ainsi confinés jusqu'à la vieillesse, jusqu'à la retraite dans des fonctions de pure surveillance qui les séparent complètement, par une cloison en quelque sorte étanche, du corps professoral, et par là même relégués dans une considération un peu amoindrie de la part des élèves qu'ils ont charge d'élever moralement. (*Très bien! très bien!*)

Cela est mauvais, tout le monde le reconnaît. Il faut fondre, autant qu'il sera possible, le corps des répétiteurs et le corps des professeurs, voilà l'idée simple et l'idée vraie; elle est partout, dans tous les autres ordres d'enseignement, elle est partout à l'étranger; il n'y a que chez nous qu'on a voulu diviser par une séparation artificielle la fonction du professeur et la fonction du répétiteur, comme si l'œuvre de l'éducation n'était pas une, comme si elle ne se continuait pas, et comme s'il n'était pas nécessaire que l'enfant respectât partout celui qui le guide, l'homme appelé à l'honneur d'enseigner et investi par là même de cette autorité morale qui lui rendra facile la discipline. (*Très bien! très bien!*)

Il y a là le germe d'une réforme vraie et pratique. Les conditions, nous les avons indiquées : c'est de créer des professeurs qui, en même temps qu'ils contribueront déjà à l'enseignement, suivront les élèves dans leurs études non pas pour les guider par la main, comme on semblait le croire, non pas pour leur éviter des efforts, mais pour surveiller leurs études; voilà ce qu'il faut faire.

Est-ce facile? Oui, à une condition : c'est qu'on ne se bornera pas à changer un mot pour un autre, qu'on ne se bornera pas à dire que les répétiteurs s'appelleront désormais des professeurs adjoints. (*Très bien! très bien!*) C'est qu'on fixe le cadre de telle façon qu'ils soient assurés, au bout d'un certain nombre d'années qui sera à déterminer, de trouver place parmi les professeurs titulaires. De cette façon, nous n'aurons plus qu'un corps de professeurs, dont les uns rempliront certaines fonctions, et les autres seront dans une situation d'attente, mais tous ayant la même dignité, la même vocation et la même autorité. (*Applaudissements.*)

Et comme, dans la surveillance de l'internat, il y a des fonctions qui paraîtraient à certains de ces professeurs s'accommoder mal avec l'idée qu'ils se font de leurs fonctions, il convient d'autoriser le proviseur à choisir les surveillants du pensionnat, des dortoirs, soit parmi les professeurs adjoints qui y consentiront, moyennant, bien entendu, une indemnité, et l'allocation de cette indemnité, je m'empresse de le dire devant M. le ministre des finances, sera une économie, et non pas une dépense nouvelle, — soit parmi d'autres personnes sûres, honorables, — on en trouvera certainement, — mais non pourvues de grades inutiles pour ce genre de fonctions, et n'ayant pas les prétentions qui conduisent aux déceptions et aux colères contre la société.

Voilà ce qu'il faut faire, ce qu'il est facile de faire.

Il y a une difficulté, je le sens comme M. le ministre de l'instruction publique, c'est la transition. M. le ministre s'expliquera peut-être sur ce point.

Je lui demande, en formant les cadres, en prenant les professeurs adjoints parmi les répétiteurs actuels, ceux qui peuvent devenir professeurs et non pas seulement dans les lycées mais dans les collèges, — car il est bien entendu que c'est pour les collèges en même temps que pour les lycées que nous demandons ce changement de régime, (*Très bien! très bien!*) qu'il assure aux répétiteurs que leur nombre et leur découragement prématuré écartent peut-être des espérances du professorat, un sort qui les mette à même de rendre les services qu'on attend d'eux, sans leur faire sentir trop cruellement la situation un peu pénible dans laquelle ils se trouvent.

Il sera facile de trouver des combinaisons qui permettent de faire fonctionner, même transitoirement, le système que nous préconisons, et de donner aux répétiteurs qui voudront être associés à la direction ou à la surveillance de l'internat, des encouragements et des avantages spéciaux, grâce auxquels ils deviendront non plus des mécontents, mais des hommes pleins de reconnaissance envers M. le ministre de l'instruction publique.

Je demande pardon à la Chambre d'avoir retenu si longtemps son attention. (*Parlez! parlez!*) Il m'était difficile de résumer et de rassembler les traits épars de l'œuvre qui a coûté à la commission beaucoup de temps, beaucoup d'application, une grande dépense de bonne volonté et de sentiment patriotique et national. (*Applaudissements.*)

Nous avons fait une œuvre qui, je l'ai dit souvent, n'est pas une œuvre de parti pris, mais s'inspire uniquement du sentiment de l'intérêt de l'éducation nationale. (*Très bien! très bien!*)

Vous me permettrez, avant de descendre de cette tribune, de remercier tous les membres de cette commission qui, divisés d'opinion, quelquefois excités par les discussions de cette Chambre sur les questions les plus brûlantes, se sont toujours retrouvés unis pour étudier cette question de la manière la plus désintéressée et la plus noble.

Je remercie, en particulier, les auteurs de ces rapports si considérables que vous avez pu lire et qui resteront, je pense, comme un témoignage du travail de cette législature. (*Très bien! très bien!*)

Vous me permettrez de remercier aussi M. le ministre de l'instruction publique.

Il nous a permis de faire cette enquête, qu'on a appréciée, non seulement en ouvrant toutes les sources d'information, en appelant devant nous tous ceux qui, dans l'Université, pouvaient faire entendre leur voix et nous donner les conseils que notre inexpérience sollicitait. Il a, avec le concours du conseil supérieur de l'instruction publique, mis sur pied les propositions dernières que nous vous soumettons. Nous n'avions pas la compétence, ni les ressources dont lui seul pouvait disposer et nous avions le sentiment que, quelle que fût notre volonté d'aboutir et notre impatience, si nous n'avions pas trouvé chez M. le ministre de l'instruction publique un esprit libre de préjugés en ces matières et une volonté de nous aider, nous ne serions arrivés à aucun résultat. (*Applaudissements.*)

C'est grâce à sa collaboration que nous arrivons aujourd'hui à vous présenter cette œuvre modeste, vous pouvez le trouver, mais qui, enfin, réalise un progrès et est pleine d'espérances. (*Très bien! très bien!*)

M. Couyba. — Vous pouvez y ajouter la vôtre!

M. le président de la commission. — Nous vous demandons de la consacrer par votre vote et d'écarter, au moment où va s'achever bientôt cette discussion, tout ce qui pourrait en troubler la sérénité et le caractère fécond. (*Applaudissements.*)

Nous vous demandons de ne pas y mêler tout ce qui nous divise aujourd'hui et nous divisera demain.

M. Viviani, à la fin de son discours, dans un langage enflammé, nous a dit qu'il nous assignait ici un rendez-vous. Nous n'avons jamais déserté les rendez-vous qu'on nous donne, et c'est même nous parfois qui en avons assigné auxquels on ne s'est pas rendu.

M. René Viviani. — Où cela? Pas à moi, en tout cas!

M. le président de la commission. — Nous avons déposé nos rapports il y a plus de deux ans et la Chambre aurait pu trouver, si vives étaient vos passions, si vive était votre impatience, le temps de les discuter; or, vous n'en avez, pas plus que vos collègues, demandé la mise à l'ordre du jour.

M. René Viviani. — Vous avez assez fait durer la loi sur les associations!

M. le président de la commission. — Je n'en veux pas chercher les causes. Je me borne à dire que nous serons prêts à discuter quand vous voudrez.

Je ne crois pas que la réforme que nous faisons donne à l'enseignement congréganiste ce ressort nouveau qui nous obligerait nous-mêmes à venir un jour en solliciter l'abrogation.

Non! ce sont là des arguments de discussion. Il y a autre chose au fond de ce débat, nous ne sommes pas d'accord, c'est vrai : nous pensons, nous, que la liberté de l'enseignement reste dans ce pays, après tant d'années d'épreuves, la garantie suprême de la paix civile et de la véritable union morale des citoyens. (*Applaudissements au centre et à droite.*)

M. Vazeille. — Elle est jolie, cette paix!

M. le président de la commission. — Nous le pensons, nous en sommes convaincus. Il ne serait pas digne de nous de dissimuler ici notre pensée et notre conviction. Oui! Vous ferez venir quand vous voudrez ce débat, nous vous montrerons que ce n'est pas la loi Falloux que nous défendons. La loi Falloux rappelle des souvenirs qui sont pour nous comme pour vous pénibles, une époque de réaction contre l'Université dont nous sommes les fils et à laquelle nous sommes attachés autant que vous, entendez-le.

Non! ce n'est pas la loi Falloux, vous pouvez l'abroger. Mais il ne faut pas d'équivoque. Si ce sont des textes mal rédigés que vous voulez jeter à terre, si ce sont des garanties naturelles que vous demandez, si c'est le droit pour l'inspection de s'exercer dans les établissements, (*Très bien! très bien!*) si c'est l'égalité des grades que vous exigez, je dis que nous n'avons pas attendu votre invitation à la tribune, c'est nous-mêmes qui avons pris cette initiative dans nos rapports, dans nos conclusions. (*Très bien! très bien!*)

Mais si c'est la liberté de l'enseignement elle-même que vous visez et non pas des dispositions accessoires, vous nous trouverez ici résolus à vous tenir tête et à faire appel au sentiment de ce pays, qui est un pays de liberté.

Son éducation, que je regrette autant que vous, n'a pas été une éducation de tolérance et de liberté. Vous voulez le maintenir dans ses erreurs ataviques, dans cette tradition ancienne qui a été, cela est bien naturel, celle de l'Eglise catholique, qui n'a pas été la tradition révolutionnaire. J'ai la prétention comme vous et plus que vous, d'être un homme de mon temps et de m'acheminer vers les solutions dernières qui sont la liberté et la tolérance appliquées à tout le monde, (*Vifs applaudissements au centre et à droite.*) vers la séparation plus complète des choses de la société moderne et des choses de l'Eglise. Vous tournez le dos à cette conception qui était l'honneur de vos programmes autrefois, (*Nouveaux applaudissements sur les mêmes bancs.*) vous resserrez les liens que vous vouliez briser. (*Vifs applaudissements au centre et sur divers bancs à gauche.*) Nous sommes plus fidèles que vous à la vieille et à la vraie tradition républicaine! (*Très bien! très bien! au centre.*)

Je n'ajoute qu'un mot, messieurs. Si ardentes que soient nos divisions...

M. Massé. — Il était entendu qu'on ne parlerait pas de la loi Falloux, monsieur Ribot.

M. le président de la commission. — Pourquoi M. Viviani en a-t-il parlé? (*Très bien! très bien! au centre.*)

Je ne mêle pas les questions, mais j'aurais considéré qu'il était indigne de moi, une question ayant été portée à cette tribune, de ne pas maintenir énergiquement mon point de vue qui n'est pas le vôtre.

C'est l'honneur de nos débats et du régime parlementaire que nous puissions n'être pas d'accord sur les solutions à donner aux plus hautes questions qui nous divisent.

Nous nous expliquerons quand le moment sera venu. Mais je demande à la Chambre en ce moment de voter, si elle le peut, d'un vote unanime, (*Dénégations à l'extrême gauche.*) les conclusions qui lui ont été apportées, qui sont en dehors de ces questions, qui n'ont aucun lien avec elles.

La Chambre, qu'elle me permette de le dire, se fera honneur en laissant, comme un des derniers actes de sa carrière qui s'achève, le vote de ces conclusions.

Messieurs, je suis autant que personne dans cette Chambre attaché de tout mon cœur, de toutes mes forces, de tout mon passé, au régime parlementaire. Je souffre quelquefois des défauts de ce régime, de la manière dont il est pratiqué, de la perte de forces que de mauvaises méthodes nous imposent, de quelques défaillances qui nous affligent. Mais je considère ce régime comme la sauvegarde de la liberté politique de mon pays; (*Applaudissements au centre et à gauche.*) je ne ferai jamais rien qui puisse l'affaiblir ou le déconsidérer. (*Nouveaux applaudissements.*) Si, par bonheur, la Chambre peut, par un effort qu'elle a encouragé, qu'elle a demandé à l'une de ses commissions, tirer d'elle-même, ce qui était difficile assurément, les éléments d'une grande réforme qui touche à l'éducation nationale, je m'en réjouirai pour mon pays, car cela est à l'honneur du régime parlementaire, et cela est à l'honneur de la République, à laquelle je veux de toutes mes forces rester attaché jusqu'à mon dernier souffle. (*Applaudissements prolongés au centre et sur plusieurs bancs à gauche et à droite. — L'orateur, en regagnant son banc, est félicité par un grand nombre de ses collègues.*)

La Chambre, après avoir entendu le ministre de l'instruction publique, adopta à une grande majorité le projet de résolution, et la réforme, sur laquelle le ministre et la commission s'étaient mis d'accord, fut mise presque immédiatement en application.

DISCOURS PRONONCÉ A MARSEILLE SUR LA POLITIQUE GÉNÉRALE

3 mars 1902

A l'approche des élections générales, qui devaient avoir lieu au commencement du mois de mai, M. Ribot fut invité par ses amis de Marseille à tracer, dans une grande réunion, les principales lignes du programme des républicains progressistes.

Il prononça, à cette occasion, le discours suivant où il expliqua l'opposition que les progressistes avaient été obligés de faire au ministère de M. Waldeck-Rousseau et indiqua les vues de son parti sur la situation actuelle et les réformes à accomplir.

MESSIEURS,

J'ai accepté avec empressement l'occasion que vous m'avez offerte de prendre la parole dans cette ville qui continue les gloires de son passé, où je rencontre associés les noms des plus grands orateurs de la tribune française et le souvenir toujours vivant du premier fondateur de la République.

Comment évoquer le souvenir de M. Thiers, sans que notre esprit se reporte au temps où les républicains, unis dans une pensée commune de sagesse, de raison, de patriotisme, ne songeaient qu'à l'intérêt supérieur du pays, à pacifier les esprits, à faire disparaître les traces de la guerre civile, à fortifier nos finances et notre armée, gage de nos suprêmes espérances, où l'idée seule d'excommunier de la République les hommes qui s'étaient faits ses garants devant le pays et devant le monde eût fait horreur à tous les républicains?

Nous qui sommes restés fidèles à ces souvenirs, qui, sans cesser d'être des hommes de notre temps, ouverts à tous les progrès et à toutes les réformes, n'avons pas voulu renier notre passé ni accepter le patronage suspect des hommes dont nous combattons au grand jour les doctrines, on nous traite de réactionnaires, de républicains égarés, on voudrait nous exclure de la République.

Cela nous laisse indifférents pour nos personnes, mais non pour l'avenir de la République. Nous connaissons cette prétention des partis extrêmes de confisquer à leur profit les institutions qui sont le patrimoine de tous. C'était leur prétention sous la Restauration de ne considérer comme fidèles à la monarchie que ceux qui la perdaient en exagérant son principe. De même la République serait près de sa perte le jour où cette fureur d'excommunication aurait écarté d'elle les plus résolus et les plus sages de ses défenseurs.

Dans ces tendances dangereuses, qui se donnent aujourd'hui carrière, je vois un effet de la désorganisation des partis et un symptôme grave de l'état des esprits. Le mal n'est pas dans l'antagonisme des idées et des doctrines. Quel pays n'a connu ces antagonismes et ces luttes? Il est dans la fureur que nous avons de nous déchirer les uns les autres, de ne pas comprendre, ni en politique, ni en matière de croyances, la véritable tolérance. C'est un des fruits amers de la trop longue éducation que nous avons reçue au cours des siècles, qui a passé dans notre sang, que ni la Révolution, ni la pratique encore trop courte de la liberté n'ont pu corriger. Ces retours d'intolérance causent des désordres d'autant plus profonds qu'il n'y a ni frein, ni contrepoids dans une organisation saine, solide, traditionnelle des partis politiques.

Le devoir de tous les hommes prévoyants, dégagés de cet esprit d'exclusivisme, eût été de s'unir pour combattre le mal dans ses racines, d'affirmer d'autant plus haut la tolérance et la liberté de tous qu'elles sont plus menacées et, d'autre part, de s'efforcer de donner aux partis plus de force, plus de prise sur l'opinion en leur apprenant à se montrer plus fidèles à eux-mêmes, en leur faisant de cette fidélité un point d'honneur.

Au lieu de cela, qu'avons-nous vu?

Les collectivistes n'ont eu qu'une pensée, c'est de profiter du trouble des esprits pour s'insinuer dans le gouvernement. La lumière a été faite, sur ce point, à Firminy par M. le ministre du commerce. L'entrée d'un collectiviste dans le gouvernement n'a pas été, a-t-il dit, un accident, mais l'aboutissement d'un dessein poursuivi de longue date par lui et par ses amis. Ils ont la prétention, à cette heure, qu'on ne puisse plus faire sans eux un ministère républicain.

Que leur tactique ait été habile, qu'ils aient, aujourd'hui qu'ils se croient sûrs du succès, le mérite de la franchise ,je ne le conteste pas. Mais ce qui me révolte, ce qui révoltera tous les honnêtes gens, c'est leur prétention, après un tel aveu, de faire considérer comme de mauvais républicains tous ceux qui, ayant vu clair dans leur entreprise, ont refusé de s'y associer.

Notre opposition a toujours été sincère, courageuse, loyale non seulement envers la République, mais aussi envers le gouvernement. Ai-je besoin de rappeler toutes les circonstances où nous sommes intervenus pour aider le ministère dans des questions qui touchaient à la politique extérieure ou à la bonne conduite de nos finances?

Quelle est la mesure que nous avons refusé de voter dans l'intérêt de la défense de la République?

Quand le cabinet a voulu survivre à la tâche qu'il

s'était lui-même assignée, nous l'avons combattu en pleine lumière, sans aucune de ces compromissions qui déconsidèrent les oppositions; nous n'avons pas cherché à nouer dans l'ombre des coalitions pour le renverser par surprise. On nous l'a reproché; on a dit que nous ne savions pas pratiquer l'opposition, que nous nous embarrassions de scrupules excessifs. On a eu tort. Rien n'a fait plus de mal à l'opposition que d'avoir eu recours, dans le passé, à de pareilles coalitions; elle s'est affaiblie, elle a donné de la force à ses pires ennemis et elle a enseigné aux majorités à se montrer elles-mêmes moins difficiles dans le choix de leurs alliances.

Nous n'avons rien à nous reprocher. C'était notre devoir de combattre une politique qui nous paraissait dangereuse, parce que, sous prétexte d'aller au plus pressé, elle préparait des lendemains pleins d'inquiétude. Il y avait une autre politique à faire, pour ramener l'ordre, le calme dans les esprits, faire cesser les malentendus et les divisions artificielles, assainir l'atmosphère viciée dans laquelle nous avons trop longtemps vécu.

La défense républicaine n'est pas à elle seule une politique. Tous les républicains sincères sont d'accord pour défendre la République; mais il s'agit de savoir quels moyens on doit employer suivant les temps et les circonstances. Au 16 Mai, en présence d'une agression qu'il fallait repousser, tous les groupes républicains se sont unis, coalisés dans une action commune. Aujourd'hui que la République est maîtresse de tous les ressorts du gouvernement et que le président de la République, entouré du respect de la nation, inspire au pays une confiance absolue dans son dévouement aux institutions républicaines, il s'agit moins de combattre, de réduire des adversaires, que de pacifier des esprits troublés, de remettre l'ordre dans les affaires publiques, d'empêcher des coalitions de mécontents de devenir dangereuses, en leur opposant, en même temps que la fermeté, le calme et la sagesse d'un gouvernement sûr de lui-même et de son lendemain.

Quel que soit le résultat des prochaines élections, la politique qui a rempli ces dernières années touche à son terme; elle a épuisé ce qu'elle avait de force, ce que les circonstances passagères lui avaient donné d'élan et de confiance en elle-même. Il faut donc regarder beaucoup moins du côté du passé, pour se livrer à des polémiques, que vers l'avenir, vers l'œuvre de demain, dans laquelle un grand parti comme le nôtre aura nécessairement sa part d'action et de responsabilité.

Nous devons avoir des réponses claires sur chacune des questions et des difficultés qui sont posées devant le pays et qu'il faudra résoudre dans la prochaine législature.

La question de la liberté d'enseignement a passé au premier plan.

Cette question, si grosse d'orages, a été l'objet de débats ardents sous la Restauration et la monarchie de Juillet. Elle semblait résolue par une transaction à la fois libérale et très favorable aux prérogatives de l'Etat.

On ne contestait plus à l'Etat, comme on le fait ailleurs, le droit d'avoir partout des écoles absolument indépendantes de toute ingérence confessionnelle ou même religieuse, de nommer lui-même les instituteurs et les professeurs. Ailleurs ces questions sont encore débattues ou résolues dans un sens moins radical. On laisse aux conseils municipaux, comme en Belgique, le choix entre l'enseignement laïque ou confessionnel, ou on accorde, comme en Angleterre, des subventions de l'Etat à toutes les écoles, non seulement aux écoles publiques, mais aux écoles fondées par des associations particulières, par des sociétés religieuses.

Nous avons soutenu le droit de l'Etat, affirmé son

devoir de mettre partout à la disposition des familles des écoles, non pas hostiles à telle ou telle croyance, mais indépendantes de toute confession religieuse, en laissant à tous ceux qui veulent s'en servir le droit de fonder des écoles, de les entretenir. Ce n'est pas seulement la loi de 1833 ou celle de 1850 qui a fait cela, c'est la loi de 1886 qui a été votée sous le ministère de M. Goblet.

Dira-t-on que ce n'est pas une loi républicaine?

C'est une question de loyauté pour nous, en même temps qu'une question de sagesse politique, de nous en tenir à ce qui avait été accepté, aussi bien pour l'enseignement secondaire que pour l'enseignement primaire, à ce qui paraissait être devenu le régime définitif de la liberté d'enseignement dans ce pays.

L'Eglise catholique s'est emparée de la liberté d'enseignement comme de toutes les libertés. Depuis qu'elle est tenue à l'écart de la direction temporelle, qu'elle n'est plus associée à la politique, qu'elle est séparée véritablement de tout ce qui constitue l'Etat moderne, elle a le droit de se réclamer de la liberté plus largement qu'autrefois. On ne peut l'enfermer strictement dans le Concordat, comme à l'époque où l'on s'appuyait sur elle et où elle-même s'appuyait sur la puissance de l'Etat. Tout nous pousse dans cette voie, dont le terme sera la séparation complète, non pas demain, ni même peut-être après-demain, à cause des passions hostiles qui rendent si difficile tout règlement équitable et définitif des relations entre l'Etat et l'Eglise. Mais enfin on était dans cette voie; la politique libérale était orientée en ce sens. Personne n'a montré avec plus de force que M. Millerand ce qu'il y a, au fond, de rétrograde dans la politique qui tend à resserrer les liens de l'Eglise et de l'Etat, en mesurant à l'Eglise, avec une inquiète jalousie, l'exercice des libertés qui sont devenues le droit commun de la République.

Ce que pensait M. Millerand, des radicaux ayant

une vue large et élevée de la politique le pensaient avec lui. On se rappelle avec quelle netteté M. Léon Bourgeois s'est prononcé pour la liberté d'enseignement dans l'enquête sur l'enseignement secondaire. Tous ceux qui ont appris l'histoire de ce pays, avant et depuis la Révolution française, savent qu'il a été déchiré par les guerres civiles, qu'il s'est mutilé lui-même, privé de quelques-uns de ses éléments les plus généreux au nom de cette doctrine qu'on essaye de relever, à savoir que l'État, la puissance publique, a le devoir d'imposer l'unité dans les façons de comprendre la société ancienne ou la société moderne. Il y a, qu'on s'en afflige ou qu'on s'en inquiète, plusieurs grands courants d'idées, de traditions, de croyances dans notre société; il y en avait dans l'ancienne France, malgré l'uniformité apparente et le silence que faisait le pouvoir absolu. Cela n'empêche pas qu'il y eût une France, divisée, mais capable de s'unir dans toutes les crises de son existence, ayant un fonds commun de sentiments et d'intérêts. De même, les courants qui s'agitent en sens divers, en formant des remous parfois dangereux, n'empêchent pas un grand fleuve de rouler à la mer d'un cours puissant qui entraîne tout. La liberté d'enseignement, comme toutes les libertés, est la garantie de la paix civile et par là même de l'unité nationale, qui ne repose pas sur la violence faite aux membres du corps social, mais sur l'union de toutes les volontés et de toutes les intelligences.

Voilà ce que nous pensions hier avec des radicaux, avec la majorité des républicains, car, quand la question a été soulevée par quelques députés, la Chambre a refusé à une forte majorité de prononcer l'urgence qu'on accorde si facilement aujourd'hui à toute proposition et la Chambre a élu une commission que j'ai eu l'honneur de présider, où l'esprit de large tolérance, de respect sincère de la liberté d'enseignement n'a pas cessé de dominer.

Mais, si nous voulons maintenir la liberté, nous avons demandé que l'État n'abdiquât pas son droit supérieur de contrôle. Qui a réclamé l'inspection? Qui a demandé qu'elle s'exerçât de la manière la plus large? L'État donne la liberté; il ne veut pas, après l'avoir donnée, ruser avec elle; mais il ne peut pas permettre que, sous prétexte de liberté de conscience, on enseigne le mépris des lois, de la Constitution, la haine de la société moderne, de tous les principes sur lesquels cette société est fondée. Cela n'est pas tolérable et tous les hommes de bonne foi en conviennent. Que les tribunaux soient investis du droit de condamner, de fermer les établissements où des éducateurs manquent à leurs devoirs, c'est la doctrine qu'ont soutenue, à toute époque, les hommes qui n'ont voulu sacrifier ni les droits de l'État ni ceux de la liberté.

Qu'on exige aussi des professeurs de ces établissements les mêmes grades, les mêmes preuves de capacité que nous réclamons des professeurs de nos collèges, ce sera légitime, ce n'est pas une atteinte à la liberté. En un mot, qu'on ne traite pas l'enseignement libre comme un enseignement qu'on veut ignorer, abandonner à lui-même. L'État n'en a pas le droit; c'est une abdication. Soyez-en sûrs, après bien des débats stériles et des débats violents, c'est à cela qu'on aboutira : à la reprise par l'État de son droit de surveillance, sanctionné d'une manière efficace par l'intervention des tribunaux.

Cela vaudra mieux que de menacer les enfants qui sortent de tel ou tel établissement d'une sorte d'indignité pour toute leur vie; menace vaine parce qu'elle serait devenue odieuse s'il s'était trouvé dans la Chambre une majorité pour la sanctionner. Heureusement, s'il y a des majorités qui votent avec répugnance quelque motion équivoque sur l'abrogation de la loi Falloux, déjà abrogée, en fait, dans la plupart de ses dispositions, ces majorités, mises en présence d'un texte de loi, se dérobent, trouvent le moyen de laisser tomber le projet du gouvernement, sans même le discuter. Je le dis à leur honneur, quoiqu'il y eût peut-être plus de courage à aborder franchement ces questions. Est-il donc si malaisé de parler avec clarté au pays, de lui dire ce qu'on veut et ce qu'on repousse?

Nous n'avons pas dissimulé davantage notre pensée dans la discussion de la loi des associations. Nous avons ratifié par notre vote tout ce qu'il y avait de dispositions libérales dans cette loi; nous les avons élargies, débarrassées de toutes les précautions inutiles qu'un reste d'esprit policier cherchait à y introduire. Mais nous avons énergiquement repoussé tout ce qu'il y avait d'étroit, d'injuste et de suranné à l'égard des congrégations religieuses, tout ce qui était une menace de confiscation ou une atteinte à la liberté d'enseignement. Tout en maintenant le droit de l'Etat d'empêcher qu'une congrégation religieuse ne devienne un danger par son intrusion dans la politique, nous avons accepté, réclamé comme une conséquence de l'état de choses créé par la Révolution et par l'établissement de la République, l'extension la plus large du droit commun à toutes les associations.

C'est le même esprit libéral non sans hardiesse que nous apportons dans les questions sociales. Nous savons que de grands changements ont été faits, que d'autres se préparent dans la condition des ouvriers. Une politique étroite, défiante, n'est plus de mise. Il faut comprendre la force de ce mouvement d'émancipation qui a déjà fait des travailleurs des hommes égaux en droits de ceux qui les emploient, et qui en fera de plus en plus des collaborateurs, de véritables associés.

C'est un mouvement légitime, à condition que l'évolution se fasse librement et pacifiquement, que les travailleurs comprennent, de leur côté, qu'à toute élévation de leur situation doit correspondre une élévation de moralité, de lumière et de responsabilité. Sinon on ruinerait l'industrie et l'on préparerait les plus cruelles réactions. L'association est le grand levier de cette transformation. Nous avons non seulement accepté, mais réclamé, contribué à dégager de toute entrave la liberté des syndicats.

Mais nous ne voulons pas que les syndicats deviennent oppresseurs, étouffent la liberté d'où ils sont nés, au nom de laquelle ils ont réclamé le droit de vivre, de se développer, de se servir de l'instrument si dangereux des grèves.

C'est pour avoir méconnu ce principe essentiel que M. Millerand a échoué dans la plupart de ses entreprises. Ainsi l'institution des conseils du travail est excellente; mais on la perd quand on veut la fonder uniquement sur l'organisation syndicale. Comme la force de ces conseils est surtout une force morale, qu'ils ne peuvent rien s'ils ne sont soutenus par le consentement des intéressés, on frappe de stérilité l'institution.

Qu'est-ce que le syndicat obligatoire qu'un projet de loi voulait établir entre tous les ouvriers d'un même établissement, pour aboutir à régler le droit de grève, en réalité pour contraindre la minorité qui veut travailler à se soumettre à la majorité vraie ou fausse qui a décrété de cesser le travail? L'entrepreneur, ne pouvant appeler des ouvriers du dehors, eût été réduit à capituler ou à fermer son usine. La commission du travail de la Chambre des députés n'a même pas examiné ce projet. Déjà la Chambre avait blâmé dans un ordre du jour le langage tenu à Lens par M. le ministre du commerce.

Le danger de ces idées fausses qu'on répand parmi les ouvriers, c'est d'entretenir des illusions sur la toute-puissance de l'État pour améliorer leur condition. On semble croire, par exemple, qu'il dépend de l'Etat de fixer comme il l'entend la durée des heures de travail, sans apercevoir que la question du salaire est intimement liée à cette question. De là des grèves qui deviennent plus nombreuses, qui tendent surtout à prendre un caractère politique et révolutionnaire; de là aussi cette prétention de certains syndicats d'adresser des sommations aux pouvoirs publics, de traiter d'égal à égal avec eux, de les menacer, s'ils résistent, de la grève générale.

Tout cela est plein de périls pour l'avenir. L'entrée d'un député collectiviste dans le gouvernement ne pouvait pas ne pas produire ses conséquences. M. Millerand a déclaré à plusieurs reprises qu'il n'abandonnait rien de son programme. L'absorption par l'Etat de toutes les propriétés individuelles et de tous les moyens de production est le terme auquel on prétend nous conduire par des étapes habilement ménagées. Sans doute M. le ministre du commerce est moins pressé de réaliser ce programme depuis qu'il a quitté les bancs de l'opposition. Devenu ministre, il répudie l'emploi des moyens révolutionnaires.

Mais les masses ouvrières à qui on ne cesse de répéter que le régime de la propriété individuelle est condamné à disparaître, que les mines, les usines, les terres doivent faire retour à l'Etat, à qui l'on promet tous les jours la révolution sociale, ne se résigneront pas toujours à attendre d'une révolution pacifique la réalisation de ce programme. C'est un crime de leurrer par des sophismes leur misère et leur ignorance.

La loi des retraites ouvrières, dont tout le monde souhaitait le vote dans cette législature et dont les ministères modérés avaient pris autrefois l'initiative, n'a pas abouti par la faute du ministère actuel. Tout le monde pense que l'Etat doit susciter, encourager l'effort individuel de la prévoyance; il a un instrument admirable dans les sociétés de secours mutuels qui mettent à sa disposition leur administration, leur esprit de solidarité, leur force de propagande. Ce sont des pionniers qu'il faut largement encourager. On l'a compris en Belgique.

M. le président du conseil vient de montrer, il y a quelques jours, dans son discours au banquet de la Ligue de la mutualité, qu'il se rendait compte de l'erreur où est tombé M. Millerand en ne s'inspirant pas de l'exemple de nos voisins. M. le ministre du commerce a voulu faire sentir aux travailleurs et à tous ceux qui les emploient la main lourde du socialisme bureaucratique. Il a voulu obliger tous les travailleurs à subir une retenue excessive sur leurs salaires; il a voulu contraindre les entrepreneurs, même ceux qui ne sont que des ouvriers, à se faire des collecteurs d'impôts et des correspondants obligés de la Caisse des dépôts et consignations. Il a dépassé, du premier coup, le génie administratif de la Prusse.

Tout cela n'a pu résister à l'enquête que la Chambre des députés a ordonnée; les intéressés ont protesté avec un tel ensemble qu'on a dû remettre le projet sur le métier .

C'est un avortement; il est d'autant plus regrettable qu'on n'a rien fait pour organiser l'assistance obligatoire dans les villes et les campagnes que nous avons réclamée comme l'accomplissement d'un devoir social.

Ce sont là des questions à reprendre dans la prochaine législature et à inscrire au premier rang.

Nous devons aussi nous préoccuper des dangers qui menacent l'armée nationale. Elle n'avait pas encore, depuis trente ans, été mêlée à nos divisions : tous les partis, sauf les révolutionnaires, comprenaient que le plus grand hommage qu'on puisse rendre à l'armée, c'est de la laisser, entourée du respect et de l'affection de tous, à sa tâche silencieuse. Que deviendra-t-elle, en effet, si on ne la met en dehors de nos querelles? Elle a également à souffrir, et des attaques violentes ou perfides qu'on dirige contre elle, et des apologies intéressées dont elle est l'objet. Le ministère actuel, pas plus qu'aucun de ses prédécesseurs, n'a un parti pris d'affaiblir la défense nationale. S'il le faisait, il mériterait d'être mis en accusation. Mais il subit la fatalité des conditions dans lesquelles il s'est formé et la solidarité qu'il ne peut rompre avec un parti dont il est le protégé. Ce parti ne cache pas que le but qu'il poursuit, c'est de détruire l'esprit militaire, de porter un coup mortel à l'armée permanente. Tant que le gouvernement n'aura pas répudié cette solidarité, il ne réussira pas à dissiper les malentendus dont il se plaint. N'est-il pas fâcheux qu'un ministre de la guerre, au lieu de s'absorber dans sa tâche patriotique, jette à tous les vents des discours imprudents, assiste à la glorification du collectivisme et sème dans l'armée des germes de désorganisation, en faisant entendre que la politique sera désormais maîtresse de la carrière des officiers?

Michelet a rappelé, dans son *Histoire de la Révolution*, ce mot admirable d'un conventionnel à un général des armées à la frontière : « Si l'on vous dit que nous sommes divisés, gardez-vous de le croire. » Ces hommes, qui s'envoyaient à l'échafaud, ne voulaient pas que l'armée connût leurs déchirements. Eh oui! si nous sommes divisés, si nos partis se déchirent, que l'armée ignore ces divisions, ces discordes intestines, qu'elle ne regarde jamais du côté de l'arène politique, qu'elle regarde toujours du côté de la frontière ouverte. Qu'au lieu de devenir une école d'intrigues politiques, elle reste une école d'honneur, d'égalité, de pauvreté fière, de discipline volontaire!

L'esprit démocratique a besoin de faire un effort

constant sur lui-même pour maintenir cette grande organisation d'une armée permanente toujours tendue pour l'effort, toujours prête, dans un temps où tout conspire à rendre les guerres de plus en plus rares, et les efforts de la diplomatie, et la pression de l'opinion, et l'infinie complexité des rapports économiques, et le perfectionnement des armes, et les perspectives entrevues d'effroyables collisions entre les peuples armés. Nous nous réjouissons de tout ce qui peut être un progrès de la civilisation. Nous nous sommes associés à des tentatives généreuses pour fonder la paix sur l'arbitrage. Mais nous ne devons pas oublier que les abus de la force n'ont pas encore disparu de ce monde, nous devons nous souvenir que nous avons été vaincus et nous ne pouvons, sans nous déshonorer, nous abandonner aux faciles résignations qui se cachent sous les dehors de ces tendances humanitaires et de je ne sais quel vague internationalisme.

C'est pour cela que nous ne voulons pas qu'on touche avec imprudence à la loi militaire. Qu'on réduise la durée du service, que tout le monde soit obligé de servir le même temps, qu'il n'y ait de privilège, si c'en est un, que pour la misère; qu'on cherche une combinaison qui, sans accorder aucune exemption, concilie les devoirs militaires et les intérêts de la haute culture.

Soit! mais qu'on procède par étapes, que le préliminaire nécessaire soit de former des cadres de sous-officiers et de caporaux et de maintenir les effectifs par des rengagements volontaires.

Qui osera parler d'une armée de prétoriens, si ce n'est ceux qui ont la haine, l'horreur des armées permanentes, qui ont des représailles à exercer, qui considèrent peut-être l'armée nationale comme un obstacle à leurs mauvais desseins?

Dans cette question qui touche à l'intérêt national dans ce qu'il a de plus sacré, nous ne voulons faire aucune concession, aucun sacrifice aux impatiences électorales.

La France est un des pays les plus laborieux, où la richesse publique s'est développée avec le plus de régularité, où le système des impôts, quoique déjà ancien, est encore un des plus solides qui existent. J'ai montré, dans un récent discours, qu'il n'y a aucune cause d'inquiétude ou de découragement, si l'on ne considère que les recettes, les sources où s'alimente le budget. Je ne suis pas pessimiste, j'ai confiance dans mon pays, dans sa force productrice, dans sa force d'épargne, dans son génie où l'audace, la prudence, le sens des réalités pratiques se tempèrent comme les qualités de notre climat.

Mais quand je regarde le budget des dépenses, quand je vois comment il a grossi, comment dans une seule législature les dépenses publiques ont augmenté de 250 millions, j'avoue que j'ai des inquiétudes. Nous sommes entrés de nouveau dans l'ère des déficits. Nous n'amortissons que sur le papier et l'optimisme de M. le ministre des finances a dû s'incliner devant les chiffres, devant l'évidence. Que de menaces de dépenses nouvelles vont fondre sur le budget, si ceux qui doivent dire au pays la vérité s'abandonnent à de lâches complaisances! C'est partout dans les pays démocratiques le véritable écueil : il est difficile d'écarter les flatteurs du suffrage universel. Pourtant l'opinion publique, lorsqu'on l'éclaire, est loin d'être favorable au gaspillage ou à l'imprévoyance financière. Si les députés se figurent qu'ils assurent leur popularité en abdiquant leur rôle de contrôleurs, en réclamant eux-mêmes des dépenses au nom de catégories fort intéressantes de fonctionnaires, ils se trompent, ils oublient leur plus grande clientèle qui est celle des simples contribuables. Si l'on arrive à la nécessité d'impôts nouveaux, et nous y marchons rapidement, vous verrez ce que pèsera cette popularité.

Aussi, dans d'autres pays, on a imaginé de mettre un frein aux entraînements des députés. Tantôt on accorde un droit de *veto* au président de la République ou au gouverneur de l'Etat; mais cela nous choquerait qu'un seul homme tînt en échec le vote de deux assemblées. Tantôt on pose en principe que les députés ne pourront prendre l'initiative d'aucune dépense. Nous nous sommes approchés de cette règle autant qu'il était possible; c'est un républicain, M. Berthelot, qui a demandé cette modification à nos règles parlementaires, et je m'honore d'avoir contribué à déterminer le vote de la Chambre. L'opinion doit nous donner la force de faire davantage et d'empêcher l'accroissement désordonné des dépenses publiques.

Nous devons aussi nous garder de compromettre l'équilibre du budget par des réformes d'impôts mal étudiées ou dangereuses. Je ne suis pas l'adversaire des réformes. Tout au contraire je souffre de voir que notre pays est trop routinier, trop peu hardi, qu'on l'accoutume trop à se contenter de ces réformes que nous accomplissons en paroles, en gestes éloquents pendant les périodes électorales. Ce que disait l'autre jour M. Jaurès à ses amis avec un si bel élan de sincérité s'applique à d'autres partis que le sien. Il y a trop de gens pour qui le principal attrait d'une réforme, c'est de rester à l'état de projet, qui croient tout perdu si on arrive à la réalisation pratique de leurs idées. Singulier mélange d'esprit révolutionnaire et de timidité bourgeoise, d'audaces platoniques et de facilité à se résigner à tous les abus.

Y a-t-il un autre pays où l'on ait promis depuis si longtemps la réforme de l'abus des formalités judiciaires, qui, sous prétexte de les protéger, ruinent les mineurs et les incapables?

C'est là une réforme qui vaudrait mieux pour les petits patrimoines que la gradation la plus savante des droits successoraux. La belle affaire de ne demander que 1 pour 100 aux petites successions et 2 1/2 pour 100 aux plus gros héritages! Je ne dis pas que cela soit injuste en soi, quoique cela soit un peu dangereux dans un pays comme le nôtre où l'on force tous les principes, où, le lendemain d'un droit gradué sur les héritages, il s'est engagé une course folle entre conservateurs et radicaux socialistes pour élever à plus de 60 pour 100 le maximum des droits sur les grosses successions. Mais que sert de charger un peu plus les successions opulentes et un peu moins les pauvres, si on ruine celles-ci par les exigences d'une fiscalité sans scrupules et d'une procédure tout attachée aux vieilles et inutiles formalités?

De même la réforme urgente, nécessaire, de nos impôts directs est en suspens depuis vingt ans, parce qu'on veut abolir à la fois tous les impôts établis par l'Assemblée constituante, faire table rase et créer un impôt général sur le revenu à tendances fortement progressives, avec exemption de la grande majorité des contribuables.

C'est fort séduisant en théorie pour ceux qui doivent être dégrevés. La dernière campagne électorale s'est faite là-dessus. Les paysans, les petits commerçants et les petits rentiers, à qui on a promis qu'ils ne recevraient plus au lendemain des élections la feuille du percepteur ont été cruellement déçus. Il n'y a rien de plus fâcheux et au fond de plus immoral que ce sans-gêne avec lequel on fait des promesses qu'on oublie. C'est se moquer du suffrage universel et faire considérer la politique comme un de ces jeux où la probité tient moins de place que l'habileté.

On s'est arrêté devant deux obstacles.

Le premier, c'est que le poids des impôts directs perçus par l'Etat est plus lourd chez nous que chez la plupart des pays voisins. Si on veut les convertir en une taxe unique qui ne pèsera que sur l'aisance et la richesse, on aboutira à de tels résultats qu'on créera un trouble profond, une crise, dont ne souffriront pas seulement les riches, mais surtout les travailleurs. L'exagération à laquelle on sera conduit fera considérer l'impôt nouveau comme une spoliation, comme une tentative de nivellement. Cela suffira à le faire condamner par l'opinion, dans un pays où le sentiment de la justice, de la mesure, de l'égalité devant l'impôt est heureusement plus fort que celui de l'envie.

On a craint surtout de se heurter à un sentiment très vivace qui rend odieuses les inquisitions du fisc dans les fortunes particulières. Ce sentiment s'est développé chez nous par les abus de la fiscalité de l'ancien régime. Il fait partie de nos habitudes, de notre tempérament national. M. le ministre des finances l'a montré avec infiniment de force dans un rapport qu'il a fait lorsqu'il n'était pas encore ministre et rien n'indique heureusement qu'il ait changé d'avis.

Si on avait abordé la réforme de l'impôt sur la propriété foncière non bâtie, sur les terres, si mal réparti, si écrasant dans certains pays, si léger dans d'autres, n'aurait-on pas fait une œuvre plus pratique?

Si on avait pris l'impôt des patentes qui pèse trop lourdement, malgré des révisions successives, sur les petits commerçants, les petits industriels, sur ceux qui vivent de leur travail personnel, plus que de l'exploitation fructueuse de leurs capitaux, il y aurait eu beaucoup à faire. Il faudra toujours, à côté de l'impôt sur le revenu, si on parvient à l'établir, des impôts sur le capital ou, si on le préfère, sur les revenus qu'on tire des capitaux sans un travail personnel, par exemple en louant à d'autres leur force productrice.

C'est ainsi que se justifie l'impôt foncier établi sur le revenu net de la terre. Ainsi se justifie aussi l'impôt sur les maisons. L'impôt des patentes, dans ma pensée, devrait se transformer peu à peu en un impôt sur le capital industriel et commercial, être de moins en moins un impôt sur le revenu du travail, de manière à ménager les commerçants qui n'ont qu'un faible capital, qui vivent surtout de leur industrie et qui aujourd'hui payent deux fois l'impôt en payant l'impôt des patentes et la contribution mobilière.

Car la contribution mobilière est devenue chez nous un impôt sur le revenu, mal établi, inégal, mais ayant le mérite d'être en général modéré dans son chiffre et de ne prêter à aucune inquisition. C'est ce que j'ai appelé l'impôt sur le revenu à la française en l'opposant au système allemand et à celui des pays qui ont imité l'Allemagne. Si le loyer est un signe parfois trompeur, insuffisant à lui seul, on peut tenir compte de tous les signes extérieurs et à condition de prendre quelques précautions, de fixer des limites à l'appréciation des répartiteurs; je ne m'effrayais pas, pour ma part, de substituer aux règles trop étroites de la loi actuelle un système plus souple, plus équitable, qui est en germe dans la loi elle-même, dans les rapports qui l'ont préparée, dans la pratique suivie sans réclamations dans beaucoup de communes.

Mais qu'on sorte enfin des théories, des promesses; qu'on aboutisse à une réforme et non pas seulement à un de ces expédients improvisés au cours d'une discussion budgétaire comme celui qui a modifié cette année la répartition de la contribution mobilière entre les départements et dont l'application soulève de si vifs mécontentements.

Je ne dirai qu'un mot des questions économiques. Une sage politique s'efforce de concilier les intérêts, au lieu de les opposer les uns aux autres. N'y a-t-il pas un symptôme des plus alarmants dans cette sorte de guerre économique, que l'imprévoyance du gouvernement a malheureusement déchaînée entre les diverses régions du pays?

La loi des boissons n'a satisfait personne; elle a sacrifié les intérêts du Trésor, elle a justement mécontenté une partie du pays, elle a fait naître l'idée que l'égalité devant l'impôt n'était qu'un de ces principes surannés dont on peut s'affranchir au gré des coalitions d'intérêts. C'est la première fois qu'on a osé parler de protéger par des droits différentiels une industrie française contre une autre industrie française. Si de pareilles tentatives pouvaient réussir, grâce à la faiblesse du ministère, un coup funeste serait porté au sentiment de solidarité qui unit toutes les parties de la France et, par suite, à l'unité nationale.

Toutes ces difficultés ne doivent pas nous décourager. Nous devons les regarder en face avec la volonté d'en venir à bout. Elles me paraîtraient moins graves, je l'avoue, si nous n'avions pas un sujet de préoccupations et d'inquiétudes dans la manière dont fonctionne le régime parlementaire. Dans tous les pays, ce régime est menacé d'une sorte d'anarchie, d'un émiettement des partis qui oblige à gouverner avec des coalitions passagères et quelquefois dangereuses. Cela contribue à déconsidérer les assemblées, autant que le gaspillage de temps et le désordre dans les délibérations.

L'intérêt général est de plus en plus sacrifié aux intérêts particuliers; le député est moins le représentant de la France que des intérêts de ses commettants. Le mal est peut-être plus grand chez nous à cause de l'immense réseau que l'Etat a jeté sur le pays, de la part qu'il a par la centralisation à toutes les affaires, des faveurs qu'il peut accorder ou refuser. Aussi, nulle part et à aucune époque, l'abus des influences n'a été plus général et ne s'est étalé avec plus d'impudeur.

Ce n'est pas seulement l'armée que menacent de corrompre les influences parlementaires. Le poison de la politique produit ses ravages inquiétants dans la magistrature, dans toutes les grandes administrations. Rien n'est plus urgent que de donner aux magistrats, aussi bien qu'aux officiers, des garanties contre l'arbitraire et le favoritisme par des lois protectrices sur l'avancement.

Les plus graves réformes deviennent une sorte d'enjeu électoral. A la veille du renouvellement de la Chambre, les propositions surgissent à l'improviste; au lieu de voter des lois bien étudiées, on se livre à des manifestations, on vote des ordres du jour comme des réunions publiques. La loi militaire elle-même n'échappe pas à cette procédure qui n'est pas digne de la Chambre des députés et qui n'a pas le mérite de faire illusion au pays.

Tout cela n'est pas la faute du régime. Le pays est capable d'entendre des paroles de raison, de sagesse virile et de prévoyance. La faute en est à ce manque de courage qui est un des fléaux de la démocratie, à cette médiocrité qui ramène toutes les questions à la mesure d'intérêts passagers, à l'absence de ces fortes organisations de partis qui soutiennent les faiblesses individuelles et sont l'ossature nécessaire d'un régime de liberté.

Si je pensais qu'il suffit pour corriger ces abus de rétablir le scrutin de liste ou de rendre le Président et ses ministres indépendants des Chambres, je serais revisionniste et partisan du scrutin de liste. Mais aucun mode de scrutin n'y fera rien, on ne l'a que trop éprouvé. D'autre part, c'est une chimère de penser que, dans un pays comme le nôtre où le gouvernement a besoin de prendre des décisions rapides, où il ne peut se passer, même pendant quelques jours, du concours des Chambres, on établira une sorte d'indépendance, d'autonomie du pouvoir exécutif. Il ne suffit pas de décréter que les ministres sont ou ne sont pas responsables pour changer le fond des choses. On l'a bien vu quand des ministres, qui ne reconnaissaient pas au Sénat le droit constitutionnel de renverser un cabinet, ont été obligés de se retirer devant un vote du Sénat qui leur refusait un crédit. De deux choses l'une, ou cette prétendue indépendance du pouvoir exécutif se tournera en soumission de tous les jours aux volontés des Chambres et rien n'aura été changé, si ce n'est que l'entente nécessaire se fera peut-être avec moins de dignité et moins de facilité; ou le pouvoir exécutif rétablira l'unité du gouvernement par des moyens violents en faisant appel à l'instinct qu'a ce pays de la nécessité vitale d'un gouvernement qui ne se détruise pas par ses divisions.

C'est pourquoi, malgré les défauts du régime parlementaire tel qu'il fonctionne parmi nous et aussi dans d'autres pays, je demeure hostile à tous ces projets de revision derrière lesquels se cachent assez mal des tendances plébiscitaires.

Il n'est pas vrai qu'on ne puisse réagir contre ces mauvaises mœurs politiques. L'action de l'opinion publique, si elle se faisait sentir avec force et continuité, serait singulièrement plus efficace que toutes les revisions. Croyez-vous que, par la seule force de l'opinion et sans aucune revision, on ne pourrait tirer de la Constitution de 1875 tout autre chose au point de vue, par exemple, de la fonction du président de la République qu'on s'accorde à trouver trop effacée par suite de précédents historiques? Un président qui a le droit d'adresser des messages aux Chambres peut parler quand il le veut au pays. M. Thiers a expliqué que l'exercice du régime parlementaire n'est pas le même dans une République ou dans une monarchie. Nous ne savons pas nous servir de toutes les ressources de la Constitution, et cela tient, soyez-en sûrs, à ce que les pouvoirs publics, qu'elle a organisés, ne sentent pas assez la force de l'opinion publique.

Une forte opinion publique est, en effet, la condition nécessaire du régime représentatif. C'est à la former, à la discipliner que devrait s'appliquer notre principal effort. La liberté d'association a été enfin reconnue; qu'on use de cette liberté pour créer de puissantes associations; elles se formeront à elles-mêmes un esprit qui contribuera à former l'esprit public. Ce n'est pas à la veille des élections que cette œuvre peut se faire. Il y faut du temps, des efforts, de la persévérance. La liberté politique, l'honneur du gouvernement de la nation par elle-même sont à ce prix.

Je me suis expliqué avec franchise sur les questions qui sont posées au suffrage universel. Nous avons tracé un programme assez large pour grouper les républicains qui songent, avant tout, aux intérêts permanents du pays, qui voient les dangers dont la République est menacée et qui sont résolus à y faire face, de quelque côté qu'ils viennent. C'est ainsi que nous comprenons la défense républicaine et l'union des républicains. Nous ne voulons pas, sous prétexte de défendre la République, donner la main aux ennemis de l'ordre social. Nous ne voulons pas non plus que, sous prétexte d'union républicaine, on achève de creuser un fossé entre des hommes que tout doit réunir, et les souvenirs de la fondation de la République et les idées d'ordre et de progrès qui leur sont communes.

Un parti qui a un passé comme le nôtre et qui veut avoir un lendemain fait toute sa politique au grand jour. Il ne cherche pas d'alliances dans l'ombre. Il ne veut rien sacrifier de ce qui fait son honneur et sa raison d'être. Il sait qu'il a un rôle nécessaire dans la République. S'il venait à l'abandonner, on s'apercevrait qu'il manque quelque chose d'essentiel au gouvernement de ce pays.

La place qu'il a occupée dans la législature qui s'achève aurait été plus considérable s'il ne s'était pas divisé, s'il avait moins compté sur les accidents de la politique que sur lui-même, sur la force de ses idées, sur l'autorité qu'on prend en parlant de haut au pays. Quelles que soient les prophéties des partis extrêmes, nous reviendrons, j'en suis sûr, nombreux et unis dans la prochaine Chambre. La République ne peut se passer de l'élément de pondération, de sagesse, de hardiesse mesurée que nous représentons.

La France saura reconnaître les vrais défenseurs des principes de la Révolution française, les vrais serviteurs de la démocratie. Elle ne se laissera troubler ni par les sophismes qu'on répand ni par les cris de guerre qu'on pousse, elle saura choisir des républicains modérés, fermes et ayant le courage d'être de leur avis. J'ai confiance dans le bon sens de mon pays; il a eu trop souvent le goût des aventures, il s'approche parfois des périls mortels, mais il revient toujours à la vérité, à la sagesse, à l'intelligence des grands intérêts de la raison et du patriotisme. (*Applaudissements prolongés.*)

TABLE DES MATIÈRES

PARIS. — TYP. PLON-NOURRIT ET Cie, 8, RUE GARANCIÈRE. — 6965.